高等院校经济与贸易类专业精品教材

外贸单证实务

（第二版）

主　编　广银芳
副主编　竺杏月　朱玉赢

中国轻工业出版社

图书在版编目（CIP）数据

外贸单证实务 / 广银芳主编 . — 2 版 . — 北京：
中国轻工业出版社，2022.1
高等院校经济与贸易类专业精品教材
ISBN 978-7-5184-3688-0

Ⅰ . ①外… Ⅱ . ①广… Ⅲ . ①进出口贸易—原始凭证
—高等学校—教材 Ⅳ . ①F740.44

中国版本图书馆 CIP 数据核字（2021）第 201533 号

责任编辑：张文佳　韩　泽　　责任终审：劳国强　　整体设计：锋尚设计
策划编辑：张文佳　　　　　　责任校对：宋绿叶　　责任监印：张　可

出版发行：中国轻工业出版社（北京东长安街6号，邮编：100740）
印　　刷：三河市国英印务有限公司
经　　销：各地新华书店
版　　次：2022年1月第2版第1次印刷
开　　本：787 × 1092　1/16　印张：15.5
字　　数：360 千字
书　　号：ISBN 978-7-5184-3688-0　定价：48.00元
邮购电话：010-65241695
发行电话：010-85119835　传真：85113293
网　　址：http://www.chlip.com.cn
Email：club@chlip.com.cn
如发现图书残缺请与我社邮购联系调换
201292J1X201ZBW

第二版前言

本书自出版以来，受到广大读者的厚爱。近年来，随着我国营商环境的进一步优化，贸易便利化措施接连不断，新的贸易做法持续涌现，海关、银行、货代对外贸单证工作提出了新的要求，外贸单证工作内容也因此发生了很大变化，原有教材内容已经难以满足教学的需求，亟待更新。

为培养高层次技术技能人才，提升受教育者的职业适应能力和可持续发展能力，落实我国“职教20条”对职业教育改革的新要求，借此改版机会，我们对教材进行了修订。

本次修订，主要体现在以下方面：

（1）教材内容的更新。由于我国原国家质量监督检验检疫总局的出入境检验检疫管理职责和队伍划入海关总署，海关对进出口企业的报关报检资质、海关的通关作业流程、报关报检业务等进行了优化和整合，实行“关、检合一”申报。另外，由于互联网技术的发展，海关对进出口许可证的无纸化管理、原产地证明书的签发、进出境运输工具的管理等有了新要求，原进出境货物报检手续、进出口报关手续、进出口货物托运程序等均发生了很大变化。为此，我们更新了教材与之相关的部分内容，使之更能反映一线企业的业务实际。此部分内容的更新，也是本次修订的重点，涉及教材项目1中的任务3至任务7、任务9以及项目2中的任务1、任务5。同时更新的还有教材的部分习题作业。

（2）过时样单的替换。由于教材内容的更新，与之相匹配的单证样单，如出口货物报关单、出境货物报检单、中国-东盟原产地证书等也需要替换，而这些单证的替换则意味着教学引导项目的调整，考虑到再版内容与第一版的连贯性，本次修订，我们将引导项目进行了微调，对已经过时的单证进行了替换，同时我们还补充了新的样单，如出口许可证、预配舱单等，力求教材的内容更加丰满，更富有时代性。

另外，我们还调整了原教材的任务次序，将“办理出口报关手续”与“申办原产地证明书”的前后次序对调，以便报关、报检这两个互相关联的工作任务能够前后衔接。

本书由南京工业职业技术大学广银芳担任主编并对全书进行统稿工作，南京工业职业技术大学的竺杏月和朱玉赢、苏州信息职业技术学院的周文苑、南京邦农国际贸易有限公司的陈长伟参加了编写，原参编成员张乐先生因退休、吴改女士因工作调动退出了编写。本书编写的具体分工如下：广银芳负责编写绪论，项目1中的任务1、任务3、任务4、任务7、任务9以及项目2；竺杏月负责编写项目1中的任务5、任务6；朱玉赢编写项目1中的任务2、任务12；周文苑负责编写项目1中的任务8、任务10、任务11；陈长伟负责编写项目1中的任务操作及任务13。教材在编写过程中，受到了兄弟院校同行和江苏汇鸿鸣骏进出口有限公司、中国银行江苏省分行的鼎力支持，在此表示感谢。

因编者水平所限，本教材难免有疏漏之处，敬请广大读者批评指正。

编者

2021年6月20日

第一版前言

在国际货物贸易中，“单证”代表着货物，出口方交货通常是以交付单证来实现的，进口方付款也是以单证是否符合要求为前提的，出口方为了收取货款，就必须按规定程序制作和办理与货物相关的各种单证。《外贸单证实务》就是介绍各种外贸单证的制作和获取方法的课程，涉及的主要单证有信用证、商业发票、装箱单、提单、产地证、出口许可证件、商检证单、保险单、装运通知、受益人证明、商业汇票等。

作为国际贸易等专业的核心课程，《外贸单证实务》的专业性和实践操作性都很强，而且受国家贸易政策变化的影响大。为适应课程的这一特点，顺应高等职业教育发展对教学的要求，我们组织了长期从事国际贸易专业教学和实践工作的教师及外贸工作人员，编写了本教材。

作为江苏省2013年度高等教育教学研究改革重点课题（课题编号：2013JSJG084）的研究成果，本教材具有以下主要特色与创新：

（1）校企合作编写，结构创新。教材编写团队汇集了教学骨干和企业从业人员，参编成员广银芳、朱玉赢、周文苑均长期从事国际贸易专业教学，有丰富的教学经验；参编成员张乐先生一直在银行从事国际结算工作，有丰富的信用证操作经验；参编成员吴改女士来自外贸公司，有多年的单证操作经验。编写团队根据我国的外贸业务实际，创新了教材结构，设置了两个复杂的教学项目，将我国外贸业务中涉及的所有单证汇集到这两个项目当中，每个项目均以项目描述、项目要求、任务分解、任务实施为基本结构，以任务实施为主要内容，并在任务实施中设置了知识点、技能点、知识准备、任务操作、任务检测和习题作业。

（2）以项目为引导，体现学做合一。教材中有两个教学项目：一个为出口信用证制单项目，另一个为进口信用证制单与审单项目，这两个项目的单证工作均被分解成若干个典型工作任务，一个典型工作任务就是一种外贸单证的制作，每个工作任务都配有任务操作及任务完成后的样单，还根据不同的工作情境，设计了相应的检测任务，同时还配备了习题作业，方便学生在学习过程中边学边做，更加准确地了解所学内容，并根据所学内容及时进行训练，体现了职业性和学做合一的教学理念。

（3）图文并茂，双语特色鲜明。教材的理论部分内容丰富，充分考虑了知识的全面性，而任务操作部分除了对所涉及的单证进行操作说明之外，还配有操作的样单，图文并茂，所有样单及所涉及的文字部分都按业务实际，以英文形式体现，双语特色鲜明。

本教材由南京工业职业技术大学的广银芳担任主编并负责全书的统稿工作，南京工业职业技术大学的朱玉赢、苏州信息职业技术学院的周文苑、中国银行江苏省分行的张乐先生、江苏汇鸿鸣骏进出口公司的吴改女士同时参加了编写。其中，广银芳负责编写绪论、项目1中的任务1、任务3、任务4、任务5、任务9、任务13以及项目2；朱玉赢负责编写项目1中的任务2、任务12；周文苑负责编写项目1中的任务6、任务7、任务8；张乐负责编写项目1中的任务10、任务11；吴改负责提供项目1的所有素材及任务操作。教材在编写过程中，得到了兄弟院校和同行的支持，特别是中国银行江苏省分行、江苏汇鸿鸣骏进出口公司的鼎力支持，在此一并表示感谢。

因编者水平所限，本教材难免有疏漏之处，敬请广大读者批评指正。

编者

2017年6月

目 录

绪 论

■ **知识点：**外贸单证的作用，结汇单证与非结汇单证的区别，外贸单证的制作要求，外贸单证员的素质要求，外贸单证中的国际标准代号和代码。

■ **技能点：**编制标准的运输标志。

在现代国际贸易中，货物买卖大多以象征性交易的方式进行，卖方凭“单”交货、买方凭“单”付款，这里的“单”，即指外贸单证或单据，它是外贸结算中使用的各种单据、证书和文件，买卖双方凭单处理货物的交付、保险、运输和付款等工作。

一、外贸单证的作用

1．单证是外贸结算的基本工具

国际贸易中，货物的单据化使货物的买卖需要通过单据的买卖来实现，买卖双方的结算是以单据为依据的。

国际商会《跟单信用证统一惯例》规定：在信用证业务中，各有关当事人处理的只是单据，而不是单据所涉及的货物、服务或其他行为。只要出口商提交的单据在表面上与信用证条款相符，开证行就须支付规定的货款，而只要单据与信用证条款不符，即使货物全部符合要求，银行也可以拒付货款。《托收统一规则》也指出：银行根据所收到的指示处理金融单据和/或商业单据，以便于取得付款和/或承兑。如果银行发现它所收到的单据与托收指示不符或有短缺，必须通知指示方，付款人发现单据有误，则有权拒付货款，甚至拒收货物。

可见，单证是外贸结算的基本工具。单据的正确、完整是卖方及时收汇的重要保证。

2．单证是出口方履约的凭据

在外贸合同签订以后，出口方即开始备货并在规定的装运期内完成装运，以便货物顺利出口从而收取货款。在这个过程中，出口方需要制作各种单据，并按照要求进行交接和流转，以满足海关、承运人、保险公司、商会和银行等机构的监管和控制，以证明其是否按合同规定履行义务以及履约的进度。比如，商业发票反映了卖方备货符合合同规定，带有条形码的海关出口货物报关单反映了货物已经向海关申报，提单则证明货物是否已按期装运出口等。因此，单证是出口方履约的重要凭据。

3．单证是融资的重要手段

单证代表了货物，谁控制了单证就等于取得了货物，因此进出口双方通常以出让手中的单证为手段，以取得资金上的融通。比如，在货到付款的情况下，出口方可以通过贴现商业汇票取得融资，在信用证方式下，出口方可以通过打包贷款的方式取得装船前的融资，也可以通过押汇的方式取得装船后的融资，等等，从而解决资金周转困难。因此，单证是融资的重要手段。

4．单证工作是外贸企业经营管理的重要标志

一份外贸合同签好后，从货源安排到审证、托运、报检、报关、投保、交单议付等各个履约环节中，每一环节都涉及相应单证的签发，任何一个环节出错都可能影响下一环节的正常进行，它需要外贸企业各业务部门与银行、海关、船运公司、保险公司以及商检机构等的协作配合，而不仅仅是某几种单证的制作和简单组合。比如，保险会影响货物的及时装运，报关工作会影响提单的正常签发等。如果配合得当，企业就能提高单证的流转效率，从而加速资金回笼，提高经济效益。因此，单证就是外汇，单证工作反映了外贸企业的经营管理水平，加强单证管理，提高单证质量，不但可以节约各种费用，还可以弥补外贸企业经营管理上的缺陷，提高经济效益。

二、外贸单证的分类

按照不同的分类标准，外贸单证主要有以下几种分类。

1．按单证涉及的贸易方划分

按单证涉及的贸易方，单证分为进口单证和出口单证。

（1）进口单证是进口方为进口货物而涉及的单证，包括进口许可证、进口报关单、信用证开证申请书等。

（2）出口单证是出口方为出口货物而涉及的单证，主要包括出口许可证、出口报关单、商业发票、装箱单、保险单、汇票等。

一批货物出口时，出口方为顺利出口和交接货物，需要制作该批货物出口所需要的全部单据，并将其中一部分转交给进口方，而转交给进口方的那部分单据，被出口方持有时是出口单证，被进口方持有时，它又变成了进口单证。

2．按单证是否与结汇相关划分

按单证是否与结汇相关，单证分为结汇单证和非结汇单证。

（1）结汇单证是进口方付款时为查验货物是否符合要求而使用的单证。它与进口方付款直接相关，通常用英文出具，如商业发票、装箱单、海运提单、原产地证书、汇票、保险单等，均为结汇单证。信用证方式下，信用证单据条款中所列单证均为结汇单证。

（2）非结汇单证是进出口方为使货物顺利进口或出口，并为了获取结汇单证，而在办理相关进、出口手续时所使用的单证。它只在进、出口方国内使用，与进口方付款无关，通常用进口或出口国的文字表示，如许可证、报关单、托运单、保险投保单等，均为非结汇单证。

有些单证，如装运通知，当进口方有要求时，它是结汇单证，而进口方不作要求时，它又是非结汇单证。

3．按单证的性质不同划分

按单证的性质不同，单证分为金融单据和商业单据。

（1）金融单据是指汇票、本票、支票或其他类似的可用于取得款项支付的凭证。

（2）商业单据是指发票、运输单据、所有权文件或其他类似的文件，或者不属于金融单据的任何其他单据。

此分类是国际商会出版物《托收统一规则》对单证的分类。

4．按单证的作用不同划分

按单证的不同作用，单证可分为资金单据、商业单据、货运单据、保险单据、报关单据等。

（1）资金单据是用以取得款项的凭证，如汇票、本票、支票或其他类似单证。

（2）商业单据是与货物相关的单证，如商业发票、厂商发票、装箱单、重量单、寄样证明、装运通知等。

（3）货运单据是与货物运输相关的单证，如出口货物托运单、提单、海运单、空运单、多式联运单据、铁路运输单据、邮包收据等。

（4）保险单据是与国际货物运输保险相关的单据，如保险单、保险凭证、投保单等。

（5）报关单据是向海关申报进、出口时所需要提交的单据，如出口许可证、出口货物报关单、濒危物种允许出口证明等。

5．按单证涉及的当事人划分

按单证涉及的当事人分类，单证还可以分为第一方单据和第三方单据。

（1）第一方单据，即出口单据是由出口方所出具的单据，如商业发票、装箱单、汇票等。

（2）第三方单据是由进出口双方之外的第三方出具的单据，如提单、保险单等。

三、外贸单证员的素质要求

外贸单证员是在对外贸易业务中，根据外销合同和信用证，从事审证、订舱、报检、报关、投保、结汇等工作，并制作和办理相关单证的外贸从业人员，是各外贸企业开展业务的基础性人才。

外贸单证员的工作细致、烦琐且时效性强、技术操作要求高，工作过程中往往由于一单之差，甚至一字之差，可能给整个业务的顺利进行造成困难和障碍，直接影响企业收汇。因此，每一名外贸单证员，都应该立足本职工作，认真履行自己的工作职责。

一名合格的外贸单证员应该具备三个方面的工作素质，即良好的思想道德素养、过硬的专业水平和较强的计算机操作能力。

首先，单证员应该有良好的思想政治素质和职业道德修养。这要求单证员要热爱本职工作，要诚实守信，遵纪守法，要乐于与他人合作，有较强的团队合作能力，而且还要有细致、耐心的工作作风。

其次，单证员要有扎实的国际贸易基础知识、过硬的专业能力和较高的英语水平。单证员的基本工作是根据买卖合同、信用证以及各相关部门提供的原始资料，制作和办理各种外贸单证，在这个过程中，单证员要对英文资料进行分析，要结合具体的交易条件、遵循相关的国际贸易惯例和国内法律法规进行制单，所制作的单据要能够真实、准确地反映货物，这要求单证员必须具备较高的英文水平，有较强的国际贸易专业基础知识和能力，要了解我国对外贸易的法律法规、方针和政策，熟悉进出口业务流程和外贸合同条款，掌握与运输、保险、报检、报关、产地证、结汇等工作相关的单证操作流程，会制作和审核全套进、出口单证，能分析和翻译英文信用证，并熟知《UCP 600》和《ISBP 745》等相关国际贸易惯例。

最后，单证员还应有较强的计算机操作能力。由于所有外贸单证都要以英文形式呈现并用电脑打印出来，因此单证员必须要能熟练操作计算机办公软件，有较强的文字处理能力，能够快速地输入英文，以提高工作效率。

四、外贸单证的制作要求

单证员制作外贸单证，要态度端正，工作认真，应做到正确、完整、及时、简明和整洁。

1. 正确

正确是单证工作的前提。出口方制单，必须要按照货物的实际情况出具，使单证能真实、准确地反映货物，确保单、货一致。同时，还要依照合同、信用证对单证的具体要求，保证单证在表面上与合同、信用证相符，确保单、同一致和单、证一致。

另外，由于进口方或银行付款，通常又是以审核结汇单证为前提的，而进口方或银行审单的依据，主要为相关的国际贸易惯例，因此出口方制单还要参照国际贸易惯例的相关规定，确保单、单一致。

《跟单信用证统一惯例》和《关于审核信用证项下单据的国际标准银行实务》是外贸单证工作中最常使用的国际贸易惯例，这两个国际贸易惯例由国际商会根据国际贸易情况的变化而不断修订，并以出版物的形式对外公布，当前使用的《跟单信用证统一惯例》，为国际商会2007年修订的第600号出版物，简称为"《UCP 600》"；使用的《关于审核信用证项下单据的国际标准银行实务》，为国际商会2013年修订的第745号出版物，简称为"《ISBP 745》"。

2. 完整

完整应包含三个方面的要求，即内容完整、份数齐全、种类齐备，能够"成套"。单证员交单时，应检查需要提交哪些单据、每一种单据各需提交几份、有无正副本要求、单据是否需要签章，有没有背书，是否列明了信用证要求标注的内容等。

内容完整，要求单证的内容描述、应列项目、文字拼写、语句表达、签章及背书等都要齐全，否则就不能被买方或银行接受。份数齐全，要求单证必须按规定成套、正副本份数不能缺少，如"FULL SET"表示全套正本，"THREE COPIES"或"THREE FOLDS"表示最少需要一份正本等。种类齐备，要求出口方按照合同或信用证规定的单证名称制单，不能遗漏其中任何一种。

3. 及时

及时反映了单证工作的时效性要求，出口方不但要及时出单，还要及时交单。制作单证是个复杂的工程，出口方必须在规定的装运期内，与商检、海关、保险、货代等相关部门共同配合才能逐一完成。单据做好后，出口方还应及早交单，确保早日收汇。在信用证支付方式下，信用证都规定有交单期，出口方应在信用证失效前、按规定的交单期向银行交单，如果信用证没有规定交单期，按《UCP 600》的规定，出口方应于运输单据出单日期之后的21天内向银行交单。

4．简明

简明，要求单证的内容简单明了，用词准确，语句通畅，布局合理，不出现与单证本身无关的内容，让人一目了然，从而防止混淆和误解，提高工作效率。

5．整洁

整洁反映了单证的外观质量。整洁，要求单证的格式标准，内容排列整齐，重点突出，打印清楚，没有涂抹和修改。即使有修改，最多也只允许有三处，并要加盖“校正”章或进行简签。

五、规范使用国际标准代号和代码

随着世界贸易的发展，新的贸易做法和先进的科技工具不断被应用到国际贸易业务中，外贸单证工作也随之发展，但是由于各国贸易习惯和贸易做法的不同，导致了外贸单证的错综复杂和格式的巨大差异，为贸易各方在单证的理解和执行上埋下隐患，导致贸易纠纷不断。为规范单证的内容和格式，促进世界贸易的顺利进行，国际贸易组织和各个国家一直在不断探索，推出了“套合一致”的单据形式、《联合国贸易单证设计样式》《简化运输标志》《跟单信用证统一惯例》等多项举措，并推广使用国际标准代号和代码，使各国对外贸易的单证格式逐渐趋向标准、内容也趋于统一，为简化贸易程序、进行贸易数据交换和计算机制单奠定了基础。

我国的国际贸易单证标准化工作始于20世纪80年代，中国国际标准化研究院根据国际标准制定了GB/T 14392—2009、GB/T 16832—2012等国家标准，并不断进行修正，供我国各行业和企业作为参照和使用。

其中，联合国标准化组织推广使用的国际标准代号和代码主要有以下几项。

1．运输标志代码

运输标志也称为唛头。一个标准的运输标志应包括4个内容，即收货人（或货人）简称、目的地、参考号和件号，不能使用符号或图形。例如：

ABC — 收货人的缩写

AZF05128 — 合同号

OSAKA — 目的地

NO.1-100 — 包装件数

尽管《ISBP 745》规定，载有唛头的单据必须显示信用证规定的唛头的细节，但顺序可以有所不同，也可以在信用证规定的唛头的基础上进行额外的添加，集装箱货物的运输单据上也可以不显示唛头，但是，考虑到单据的标准化，单证员在制单时还是尽量使用标准的运输标志。

2．国别和地名代码

国家或地区由两个英文大写字母组成，如中国为CN、美国为US、英国为GB、日本为JP等。地名则由5个英文字母组成，其中前两位代表该地所属的国家或地区，后三位代表城市名称，如上海为CNSHG、伦敦为GBLON、纽约为USNYC等。

3．货币代码

由三个英文字母组成，前两位代表国家或地区，第三位代表货币单位，如人民币为

CNY、美元为USD、英镑为GBP、欧元为EUR等。

4．数字日期代码

用数字表示的日期，按年、月、日的先后顺序，由8位阿拉伯数字组成，年份为4位数字，月份和日期分别为两位数字，如2020年3月5日，表示为2020-03-05。

单证员在制单过程中，也可以使用月份为英文形式的日期表述方法，如果使用数字日期，应使用标准的数字日期表述方法。

习题作业

不定项选择题

1．银行审核单据的标准是（　）。

A．单据与合同相符　　B．单据与货物相符

C．单据与单据相符　　D．单据与信用证相符

2．企业审核单据的标准是（　）。

A．单据与合同相符　　B．单据与货物相符

C．单据与单据相符　　D．单据与信用证相符

3．出口商制作的单据应该完整，即要求单据（　）。

A．单据纸面完整，没有缺角　　B．单据所表述的内容完整

C．单据的份数齐全　　D．单据的种类齐全

4．外贸单证的制作必须符合商业习惯和实际情况，不能随意，因此制单员制单应符合（　）制单要求。

A．正确　　B．完整　　C．及时　　D．简洁

5．在单证工作中，联合国推荐使用数字日期，以下表述正确的是（　）。

A．2020-10-08　　B．20/10/08　　C．10/08/2020　　D．20-10-8

6．在单证工作中，联合国推荐使用标准的货币代号和代码，其中美元的标准代码是（　）。

A．US$　　B．502　　C．USD　　D．$

7．ISBP是国际商会专门为统一和规范信用证单据的审核而制定的文件，按其解释，以下关于唛头的正确说法是（　）。

A．如果信用证规定了唛头，则单据中的唛头不能做任何变更

B．如果信用证规定了唛头，则单据中的唛头信息可以多于规定，但不能与信用证条款矛盾

C．如果信用证未规定唛头，则单据中必须使用标准的运输标志

D．以集装箱装运时，只要其他单据中有唛头，提单中没有唛头是允许的

8．一个标准的运输标志即唛头，其内容应包括（ ）。

A．收货人名称的缩写　　B．件号

C．参考号　　D．目的港（地）

9．结汇单证与非结汇单证的区别在于（ ）。

A．结汇单证都是金融单证，而非结汇单证都是商业单证

B．结汇单证可以用中文制作，而非结汇单证则必须使用英文制作

C．结汇单证与买方付款密切相关，非结汇单证则主要是为办理出口手续用，买方不需要

D．凡买方要求的单证都是结汇单证，买方不要求但为出口必须要办理的单证则是非结汇单证

10．外贸单证的制作要及时，不能延误，及时是指（ ）。

A．单据的出具要及时　　B．单据的交单要及时

C．单据的处理要及时　　D．单据的反馈要及时

项目1　出口信用证制单

项目描述

江苏汇鸿鸣骏进出口有限公司出口电动工具业务（L/C FOB）

随着无绳电锯、砂轮机、砂光机在各国的普及，全球电动工具的市场需求旺盛，作为世界电动工具的生产和出口大国，中国由此产生了大批电动工具的生产和出口企业。江苏汇鸿鸣骏进出口有限公司（HIGH HOPE INTERNATIONAL GROUP JIANGSU MINGJUN IMP AND EXP CORP. LTD.，以下简称“江苏鸣骏公司”）正是这样一家专业从事电动工具进出口业务的国际性企业，公司位于江苏省南京市，注册资本金200万元人民币，法定代表人为孙小明。

2020年2月底，江苏鸣骏公司的业务员收到了土耳其一家企业KINGFISHER SOURCING & OFFER的询盘，拟订购手提式电动砂光机一批，该业务员立即与国内生产厂家进行了接洽，进行成本核算，并很快予以确认。

2020年3月15日，江苏鸣骏公司收到了该客户通过传真发来的两份订单（参见样单1-1-1，样单1-1-2），订单号分别为5600006443和5600006312，该客户是土耳其KACTOS NAPI MARKETLERI TACARET　A.S.（以下简称“KACTOS公司”）公司的代理，为其代购手提式电动砂光机。

土耳其KINGFISHER SOURCING & OFFER公司的订单被江苏鸣骏公司确认后，即要求其代理的企业KACTOS公司按订单要求向银行申请信用证，2020年3月25日，KACTOS公司申请的信用证送达南京银行，南京银行遂以信用证通知书（参见样单1-1-3），连同正本信用证（参见样单1-1-4）一起送交江苏鸣骏公司。

项目要求

本项目为出口业务，付款方式为信用证，价格条件为FOB宁波。单证工作人员需要综合考虑合同和信用证的要求，做好以下工作：分析、审核信用证；了解项目所涉产品是否有出口管制要求，并办理相关出口许可证件；制作和获取信用证要求的全套单据；填制信用证交单委托书向指定银行交单。

江苏鸣骏公司的相关工作人员在收到信用证后，要团结协作，按照出口合同抓紧备货，同时还要按照出口单证工作的程序，安排装运并依照信用证条款制作全套单据，共同为货物的顺利出口而努力工作。

请以单证员的身份，分析审核信用证，制作和获取全套出口单证并交单。

▪ 任务分解

信用证项下的单证工作，通常可以分解为以下典型工作任务：

（1）分析审核信用证。

（2）制作发票与包装单据。

（3）申请办理出口许可证件。

（4）办理出口货物托运手续。

（5）办理报检手续，获取商检证单。

（6）申请办理原产地证明书。

（7）办理报关手续。

（8）办理保险手续，审核保险单。

（9）审核提单。

（10）发送装运通知。

（11）制作出口证明。

（12）出具汇票。

（13）交单结汇。

以上工作任务，需要视国家对具体货物出口的管制情况、成交方式和支付条件的不同而有差别。

样单1-1-1　订单

Kingfisher Sourcing & Offer

Room 401, B&Q Pudong Commercial Building, 393 Yin Xiao Road, Pudong New Area Shanghai Tel: +862150590011 Fax: +86 21 50590022

KACTOS Proforma Order No: 5600006443

KINGFISHER Order No: PA234234　**Currency:** US DOLLAR　**Payment Mode:** Letter of Credit　**Country of Origin:** CHINA

KINGFISHER Order Date: 15/03/2020　**Last Revised Date:** 18/03/2020　**Buying Term:** FREE ON BOARD　**Payment Period:** 000

Vendor	**Factory**	**Kingfisher**
No.: KV01877 **Name:** TMC MACHINERY CO., LTD.　**TEL:** 025 58127110 **Address:** 5F, DONGLAI BUSINESS CENTER　**FAX:** 025 58127220 NO.30 MID LONGPAN ROAD NANJING,　**CONTACT:** YF GUANG JIANGSU PROVINCE, CHNINA **LC/OA Beneficiary** **Name:** HIGH HOPE INTERNATIONAL GROUP JIANGSU MINGJUN IMP AND EXP CORP. LTD. **Address:** 87 BAIXIA ROAD, NANJING CHINA	**No.:** **Name:** **Address:**	**OSO Contact:** **Tel:** **Email:**

Article Ordered

KSH Art. Cat.	**Article**	**Description**	**Qty**	**Unit**	**Unit Cost**	**Amount**	**CBM**
E02901-TOOL-Portable Tools	27 Power Tools	CE MODEL NO.K5180003 PP 1010W Car Polisher (SKU Code: 2000012576) Rated Voltage: 230-240V/50Hz 1010W Polishing wheel dia: 180mm No-Load Speed: 1000-4500r/min	500	EA	21.96000	10980.00	0.03368
	Total:		500			10980.00	

Shipment Schedule

Shipment No.	**Transport Mode** **Factory Name**	**POL**	**POD**	**DC**	**LRD** **SKU CODE**	**DC ETA**	**KSH Art No.** **Desc.**	**Ship Qty**	**Unit**	**Unit Cost**	**ShipAmount**	**ship CBM**
1	SEA	CHINA NINGBO	TURKEY IZMIT	TURKEY IZMIT	20/05/2015	10/07/2015	PC15006662	500	EA	21.96000	10980.00	4.21
	ZHEJIANG JINMEI ELECTRIC TOOLS CO., LTD.				2000012576		pp 1010W Car polisher					

POL=Port of Loading, POD=Port of DISCHARGE, DC=Distribution Center, LRD=Latest Cargo Receipt Date, DC ETA=Estimated Time of Arrival at DC

DOCUMENTS REQUIRED
(1) Commercial invoices (signed and stamped originally, 3 Original + 3 Copy) (2) GSP form A (1 Original + 1 Copy), or Certificate of Origin 3 Originals + 3 Copies (3) FCR (1 Original + 1 Copy) (4) Packing List (2 Original + 2 Copy) (5) Weight List (2 Original + 2 Copy) (6) Beneficiary's Fax Message (1 COPY) (7) Beneficiary's Declaration. (8) Inspection Certificate. *On acceptance of this purchase order you agree to Kingfisher having the right full and unencumbered access to the laboratory(s) testing your product(s) to establish their status.
Terms & Conditions
(REFER TO SA) FOR ALL OPCO, 1.75 PERCENT VOLUME REBATE DEDUCT PER LC/OA FOR KACTOS NAPI MARKETLERI, 2 PERCENT EPD DEDUCT PER LC This is subject to the terms and conditions set out in the VBA/SVBA/CVA/SCVA.

This is a computer generated copy and no signature is required for KSH.

For and on behalf of vendor

____

(Authorised signature)　　　　　　Date:

样单1-1-2　订单

Kingfisher Sourcing & Offer

Room 401, B&Q Pudong Commercial Building,393 Yin Xiao Road, Pudong New Area Shanghai Tel: +86 21 50590011 Fax: +86 21 50590022

KACTOS Proforma Order No: 5600006312

KINGFISHER Order No: PA234235　**Currency:** US DOLLAR　**Payment Mode:** Letter of Credit　**Country of Origin:** CHINA

KINGFISHER Order Date: 15/03/2020　**Last Revised Date:** 18/03/2020　**Buying Term:** FREE ON BOARD　**Payment Period:** 000

Vendor	Factory	Kingfisher
No.: KV01877 **Name:** TMC MACHINERY CO., LTD.　**TEL:** 025 58127110 **Address:** 5F, DONGLAI BUSINESS CENTER　**FAX:** 025 58127220 NO.30 MID LONGPAN ROAD NANJING,　**CONTACT:** YF GUANG JIANGSU PROVINCE, CHNINA **LC/OA Beneficiary** **Name:** HIGH HOPE INTERNATIONAL GROUP JIANGSU MINGJUN IMP AND EXP CORP. LTD. **Address:** 87 BAIXIA ROAD, NANJING CHINA	**No.:** **Name:** **Address:**	**OSO Contact:** **Tel:** **Email:**

Article Ordered

KSH Art. Cat.	Article	Description	Qty	Unit	Unit Cost	Amount	CBM
E02201-TOOL-Portable Tools-Drills/ screwdrivers	27 Power Tools	CE MODEL NO.K5180023 1010W Polisher (SKU Code: 2000024581) Rated Voltage: 230-240V/50Hz 1010W No-Load Speed: 1000-4500r/min Polishing wheel dia: 180mm VDE plug 2m cable Accessories: wool bonnet 1pc, polishing disc 1pc, side handle 1pc, wrench 1pc	6460	EA	18.95000	122417.00	0.0470
		Total:	6460			122417.00	

Shipment Schedule

Shipment No.	Transport Mode / Factory Name	POL	POD	DC	LRD	DC ETA / SKU CODE	KSH Art No. / Desc.	Ship Qty	Unit	Unit Cost	Ship Amount	ship CBM
1	SEA	CHINA NINGBO	TURKEY IZMIT	TURKEY IZMIT	15/06/2015	05/08/2015	PC15006662	6460	EA	18.95000	122417.00	75.91
	ZHEJIANG JINMEI ELECTRIC TOOLS CO., LTD.					2000024581	1010W polisher					

POL=Port of Loading, POD=Port of DISCHARGE, DC=Distribution Center, LRD=Latest Cargo Receipt Date, DC ETA=Estimated Time of Arrival at DC

DOCUMENTS REQUIRED
(1) Commercial invoices (signed and stamped originally, 3 Original + 3 Copy) (2) GSP form A (1 Original + 1 Copy), or Certificate of Origin 3 Originals + 3 Copies (3) FCR (1 Original + 1 Copy) (4) Packing List (2 Original + 2 Copy) (5) Weight List (2 Original + 2 Copy) (6) Beneficiary's Fax Message (1 COPY) (7) Beneficiary's Declaration. (8) Inspection Certificate. *On acceptance of this purchase order you agree to Kingfisher having the right full and unencumbered access to the laboratory(s) testing your product(s) to establish their status.
Terms & Conditions
(REFER TO SA) FOR ALL OPCO, 1.75 PERCENT VOLUME REBATE DEDUCT PER LC/OA FOR KACTOS NAPI MARKETLERI, 2 PERCENT EPD DEDUCT PER LC This is subject to the terms and conditions set out in the VBA/SVBA/CVA/SCVA.

This is a computer generated copy and no signature is required for KSH.

For and on behalf of vendor

(Authorised signature)　　　　Date:

样单1-1-3　信用证通知书

288 ZHONGSHAN ROAD, NANJING,
CHINA 210008
SWIFT: NJCBCNBN
TEL: 8625-86775876, 5878, 5890
FAX: 8625-86775891

南京银行
BANK OF NANJING

信用证通知书
ADVISE OF DOCUMENTARY CREDIT

DEAR SIRS,
WE ENCLOSE THE FOLLOWING DOCUMENTS ON DETAILS HEREUNDER FOR YOUR PAYMENT.
致：江苏汇鸿鸣骏进出口有限公司

我行编号：AD15006C14449	日期：2020-03-25
信用证号：5503833100815	开证日期：2020-03-24
金额USD133.397.00	开证申请人：KACTOS NAPI MARKETLERI TACARET A.S. TASDELEN SILE OTOBANI 09.KM ALEMDAR SAPAGI SIRRI CELIK BULVARI 88 UMRANIYE ISTANBUL
效期：2020-08-15	最迟装船期：

开证行：TURKIYE GARANTI BANKASI A.S.
GENEL MUDURLUK NISPETIYE MAH. AYTAR CAD. NO: 2 ZINCIRLIKUYU ISTANBUL
+WE HAVE PLEASURE IN ADVISING YOU AN ORIGINAL DOCUMENTARY CREDIT AS PER ATTACHED SHEET(S).
兹通知正本信用证一份，内容见附件。
AUTHENTICATED
已证实

+PLEASE NOTE THAT OUR ADVICED OF THE ABOVE MESSAGE CONVEYS NO ENGAGEMENT.
我行只做通知，不承担其他任何责任和义务。

+IF YOU FIND ANY TERMS AND CONDITIONS IN THE L/C WHICH YOU ARE UNABLE TO COMPLY WITH AND/OR ANY ERROR(S), IT IS SUGGESTED THAT YOU CONTACT APPLICANT DIRECTLY FOR NECESSARY. AMENDMENT(S) SO AS TO AVOID ANY DIFFICULTIES WHICH MAY ARISE IN THE FUTURE.
如本信用证中有无法办到的条款及/或错误，请直接与开证申请人联系进行必要的修改，以排除将来可能发生的问题。

+THIS NOTIFICATIONAND THE ENCLOSED ADVISED ARE SENT TO YOU WITHOUT ANY ENGAGEMENT ON OUR PART.
现将本通知和随附通知送上，我行不承担任何责任。

+THIS L/C CONSISTS OFSHEET(S), INCLUDING THE COVERING LETTER AND ATTACHMENTS.
本信用证连同面函及附件共5张。

+THIS L/C IS ADVISED SUBJECT TO ICC UCP PUBLICATION NO.600.
本信用证之通知遵循国际商会跟单信用证统一惯例第600号出版物。

THIS IS THE COMPUTERIZED DOCUMENT NO SIGATURE REQUIRED.

信用证通知章
2020年3月25日
南京银行

样单1-1-4 信用证

288 ZHONGSHAN ROAD, NANJING,
CHINA 210008
SWIFT: NJCBCNBN
TEL: 8625-86775876, 5878, 5890
FAX: 8625-86775891

南京银行
BANK OF NANJING

---Message Header---

Date: 2020-03-25
Swift Output: FIN 700 Issued of a Documentary Credit
Sender: TGBATRISXXX
Receiver: NJCBCNBNXXX

---Message Text---

27: Sequence of Total	: 1/1
40A: Form of Documentary Credit	: IRREVOCABLE
20: Documentary Credit Number	: 5503833100815
31C: Date of Issue	: 200324
40E: Applicable Rules	: UCP LATEST VERSION
31D: Date and Place of Expiry	: 200815TURKEY
51D: Applicant Bank-Name & Address :	T.GARANTI BANKASI A.S. OPERATION DIVISION EVREN MAH.KOCMAN CAD. NO: 36 B BLOK34212 GUNESLI ISTANBUL
50: Applicant	: KACTOS NAPI MARKETLERI TACARET A.S. TASDELEN SILE OTOBANI 09. KM ALEMDAR SAPAGI SIRRI CELIK BULVARI 88 UMRANIYE ISTANBUL TURKEY
59: Beneficiary-Name & Address	: HIGH HOPE INTERNATIONAL GROUP JIANGSU MINGJUN IMP AND EXP CORP. LTD. 87 BAIXIA ROAD, NANJING CHINA
32B: Currency Code, Amount	: USD133.397,00
39B: Maximum Credit Amount	: NOT EXCEEDING
41A: Available with...by...BIC	: TGBATRISXXXBY PAYMENT
43P: Partial Shipment	: ALLOWED
43T: Transshipment	: ALLOWED
44E: Port of Loading /Airport of Dep.	: NINGBO CHINA
44F: Port of Discharge/Airport of Dest.	: ANY PORT IN TURKEY
44D: Shipment Period	: LATEST CARGO RECEIPT DATE IS 20 MAY2020 FOR PO 5600006443 FOR USD10.980,00 AND 15 JUN.2020 FORPO 5600006312 FOR USD122.417,00
45A: Description of Goods and/or Services	: PORTABLE TOOLS AS PER P.O.NO.5600006443 AND 5600006312 TOTAL INVOICE AMOUNT IS USD133.397,00 FOB NINGBO CHINA（INCOTERMS 2010）
46A: Documents Required	:

01-COMMERCIAL INVOICE WITH HAND WRITTEN SIGNATURE ISSUED IN 3 ORGS AND 3 COPIES.
02-CERTIFICATE OF ORIGIN IN 1 ORIGINAL LEGALIZED BY THE LOCAL CHAMBER UNDER KACTOS' ORDER NUMBER CERTIFYING THE ORIGIN OF THE GOODS IS CHINA.
03-PACKING LIST IN 2 ORGS AND 2 COPIES INDICATING KACTOS' SKU CODES.
04-WEIGHT LIST IN 2 ORGS AND 2 COPY.

288 ZHONGSHAN ROAD, NANJING,
CHINA 210008
SWIFT: NJCBCNBN
TEL: 8625-86775876, 5878, 5890
FAX: 8625-86775891

南京银行
BANK OF NANJING

05-1ORIGINAL AND 1 COPY FORWARDER'S CARGO RECEIPT(FCR) ISSUED TO THE APPLICANT'S FULL NAME AND ADDRESS MARKED FREIGHT PAYABLE AT DESTINATION INDICATING CARGO RECEIPT DATE, SAILING DATE, VESSEL NAME, VOYAGE DETAILS, PORT OF LOADING AND DISCHARGE AND NOIFY TO THE APPLICANT'S FULL NAME AND ADDRESS AND INDICATING NAME, ADDRESS AND PHONE NUMBGER OF FORWARDING AGENT INTURKEY ALSO KACTOS' 10 DIGIT PURCHASE ORDER NUMBERS.
TRANSHIPMENT DETAILS, IF
EFFECTED, I.E. PORT OF TRANSHIPMENT, NAME OF VESSEL FOR EACH VOYAGE SEPARETELY, MUST BE INDICATED ON THE FCR.
IF MORE THAN ONE VESSEL
NAME INDICATED ON FCR, QUANTITY OF THE GOODS SHIPPED ON EACH VESSEL MUST BE INDICATED ON FCR SEPARETELY.

06-COPY OF BENEFICIARY'S FAX MESSAGE SENT WITHIN FIVE WORKING DAYS AFTER SAILING DATE TO APPLICANT'S FAX NO.+90-215-444 4221 OR +90-215-444 4222 OR +90-215-444 4223 TO OUR BANK FAX NO. +90-212-430 17 14 INDICATING FOLLOWING DETAILS FOR INSURANCE PURPOSES: DATE AND PLACE OF CARGO RECEIPT, SAILING DATER, LOADED QUANTITY, DESRIPTION, FOB VALUE, NET AND GROSS WEIGHT OF THE GOODS, VESSEL NAME, FCR NO. PLACE OF DISCHARGE, ESTIMATED TIME OF ARRIVAL OF THE GOODS, OUR BANK'S L/C REFERENCE, NAME AND ADDRESS OF THE FORWARDING AGENT IN TURKEY.

07-BENEFICIARY'S WRITTEN DECLARATION STATING THAT COMMERCIAL INVOICE, PACKING LIST, CERTIFICATE OF ORIGIN OR GSP CERTIFICATE OF ORIGIN FORM A HAVE BEEN SENT TO APPLICANT'S FAX NO. +90-215-44442 21 OR 22 OR 23 OR SENT BY E-MAIL TO KACTOS.ITHALAT(AT) KACTOS. COM.TR WITHIN 5 DAYS AFTER SAILING DATE.

08-ORIGINAL INSPECTION CERTIFICATE ISSUED BY SGS OR INTERTEK TESTING SERVICES OR COPY OF INSPECTION CERTIFICATE ISSUED BY KINGFISHER ASIALIMITED.

47A: Additional Conditions:

01-ALLDOCUMENTS AND CORRESPONDANCE WILL BEAR OUR L/C NUMBER EXCEPT ISNPECTION CERTIFICATE.

02-ALL DOCUMENT WILL BE SENT TO OUR ADDRESS: T.GARWENT BANKASI A.S. OPERATION CENTER, INTERNATIONAL TRADE DEPT. EVREN MAH.KACMON CAD.B BLOK NO: 32 36212 GUNESLI-ISTANBUL/TURKEY VIA SPEED COURIER (DHL OR SIMILAR).

03-ALL DOCUMENTS MUST BE ISSUED IN ENGLISH.

288 ZHONGSHAN ROAD, NANJING,
CHINA 210008
SWIFT: NJCBCNBN
TEL: 8625-86775876, 5878, 5890
FAX: 8625-86775891

南京银行
BANK OF NANJING

04-IN THE EVENT THAT IT IS NECESSARY TO CONTACT THE APPLICANT IN RESPECT OF ANY DISCREPANT DOCUMENTS PRESENTED UNDER THIS L/C A FEE OF USD 100,00 OR EQUIVALENT AMOUNT IN L/C CURRENCY PLUS SWIFT CHARGES WILL BE DEDUCTED FOR EACH SET OF DOCUMENTS.

05-FAILURE TO SHIP ON THE TIME WLL RESULT IN PENALTY CHARGESOF THE FOLLOWING:
A) 1-7 DAYS LATE – 3 PERCENT FOB VALUE,
B) 8-14 DAYS LATE – 5 PERCENT OF FOB VALUE,
C) MORE THAN 14 DAYS LATE – 10 PERCENT OF FOB VALUE.
IN CASE OF A LATE SHIPMENT, BENEFICIARY SHOULD SEND A CREDIT NOTE OR DEDUCT THE PENALTY AMOUNT FROM THE INVOICE.

06-EVERY ITEM DECLARED ON INVOICES INCLUDING SPARE PARTS SHOULD BEAR QUANTITY UNIT PRICE AND TOTAL PRICE.

07-FREE OF CHARGE ITEMS SHOULD BEAR QUANTITY, UNIT PRICE AND TOTAL PRICE, FREE OF CHARGE AND/OR NO COMMERCIAL VALUE SHOULD BE INDICATED ON INVOICE.

08-FAILURE TO PRESENT THE ORIGINAL SHIPPING DOCUMENTS WITHIN 21 DAYS AFTER SAILING DATE ON FCR WILL RESULT IN PENALTY CHARGE OF 5 PCT ON FOB VALUE.

71B: Charges : ALL BANKING CHARGES AND COMMISSIONS OUTSIDE OF TURKIYE INCLUDING THE CHARGES AND COMMISSIONS INCURED BYA NON-UTILIZATION OF THIS L/C AREFOR BENEFICIARY'S ACCOUNT.

48: Period for Presentation : WITHIN 21 DAYS AFTER SAILING DATEON FCR BUT WITHIN L/C VALIDITY DATE

49: Confirmation Instructions : WITHOUT

78: Instructions to Paying/Accepting/Negotiating Bank:
UPON RECEIPT OF CREDIT CONFORM DOCUMENTS WE SHALL REMIT THE VALUE OF DOCUMENTS TO YOU AS PER YOUR INSTRUCTIONS. PLEASE ADVISE THE REMITTANCE OF THE DOCUMENTS TO US BY AUTHENTICATED MESSAGE.

72: Sender to Receiver Information : PLESE ACT.RECEIPT

*End of Message

任务1　分析审核信用证

■ **知识点：** 信用证的当事人，信用证的种类，信用证的主要内容，信用证的单据条款，信用证的兑付方式，信用证的修改，信用证的审核要点。

■ **技能点：** 分析审核信用证，处理信用证。

■ 知识准备

任务1.1　认识信用证

信用证是国际贸易结算中常见的支付方式之一，它集结算和融资为一体，有效解决了买卖双方互不信任的矛盾，尤其是在交易金额较大的情况下更是如此，对进出口商及银行起到了积极的促进作用，有着其他付款方式不可替代的作用。

一、信用证的概念

根据《UCP 600》的规定，信用证（LETTER OF CREDIT，L/C）是指一项不可撤销的安排，无论其名称或描述如何，该项安排构成开证行对相符交单予以承付的确定承诺。

其中，相符交单是指与信用证条款、《UCP 600》相关适用条款及《ISBP 745》一致的交单。

承付是指：

如果信用证为即期付款信用证，则即期付款；

如果信用证为延期付款信用证，则承诺延期付款并在付款到期日付款；

如果信用证为承兑信用证，则承兑受益人开出汇票并在汇票到期日付款。

就性质而言，信用证与可能作为其开立基础的合同是相互独立的交易，银行与该合同无关，且不受其约束，而且，银行处理的只是单据，并不是单据可能涉及的货物、服务或履约行为，也不考虑货物的品质、数量等是否符合要求。

作为国际货物买卖中经常使用的一种付款方式，信用证通常都附有商业单据，银行也是通过单据来掌握货权和提供信贷的，因此本书所指的信用证都属跟单信用证（DOCUMENTARY CREDIT，简称DC）。

二、信用证的当事人

信用证涉及的当事人有很多，如申请人、受益人、开证行、通知行、保兑行、付款行、承兑行、议付行、偿付行、转让行等。在一份信用证中，当事人因信用证的种类不同而有所区别，但是，不论是何种类型的信用证，当事人是必不可少的。

1．申请人

申请人（APPLICANT）是指要求开立信用证的当事人，通常为合同的买方，即进口商或实际买主。申请开立信用证，应向银行缴纳保证金和开证费用。

2．受益人

受益人（BENEFICIARY）是指接受信用证并享受其利益的当事人，通常为合同的卖方，即出口商或实际供货商。

3．开证行

开证行（ISSUING BANK）是指应申请人要求，或者代表自己，开出信用证的银行，通常是申请人所在地的银行。开证行自开出信用证之时起即不可撤销地承担承付责任。

4．通知行

通知行（ADVISING BANK）是指应开证行的要求将信用证通知受益人的银行，通常是开证行在受益人所在地的分行或代理行。通知行应合理审慎地核验所通知信用证表面的真实性，即负责辨别信用证的真伪。

5．保兑行

保兑行（CONFIRMING BANK）是指根据开证行的授权或要求，对信用证加具保兑的银行。在开证行承诺之外，保兑行也承担对相符交单予以承付或议付的确定承诺。保兑行一般由信誉较高的银行承担，在实务中通常由通知行兼任。

6．付款行、承兑行、议付行、指定银行

付款行（PAYING BANK，DRAWEE BANK）是信用证指定的按规定条件向受益人履行付款义务的银行。付款行通常是开证行或者开证行指定的某一家银行，也可以是保兑行。当信用证规定以即期付款方式或延期付款方式兑用时，信用证须指定付款行。

承兑行（ACCEPTING BANK）是指对信用证项下的远期汇票进行承兑的银行。当信用证规定以承兑方式兑用时，信用证须指定承兑行。

议付行（NEGOTIATING BANK）又称押汇银行，是指愿意有追索权地买入受益人的汇票和/或单据的银行。当信用证规定以议付方式进行兑用时，信用证可以指定议付行，也可以不指定议付行。

指定银行（NOMINATED BANK）是指信用证可在其处兑用的银行。

7．偿付行

偿付行（REIMBURSING BANK）是按照开证行的指示或授权，为开证行偿还指定银行索偿款项的银行，也称清算银行（CLEARING BANK），它是开证行与通知行之外的第三方银行。偿付行应该见索即偿，如果偿付行未能见索即偿，则开证行必须自行偿付，在这种情况下，开证行将承担利息损失以及产生的任何其他费用。

8．转让行

转让行（TRANSFERRING BANK）是指办理信用证转让的银行。转让行可能是信用证指定的银行，也可能是实际办理信用证转让的银行。

三、信用证的业务流程

在国际货物买卖中，凡以信用证付款的合同，合同签好后，都由进口商向其所在地的银行申请开立信用证，银行审核同意后即开出以出口商为受益人的信用证，并通过出口商所在地的银行将信用证转交受益人。受益人备货发运并取得全套单据后，向信用证指定的银行交单，以取得货款。信用证的业务流程可以概括为图1-1-1所示。

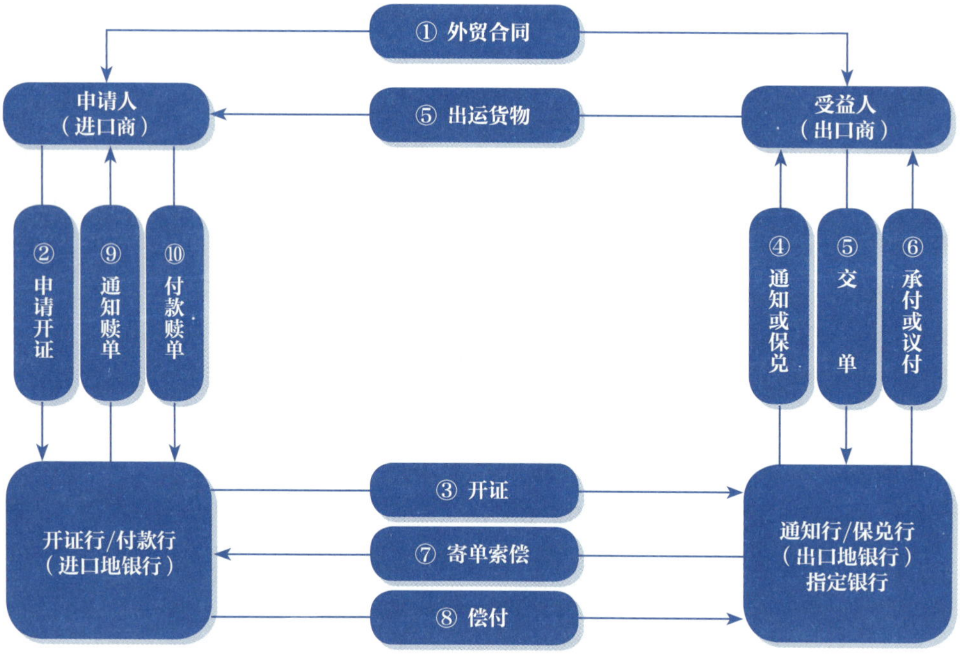

图1-1-1　信用证业务流程

说明：

①进出口双方签订外贸合同。

②进口商（申请人）向当地银行申请开立信用证。

③银行（开证行）接受申请人的申请后开出信用证，以自己或指定银行为付款行，将信用证交给出口商所在地的银行（通知行）。

④通知行审核信用证后将信用证通知受益人，必要时对信用证加具保兑。

⑤受益人按信用证规定出运货物，取得全套单证后向指定银行交单。

⑥指定银行审单后根据自己的义务承付或议付货款。

⑦指定银行向开证行或付款行寄单索汇，或向开证行寄单向偿付行索偿。

⑧开证行或付款行向指定银行付款，或向偿付行付款。

⑨开证行通知申请人付款赎单。

⑩申请人付款赎单。

四、信用证的种类

根据不同的分类标准，信用证有很多种。

1．根据信用证是否可转让分类

根据信用证是否可转让，信用证分为可转让信用证（TRANSFERABLE CREDIT）和不可转让信用证（NONTRANSFERABLE CREDIT）。

可转让信用证是指信用证的受益人（第一受益人）要求银行（转让银行）将该信用证的全部或部分金额转让给另一受益人（第二受益人）兑用的信用证。

不可转让信用证是指受益人不能将信用证权利转让给他人使用的信用证。

按《UCP 600》规定，可转让信用证必须由开证行在信用证中注明“TRANSFERABLE（可转让）”字样，否则信用证不得转让。当中间商为赚取利润，不愿意进口商与制造商或供货商直接进行贸易时，往往要求开立可转让信用证。可转让信用证只限转让一次。

2．根据信用证是否被保兑分类

根据信用证是否被另一家银行进行保兑，信用证分为保兑信用证（CONFIRMED CREDIT）和不保兑信用证（UNCONFIRMED CREDIT）。

保兑信用证是根据开证行的授权，由开证行之外的另一家银行对信用证加具保证兑付责任的信用证。

对信用证加具保兑责任的银行称为保兑行，通常由通知行兼任，其所担负的责任相当于开证行。经过保兑后，开证行和保兑行共同承担对信用证相符交单予以承付或议付的义务，而不保兑信用证则只有开证行一方对受益人的相符交单予以承付或议付。因此，信用证经保兑后，有双重的付款保证。

3．根据信用证兑用方式的不同分类

根据信用证兑用方式的不同，信用证分为即期付款信用证（SIGHT PAYMENT CREDIT）、延期付款信用证（DEFERRED PAYMENT CREDIT）、承兑信用证（ACCEPTANCE CREDIT）和议付信用证（NEGOTIATION CREDIT）。

《UCP 600》规定：所有信用证必须规定其是以即期付款、延期付款、承兑还是议付的方式兑用。

（1）即期付款信用证是指信用证指定的付款行对受益人的相符交单立即予以付款的信用证。即期付款信用证不需要受益人出具汇票，付款行付款后也不能向受益人追索。因此，这种信用证对受益人极为有利。当开证行在付款行有存款时，一般都开立即期付款信用证，欧洲商人为免交汇票印花税，有时也会开立这种信用证。

（2）延期付款信用证是指受益人不需要开立汇票，只要提示符合信用证条款的单据，付款行就在信用证规定的到期日付款的信用证。这种信用证不要求受益人开立汇票，故无法进行贴现。一般在大型设备的交易中，进口商为防止出口商将汇票贴现从而逃避对货物的责任，通常使用此种信用证。

（3）承兑信用证是指开证行或其指定的付款行在收到受益人的相符交单和远期汇票时，先

对汇票进行承兑，然后按其规定付款。受益人可以在银行承兑汇票之后，将信用证项下的汇票进行贴现，提前取得款项。

（4）议付信用证：是指允许受益人向某一指定银行或任何银行交单议付的信用证。按照《UCP 600》的规定，议付是指指定银行在相符交单下，在其应获偿付的银行工作日当天或之前向受益人预付或者同意预付款项，从而购买汇票及/或单据的行为。

议付信用证又分为限制议付信用证和公开议付信用证两种。限制议付信用证中指定了议付行，而公开议付信用证则未指定议付行，受益人可以向任何银行交单议付。

议付信用证的议付行若不能向开证行收回款项，可以向受益人追索，而即期付款信用证、延期付款信用证和承兑信用证的付款人在承付后则不能追索款项。显而易见，即期付款信用证对受益人最有利，而议付信用证既可使银行有追索权，又可让受益人提前获取款项，因此最常被使用。

实际业务中，议付信用证使用最多。

4．根据信用证付款时间的不同分类

根据信用证付款时间的不同，信用证分为即期信用证（SIGHT CREDIT）和远期信用证（USANCE CREDIT）。

即期信用证是指受益人一旦向开证行或指定付款行提交了相符交单，银行就立即履行付款义务的信用证。这种信用证要求的汇票都是即期汇票。

远期信用证是指开证行或付款行在收到受益人的相符交单后，并不立即付款，而是根据约定付款期付款的信用证。承兑信用证、延期付款信用证和要求远期汇票的议付信用证都属于远期信用证。远期信用证主要用于进口商的资金融通，一般都由汇票付款人办理承兑手续。

在实际业务中，还有一种假远期信用证。这种信用证要求受益人开具远期汇票，开证行却即期付款给受益人，开证行付款后按汇票规定的付款期对申请人收取款项，银行因即期付款而损失的利息和有关费用由申请人承担。例如，信用证规定“CREDIT AVAILABLE FOR PAYMENT OF YOUR DRAFTS AT 120 DAYS SIGHT”，但同时又规定“PAYMENT AT SIGHT... DRAWEE BANK’S DISCOUNT OR INTEREST CHARGES AND ACCEPTANCE COMMISSION ARE FOR THE ACCOUNT OF THE APPLICANT AND THEREFORE THE DRAFT MUST MARKED...”，此时该信用证为假远期信用证，这实际上是开证行对进口商提供的资金融通。对受益人来说，假远期信用证与即期信用证相似。

5．其他分类

除了上述几种分类外，信用证还有循环信用证（可分为自动循环信用证、半自动循环信用证和非自动循环信用证）与不可循环信用证之分，还有背对背信用证、对开信用证、备用信用证、预支信用证等。这些信用证的类别在实际使用过程中由外贸业务员来掌握，故在此不多讲述。

五、信用证的格式和开立方式

1．信用证的格式

在国际贸易发展的过程中，各国银行都曾制定了各自的信用证格式，这些信用证因缺乏明

确及完整的必要指示，使有关当事人之间的纠纷不断发生，为统一信用证的格式，国际商会曾推出了一系列信用证标准格式供各国银行采用，但由于各国银行的态度不同，导致信用证的格式也各不相同。

1973年，银行同业间的非营利性国际合作组织“环球同业银行金融电信协会（SOCIETY FOR WORLDWIDE INTER-BANK FINANCIAL TELECOMMUNICATION，简称‘SWIFT’）”成立，它拥有专业的环球计算机数据通信网，使用标准的SWIFT电文格式，为会员银行提供安全、可靠、快捷和自动化的通信服务，且费用相对低廉，因而在国际银行界被广泛使用。会员银行在使用SWIFT系统办理信用证业务时，必须要使用标准格式的SWIFT电文，信用证格式也因而趋于统一。

《UCP 600》规定，判定一份文件是否为信用证，重实质不重形式，只要该文件符合信用证的定义，无论其名称、格式如何，都可视其为信用证。

因而，信用证并没有统一的标准格式。

2．信用证的开立方式

开证行将正本信用证送交给通知行时所采用的方式，即为信用证的开立方式。开证行开立信用证，可以使用信件方式将信用证邮寄给通知行，也可以使用电信方式，如电报（CABLE）、电传（TELEX）和SWIFT等，将信用证传递给通知行。

以信件方式传递的信用证，称为信开信用证。以电信方式传递的信用证，称为电开信用证。

信开信用证，传送速度慢且极易被伪造，而电开信用证，配合使用密押，速度快且安全性高，因而逐渐取代了信开信用证，从而开始流行使用。在电信方式中，SWIFT相对于电报和电传来说，因其密押的可靠性、保密性和自动化程度更高，费用也更低，最终成为当前最主要被使用的信用证开立方式。

3．SWIFT信用证

通过SWIFT通信系统开立的信用证，称为SWIFT信用证。

使用SWIFT系统传递信息，实质是使用一种格式化的电文，这种格式化的电文有很多种，其中MT700和MT701这两种格式代表信用证业务，因此SWIFT信用证有MT700格式和MT701格式，其中MT700格式在实际业务中使用最多。本章引导项目中，样单1-1-4所示的信用证就是一个MT700格式的SWIFT信用证。

SWIFT信用证由若干个项目组成，这些项目有必选项，也有可选项。每个项目都有不同的代号，表示不同的含义，项目的代号由两位数字或两位数字加上字母来表示。例如，“50 APPLICANT”就是一个必选项目，所有信用证中都必须要有这个项目，其中“50”是项目的代号，“APPLICANT”表示“申请人”“59 BENEFICIARY”也是一个必选项目，“59”是项目的代号，“BENEFICIARY”表示“受益人”“47 ADDITIONAL CONDITIONS”则是一个可选项，表示“附加条件”。

SWIFT信用证中的数字不分格，小数点用逗号表示，日期按“年月日”的顺序分别用两位阿拉伯数字表示，如数字“89,034.67”在SWIFT信用证中表示为“89034,67”，日期“2020年7

月6日”，在SWIFT信用证中表示为“200706”。

任务1.2　分析审核信用证

一、分析审核信用证的意义

《UCP 600》是专门规范跟单信用证的国际惯例。由于它明确规定信用证各有关当事人只处理单据，并不是单据所涉及的货物、服务或其他行为，因此在国际货物买卖中，如果合同规定采用信用证支付货款，受益人就必须按照信用证的要求，提交代表货物的单据后才能得到货款，相关银行也仅凭这些单据决定是否承付或议付，而并不考虑受益人交货的品质、数量等如何。

由于信用证是合同的买方单方面向银行申请的，如果信用证与买卖合同不一致，而受益人又没有提出修改意见，就等于接受了信用证。在以后的履约过程中，受益人如果按合同备货和制单，必将导致单证不符，而如果按信用证备货和制单，又等同于接受了买方对合同所做的修改。因此，受益人在收到信用证之后，在发货之前，必须对信用证进行分析和审核，及早发现存在的问题并及时更正，从而掌握信用证项下单据的主动权，为合同的顺利履行和安全收汇提供保证。

二、分析信用证的内容

信用证不论以何种方式开立，内容都大致相同。以MT700格式为例，在正常的国际贸易背景下，一份SWIFT信用证的有关项目及其内容如下：

27：SEQUENCE OF TOTAL，表示报文页次。

如果一份信用证的全部条款都能容纳在一个MT700的报文中，那么该项目就为“1/1”。如果一份信用证由一个MT700报文和一个MT701报文组成，那么MT700报文的项目“27”就为“1/2”，MT701报文的项目“27”就为“2/2”，依此类推。

40A：FORM OF DOC. CREDIT，表示跟单信用证的形式。

跟单信用证均为不可撤销的，除此之外，还有可能是可转让的、备用的等。如果该项目内容为“IRREVOCABLE”，表示信用证不可撤销；如果该项目内容为“IRREVOCABLE TRANSFERABLE”，表示信用证为不可撤销可转让信用证；同样，“IRREVOCABLE STANDBY”表示不可撤销备用信用证，“IRREVOCABLE TRANSFERABLE STANDBY”，表示不可撤销可转让的备用信用证。

20：DOCUMENTARY CREDIT NUMBER，表示跟单信用证号码。

31C：DATE OF ISSUE，表示开证日期。

该项目列明开证行开立跟单信用证的日期，如果无此日期，则开证日期就为该报文的发送日期。

31D：DATE AND PLACE OF EXPIRY，表示信用证的有效期和到期地点。

该项目列明跟单信用证最迟的交单日期和交单地点。

51A：APPLICANT BANK，表示申请人的银行。

如果开证行和申请人的银行不是同一家银行，报文使用该项目列明申请人的银行。项目代号为“51A”时，银行用SWIFT名址码表示，项目代号为“51D”时，银行用全称表示。

50：APPLICANT，表示信用证的申请人。

59：BENEFICIARY，表示信用证的受益人。

32B：CURRENCY CODE，AMOUNT，表示信用证结算的货币和金额。

39A：PERCENTAGE CREDIT AMOUNT TOLERANCE，表示信用证金额浮动允许的范围。

该项目列明信用证金额上下浮动最大允许范围，用百分比表示，如10/10表示允许上下浮动各不超过10%。该项目也可能用“39B: MAXIMUM CREDIT AMOUNT”表示信用证金额的最高限额。

39C：ADDITIONAL AMOUNTS COVERED，表示信用证附加金额。

该项目列明信用证所涉及的附加金额，如保险费、运费、利息等。

41A：AVAILABLE WITH... BY...，表示指定的有关银行及信用证兑用方式。

该项目列明被授权对信用证进行付款、承兑或议付的银行及信用证的兑用方式。项目代号可能为“41A”，也可能为“41D”。项目代号为“41A”时，银行用其SWIFT名址码表示，项目代号为“41D”时，银行用全称表示。当信用证为自由议付信用证时，该项目表示为“41D：AVAILABLE WITH ANY BANK BY NEGOTIATION”“BY PAYMENT”表示信用证以即期付款方式兑用；“BY ACCEPTANCE”表示信用证以远期承兑方式兑用；当信用证以延期付款方式兑用时，该项目用“BY DEFERRED PAYMENT”表示的同时，还用“42P: DEFERRED PAYMENT DETAILS”项目对付款详情进行补充说明。

42C：DRAFTS AT...，表示汇票付款期。

42A：DRAWEE，表示汇票付款人。

该项目应列明信用证项下汇票的付款人名称，而不是付款人的账号。项目代号可能为“42D”，也可能为“42A”。当项目代号为“42D”时，付款人名称用银行全称表示，项目代号为“42A”时，付款人名称用银行的SWIFT名址码表示。

43P：PARTIAL SHIPMENT，表示分批装运的规定。

该项目表明信用证项下货物是否允许分批装运。

43T：TRANSSHIPMENT，表示转运的规定。

该项目表明信用证项下货物是否允许转运。

44A：LOADING ON BOARD/DISPATCH/TAKING IN CHARGE AT/FROM，表示货物装船、发运和接受监管的地点。

该地点可能是港口（PORT），也可能是内陆地点（PLACE）或某个保税仓库（BONDED WAREHOUSE）等。如果项目代号为“44E”，表示该地点必须为港口。

44B：FOR TRANSPORTATION TO...，表示货物发送的最终目的地。

该地点可能是港口，也可能是内陆地点或某个保税仓库。如果项目代号为“44F”，表示该地点必须为港口。

44C：LATEST DATE OF SHIPMENT，表示最迟装运日期。

该项目应列明货物最迟装船、发运和接受监管的日期。该项目也可能用“44D: SHIPMENT PERIOD”表示装运期。

45A：DESCRIPTION OF GOODS AND/OR SERVICES，表示货物及/或服务的描述。

价格条款如CIF、FOB，应列在该项目中。

46A：DOCUMENTS REQUIRED，表示单据要求。

47A：ADDITIONAL CONDITIONS，表示附加条款。

71B：CHARGES，表示费用负担。

该项目的出现，表示费用由受益人负担。若信用证无此项目，则表示除议付费和转让费之外，其他费用均由申请人负担。

48：PERIOD FOR PRESENTATION，表示交单期限。

该项目列明在开立运输单据后多少天内交单。若信用证未使用该项目，则表示在开立运输单据后21天内交单。

49：CONFIRMATION INSTRUCTIONS，表示保兑指示。

该项目列明给收报行的保兑指示。如果项目内容为“CONFIRM”，表示该信用证要求收报行即通知行进行保兑；如果项目内容为“WITHOUT”，表示该信用证不要求通知行保兑；如果项目内容为“MAY ADD”，表示通知行可以对该信用证加具保兑。

53A：REIMBURSING BANK，表示偿付行。

该项目列明被开证行授权偿付信用证金额的银行。该偿付行应是开证行和通知行之外的第三方银行。

78：INSTRUCTIONS TO THE PAYING/ACCEPTING/NEGOTIATING BANK，表示给付款行、承兑行或议付行的指示。

57A：“ADVISE THROUGH”BANK，表示转通知行。

如果信用证需要通过收报行之外的另一家银行转递、通知或加具保兑后再给受益人，信用证使用该项目列明转通知银行的名称。

72：SENDER TO RECEIVER INFORMATION，附言。

一般为银行之间的指示，即开证行对通知行的指示，如要求通知行用指定的电话通知受益人，或用快捷有效的电信方式通知受益人等。

以下为一份信用证及其分析。

APPLICANTION HEADER	Q 700 DEUTSCHE BANK A.G., HAMBURG	——开证行
SEQUENCE OF TOTAL	27: 1/1	——本信用证的电文页码为1页
FORM OF DOC. CREDIT	40A: IRREVOCABLE	——本信用证不可撤销
DOC. CREDIT NUMBER	20: BIAW-20200678	——信用证号码
DATE OF ISSUE	31C: 20/07/01	——开证日期为：2020年7月1日
EXPIRY	31D: DATE 20/08/15	——有效期为：2020年8月15日

PLACE CHINA ——信用证的到期地点为中国

APPLICANT 50: HUBOC GMBH & KG CO. ——申请人名称

RATHAUSMARKT 33,20095 HAMBURG, GERMANY ——申请人地址

BENEFICIARY 59: FUJIAN FEIFAN I/E. CO., LTD. ——受益人名称

NO. 12 RENMIN RD., FUZHOU, P.R. CHINA ——受益人地址

AMOUNT 32B: CURRENCY USD AMOUNT 66.744,80 ——信用证金额和货币

POS./NEG. TOL. (%) 39A: 05/05 ——信用证允许金额上下浮动5%

AVAILABLE WITH/BY 41D: ANY BANK IN CHINA BY NEGOTIATION

——兑用方式为议付，可在中国任何银行议付

DRAFT AT... 42C: 30DAYS AFTER SIGHT ——付款期为见票后30天

DRAWEE 42A: BANK OF CHINA，HAMBURG BRANCH ——信用证付款人

PARTIAL SHIPMENTS 43P: NOT ALLOWED ——本证不允许部分装运

TRANSSHIPMENTS 43T: NOT ALLOWED ——本证不允许转运

LOADING IN CHARGE 44A: XIAMEN, CHINA ——启运地为厦门

FOR TRANSPORT TO 44B: HAMBURG, GERMANY. ——目的地为德国汉堡

LATEST DATE OF SHIP 44C: 20/08/05 ——最迟2020年8月5日装运

DESCRIPTION OF GOODS 45A: CHINESE TOY FIREWORKS ——货名

CFR HAMBURG, GERMANY ——贸易术语

AS PER S/C NO. 10435T678 ——合同号

DOCUMENTS REQUIRED 46A: ——单据要求

+SIGNED COMMERCIAL INVOICE IN TRIPLICATE INDICATING S/C NO.

——发票及要求

+PACKING LIST IN TRIPLICATE. ——装箱单及要求

+FULL SET (3/3) CLEAN ON BOARD OCEAN BILLS OF LADING MADE OUT

——提单及要求

TO ORDER MARKED ‘FREIGHT PREPAID’ AND NOTIFY THE APPLICANT.

+ CERTIFICATE OF ORIGIN IN DUPLICATE. ——产地证及要求

ADDITIONAL COND. 47A: 附加情况

+ALL DOCUMENTS INDICATING THIS L/C NUMBER.AND L/C DATE

+A HANDING FEE OF USD50.00 WLLL BE DEDUCTED IF DISCREPANCY DOCUMENTS PRESENTED.

+INSURANCE TO BE EFFECTED BY BUYER.

+ALL DOCUMENS MUST BE IN ENGLISH.

DETAILS OF CHARGES 71B: ALL BANKING CHARGES OUTSIDE ISSUING BANK ARE OF BENEFICIARY’S ACCOUNT ——关于银行费用的分摊

PRESENTATION PERIOD 48: DOCUMENTS TO BE PRESENTED WITHIN 10 DAYS

AFTER THE DATE OF SHIPMENT, BUT WITHIN THE VALIDITY OF THE CREDIT.

——交单期的规定

三、受益人审核信用证的要点

受益人审核信用证，通常从以下几点进行审核。

1．审核信用证的类别

受益人审核信用证的类别：首先，应确定信用证必须是不可撤销的；其次，应明确信用证是否允许转让，是否为备用的信用证，金额能否循环使用；最后，应审核信用证是否被保兑，如被保兑，还应明确谁是保兑行。

按《UCP 600》的规定，可转让信用证是指特别注明“TRANSFERABLE”字样的信用证。否则，信用证就不可以进行转让。而且，可转让信用证也只限转让一次。如果受益人转让了信用证，须明确有关转让的所有费用都由第一受益人承担，还应明确信用证转让后，第一受益人和第二受益人在制单和交单过程中的相关责任。

保兑信用证，受益人收款有双重保障，但是如果受益人要求信用证加保，保兑费也由受益人承担，因此保兑信用证不能滥用。受益人审证时，如果认定开证行的资信良好，可以不需要对信用证加保。在合同磋商过程中，出口商也不一定非要使用保兑信用证作为付款条件，完全可以在收到信用证后，确认开证行的资信不佳或其所在国政局不稳定，没有付款保障时，才有必要对信用证提出保兑要求，以免付出额外的保兑费用。

当进出口商之间的合同需要在较长时间内分批完成时，往往需要使用循环信用证，以节省手续费和开证押金。受益人审核信用证如果为可循环的，应注意该信用证是自动循环，还是非自动循环，循环的次数、金额及期限等也都应该弄清。

2．审核信用证的当事人

信用证的当事人包括受益人、申请人、开证行、通知行、付款行、议付行、偿付行等。

信用证的当事人会随着信用证种类和兑用方式等的不同而随时出现，但所有信用证都应表明申请人、受益人和开证行。

受益人、申请人的名称及地址是很多单据中必不可少的内容。如果信用证中申请人和受益人的地址、联络细节与实际不符，按《UCP 600》规定，单据中出现的联络细节，银行不予理会，地址即使与信用证不符，但只要国别一致，也不认为是单证不符，除非这些地址和联络细节是信用证指定的运输单据的收货人及通知人的一部分。但是，如果受益人名称有误，出口商制单结束将无法签章，单据也无法办理认证，申请人名称有误，进口商也有可能无法清关提货，因此受益人审核信用证的当事人，主要是审核申请人和受益人的名称是否正确。

信用证的开证行，即信用证中“SENDER”栏或“APPLICATION HEADER”栏所显示的银行。由于信用证是开证行发给通知行的信，故开证行在信用证中有时会以第一人称“OUR BANK”或“US”等自居，此种情况下，信用证中的第二人称都指的是通知行。

3. 审核信用证的各相关日期

信用证中的日期主要包括开证日期、装运期、交单期及到期日。按《UCP 600》规定，未规定有效期的信用证无效；未规定装运期，则视信用证有效期为最迟装运期；未规定交单期，受益人应在运输单据所指的发运日期之后的21天内交单，且必须在信用证到期日之前。

在正常的国际贸易中，进口商一般应在合同签好后，按规定及时申请开立信用证，并合理确定到期日，以保证出口商及时备货、装运和制单结汇，因此一份信用证的开证日期、装运期、交单期和到期日之间应该有合理的间隔。

正常情况下，一份信用证从开出到失效，时间不超过45天，其中30天用于装运，剩余10~15天用于交单。所有日期中，开证日期最早，到期日最晚，装运期介于开证日和到期日之间，并与合同一致，交单期则规定在装运之后、到期日之前的某一时间之内。

与到期日一起的，还有信用证的到期地，即受益人完成交单的地点，这个地点可以在受益人所在地，也可以在申请人所在地，到期地在受益人所在地的信用证对出口商最有利。如果到期地在国外，受益人应考虑寄送单据所需的时间，提前交单以免过期。

因此，受益人审核信用证各相关日期时，一定要结合货源情况、船期表和信用证到期地点，以确定能否接受。如果货源充足，船期稳定，即使信用证规定的装运期、交单期和到期日时间紧凑，只要受益人确保能及时完成装运和交单，都可以接受。

除此之外，受益人还应注意，不同的装运期规定方法有各自的起止规定。若以TO、UNTIL、TILL、FROM及BETWEEN等字样表示装运期时，所述日期应包括在内；若以BEFORE、AFTER等字样表示装运期时，则不包含提及的日期；若以ON、ABOUT或类似用语表示装运期时，是指在指定日期之前5天至该日期之后5天在内共计11天的时间。

以上各日期中，如果最后一天适逢休息日，则信用证的到期日、交单期可以顺延至银行重新开业的第一个工作日，但最迟装运日期不得因此而顺延。

4. 明确信用证的兑用方式及兑用银行

信用证的兑用方式及兑用银行，关系到出口商如何交单和如何收回货款的问题，并与付款期密切相关，因此受益人必须要认真对待。

按《UCP 600》规定，信用证除必须规定其是以即期付款、延期付款、承兑还是议付的方式兑用之外，还必须规定可在其处兑用的银行，或是否可在任一银行兑用。可在其处兑用信用证的银行所在地即为交单地点，可在任一银行兑用的信用证其交单地点为任一银行所在地，开证行所在地也是交单地。

即期付款信用证，受益人不需要开立汇票，仅凭相符交单即可从开证行即期得到款项，且付款行付款后不能向受益人追索。

延期付款信用证，受益人也不需要出具汇票，开证行对相符交单承诺延期付款，并在付款到期日付款。这种信用证的受益人无法提前取得款项。

承兑信用证，受益人应开立远期汇票，开证行对相符交单项下的汇票先承兑，然后在汇票到期日付款。开证承兑汇票后就不能追索，受益人如果需要提前支取货款，可以将汇票进行贴现。

议付信用证，受益人应按规定的付款期开具汇票，将单据交议付行，议付行在保留追索权的情况下，在交单截止日之前，扣除利息和手续费后，预付款项给受益人，从而购买相符交单。

因此，受益人在审核信用证的兑用方式时，首先，应明确是否需要出具汇票，如果需要，应出具什么样的汇票；其次，应明确所有单据备好后，应于什么时间向谁交单；最后，应明确在交单后，能否立刻得到货款。

5．审核信用证的金额

信用证金额是开证行付款责任的限额，是受益人可以支取的款项额度。它包括货币币种、金额以及金额允许的浮动范围。

信用证金额应该与合同规定一致。如果合同规定全部货款以信用证支付，则信用证金额与合同金额一致，此时，发票金额、汇票金额应与合同和信用证一致；如果合同规定部分货款以信用证支付，部分货款以其他方式支付，则信用证金额小于合同金额，此时，发票金额应与合同一致，汇票金额应与信用证一致。

按《UCP 600》规定，“ABOUT”或“APPROXIMATELY”用于信用证金额或规定的数量或单价时，信用证允许有关金额或数量或单价有不超过10%的增减幅度；在信用证不以包装单位件数或货物自身件数的方式来规定货物数量时，货物数量允许有5%的增减幅度，只要总支取金额不超过信用证金额。

因此，受益人审核信用证金额时，要注意区分其允许浮动的范围，注意其与合同金额是否完全相同，以确定发货数量，明确发票金额和汇票金额。

6．审核信用证的货物描述

信用证所规定的货物是受益人装船交货和制单结汇的依据。

信用证中的货物描述，包括货名、货号、规格、数量、单价、包装、贸易术语以及相应的合同号、订单号等。受益人应确保信用证中的货物描述应与合同规定一致。

信用证中的货物描述是受益人制单的基本内容，如果信用证中的货物描述有错，受益人将处于两难之地：按信用证制单则与合同不符，按实际发货制单又会使单证不符。因此，在审核货物描述时，受益人应对照合同条款，确保信用证的货物描述与合同规定一致。

7．审核运输条款

信用证的运输条款包括运输路线、运输工具、运输方式以及是否允许部分装运和转运等。

在信用证的运输条款中，运输方式和运输路线只要合理即可；买方负责办理运输手续的贸易术语，信用证才能指定运输公司和运输工具等；是否允许部分装运和转运要根据买卖双方的实际需要而定。

对于信用证规定的运输路线，受益人应注意区分装运港和装运地的不同。如果信用证的装运地和最终目的地分别显示为“44A”和“44B”，则意味着该地既可以是港口，也可以是内陆地点，若显示为“44E”和“44F”，则意味着该地只能是港口。若装运港（地）为“CHINA”或“CHINESE PORT”，受益人可在中国任何港口或内陆地装运，制单时则要按实际装运地点填写。

对于部分装运和转运，若信用证未注明是否允许，则视为允许部分装运和转运。如果贸易两国之间没有直达运输，则信用证必须允许转运。

转运是指在信用证指定的某一运输范围内，将货物从一个运输工具上卸下并装上另一运输工具的行为。

受益人应注意区分部分装运和分期装运的区别。在允许部分装运的情况下，如果其中一批货物未按规定装运，则不影响其他各批货物的装运，而在分期装运的情况下，如果其中一期货物未按规定装运，则本期及以后各期货物的装运均将无效。

对于部分装运的信用证，受益人在第二次或以后出运时，要注意银行在信用证背面批注的余额，不能超余额出运。

8．审核单据条款

单据条款是受益人制单、交单和银行审单的依据，也是开证行承付货款的凭据。银行只审核信用证单据条款所要求的单据，对非信用证要求的单据将不予理会。

单据条款包括信用证所要求的单据名称、份数及其制作要求等。其中，对提单和保险单的要求通常规定得最为详细。在提单条款中，通常会规定提单的正本要求、提单的类别、提单的收货人、通知人、背书要求以及运费支付情况等。在保险单条款中，通常会规定投保加成率、投保险别、适用的保险条款以及保险赔付地点等。

受益人审核单据条款，要注意信用证对单据的要求是否正确和合理，若受益人无法办理，或办理的成本过高，或办理的时限过长，或单据条款含有软条款，或单据条款自相矛盾等，都需要提出修改意见，以免为日后开证行和申请人的拒付留下隐患。如要求1/3正本提单直接寄买方，要求商业发票、商检证书由买方签发等。

9．审核银行费用的分摊

信用证可能涉及的银行费用包括开证费、通知费、修改费、保兑费、议付费、承兑费、邮费等，如果单证不符，还需支付开证行不符点费、电报费及单据处理费，一般一个不符点需花费的整体费用在100美元左右，进口商开证如需借用银行信用还需承担资金成本，这些费用不可能由申请人或受益人的任何一方独立承担，必须由双方共同分摊。

一般情况下，银行费用由发出指示的一方承担。买卖双方也可以商定，由申请人承担发生在开证行的费用，受益人承担发生在开证行之外的费用。若信用证未规定银行费用的分摊情况，则表示除议付费和转让费之外，其他费用均由申请人负担。

任务1.3　处理信用证

一、信用证的通知

开证行开出信用证后，即通过通知行将信用证通知给受益人。

通知行收到来自开证行的信用证之后，一般以“信用证通知书”的形式，连同正本信用证一起交给受益人。按《UCP 600》规定，通知行通知信用证的行为，表示其已确信信用证的表面真实性，而且其通知须准确地反映其收到的信用证条款。

如果通知行不能确信信用证表面的真实性，但仍决定通知信用证，应告知受益人。

通知行也可以通过另一银行（第二通知行）向受益人通知信用证。

二、信用证的审核

审核信用证是通知行和受益人共同承担的任务。

1．通知行的审核

通知行对信用证的审核，主要是辨别信用证的真假、审核开证行的资信能力和付款责任等，并给出审证意见，反映在“信用证通知书”上。常见的审证意见有：本信用证印鉴待核符，请暂缓出运；开证行国家处于战争状态收汇有风险；本信用证为预先通知信用证等。

如果受益人收到的信用证为假的无效信用证，通知行应承担全部责任。

2．受益人的审核

受益人收到信用证通知书和信用证后，应先阅读信用证通知书，然后结合买卖合同，将信用证内容与合同条款逐项逐句对照，审核信用证内容与合同条款是否一致，以便做出是否修改信用证的决定。

受益人审核信用证时，可以直接在原证上进行标注和勾画，以复印件的形式在企业内部进行操作和流转，也可以将信用证的审核结果进行汇总，以“信用证分析单”或“审证记录单”的形式在企业内部进行操作和流转。

受益人审核信用证之后，可以将审证结果归纳为以下五种情况：

（1）对受益人有利，但不影响申请人的利益。

（2）对受益人有利，但影响申请人的利益。

（3）对受益人不利，但基本不增加贸易成本。

（4）对受益人不利，而且会增加较大贸易成本。

（5）对受益人不利，还会影响安全收汇。

三、信用证的修改

1．改证原则

根据审证结果，受益人应该遵循“利己不损人”的原则，从有利于解决问题的角度出发，提出改证要求。

凡是对受益人有利，又不影响申请人利益的条款，一律不改；对受益人不利，但在基本不增加贸易成本的情况下可以完成的条款，不须修改；对受益人不利，而且会增加较大成本的条款，当申请人愿意承担增加的成本时，也可以不改；对受益人有利，但会影响申请人利益的条款，必须要改；对受益人不利，而且影响安全收汇的条款，也必须要改。

2．改证的程序和改证的生效

受益人修改信用证，须向申请人提出，经开证行同意后才可修改信用证。未经开证行、保兑行及受益人同意，信用证不得修改，也不可撤销。

开证行修改信用证，必须通过信用证的原通知行，以“信用证修改书”的形式对信用证做出修改，而且自发出修改之时起，即不可撤销地受其约束。保兑行可以对修改书加具保兑，也可以不加保兑，如果不加保，应通知受益人。

通知行收到“信用证修改书”后，连同“信用证修改通知书”一并发给受益人。

受益人收到信用证修改书及其通知后，可以明确告知通知修改的银行，其是否接受修改，也可以不通知。如果受益人没有做出告知，此时，原信用证条款对受益人仍有效，当受益人的交单与尚未接受的修改的要求一致时，即视为受益人同意修改信用证，该信用证也从此刻起被修改。

对同一信用证修改书的内容，受益人必须全部接受，部分接受视为受益人拒绝接受信用证的修改。

由于银行是根据信用证的修改次数计收费用的，因此对于需要修改的信用证，受益人和申请人都应尽量一次性提出修改意见，避免一改再改，这样既可以节省信用证流转的时间又避免增加了银行费用的支出。

四、信用证的转让

根据《UCP 600》的规定，特别注明“TRANSFERABLE（可转让）”字样的信用证为可转让信用证。可转让信用证可应受益人（第一受益人）的要求，转为全部或部分由另一受益人（第二受益人）兑用。

办理信用证转让的银行，称为转让行。受益人只能在开证行或开证行指定的转让行办理信用证转让手续，并且要支付有关转让的所有费用，除非信用证另有约定。

信用证转让后，第二受益人不得要求将信用证再转让给其后的受益人。只要信用证允许部分支款或部分发运，信用证可以分部分地转让给数名第二受益人，此种情况下，其中一名或多名第二受益人对信用证修改的拒绝并不影响其他第二受益人接受修改。

已转让的信用证，须准确转载原信用证条款，但是，信用证金额、单价、到期日、交单期、装运期可以减少或缩短，而必须投保的保险比例则可以增加，以达到原信用证规定的保险金额。

信用证转让后，第二受益人或代表第二受益人的交单必须交给转让行。第一受益人有权以自己的发票和汇票替换第二受益人的发票和汇票，如果原信用证和已转让信用证存在差价，第一受益人有权以自己的发票和汇票从中支取差价。

当第一受益人提交的发票导致了第二受益人交单中本不存在的不符点，而不作修正时，转让行有权将第二受益人的单据交开证行，并不再对第一受益人担责。

五、出口信用证融资

信用证支付方式下，如果出口企业流动资金紧缺，可以利用信用证进行融资。常用的信用证融资方式有两种。

1．打包贷款

打包贷款是出口地银行以正本信用证为抵押，以信用证项下的预期收汇款项为还款来源，向出口商发放的，用于信用证项下货物的采购、生产和装运的专项贷款。由于此种贷款最初是专门提供给出口商用于货物包装使用的，所以称为打包贷款。

信用证打包贷款是银行为支持本国出口商按期履行合同义务的一种短期资金融通方式。它发生在货物装运之前。

申请打包贷款的信用证，通常以贷款银行为通知行，且可以在贷款银行进行议付或承付。贷款金额一般不超过信用证总金额，贷款期限通常在信用证有效期后的一个月之内终结。

2．出口押汇

出口押汇是信用证的议付行以信用证项下的相符交单为质押，扣除利息和手续费后，向出口商垫付货款，有追索权地买入出口商的单据和/或汇票。

信用证出口押汇就是议付，是信用证议付行为出口商提供的短期资金融通。它发生在货物装运之后。

议付信用证的受益人将单据交议付行议付后，议付行即成为汇票的善意持票人，如果日后开证行拒付，议付行享有向受益人追索的权利，但当单据由保兑行议付时，保兑行没有追索权。

■ 任务操作

江苏鸣骏公司的单证工作人员收到信用证后，对照订单内容，对本项目中的信用证进行了分析和审核，发现本信用证不可转让、未经保兑，贸易术语为FOB NINGBO，由买方负责办理运输手续，信用证要求的单据有商业发票、装箱单、原产地证明书、重量单、承运货物收据、装运通知、受益人声明和商检证书8种，同时规定出口商如果不能及时按信用证装运将面临各种罚款，其他内容与订单条款基本一致。为方便工作，江苏鸣骏公司的单证工作人员填写了信用证审证记录单（参见样单1-1-5），并对信用证的以下几处内容进行了强调，要求相关人员在工作过程中引起注意，不得遗漏。

（1）该信用证要求货物分两批装运，第一批货按订单号5600006443所述，总货值为USD10880.00，最迟2020年5月20日装运，第二批货按订单号5600006312所述，总货值为USD121125.00，最迟2020年6月15日装运。

（2）该信用证的到期地点为土耳其，交单期为交货后21天之内，且在信用证的有效期之前。虽然交单期较长，但是应注意提前交单。

（3）该信用证的兑付方式为开证行即期付款，交单时不需要出具汇票。

（4）该信用证要求的运输单据是货运代理人收据，不是提单，装运港明确指定为宁波港。

（5）信用证要求的所有单据，除商检证书之外，都应注明信用证号码，而且必须使用英文开立。

样单1-1-5 审证记录单

审证记录单

信用证号码：5503833100815	合同号码：5600006443，5600006312
信用证通知号码：AD15006C14469	开证日期/地点：2020.03.24
开证银行：TURKIYE GARANTI BANKASI A.S.	通知行：南京银行
开证申请人(applicant)：KACTOS NAPIMAPKETLERI TACARET	受益人(beneficiary)：江鸿鸣骏
汇票付款人(drawn on)：/	出票条款(drawn under)：/
汇票期限：即期付款	信用证到期地点：土耳其
议付行限制：/	价格条件：FOB NINGBO.
装运港：宁波	目的港：土耳其
运输方式：	运费支付方法：到付 Freight payable
可否分批：Y	可否转船 Y
装运日期：2020.05.20 / 2020.06.15	有效日期：2020.08.15
交单天数：21天	提单托运人(shipper)：
提单抬头(consignee)：To the Applicant	提单通知方(notifier)：申请人
保险条款： 赔款地点/币别：/	保险险别： 保险加成：/
数量溢短装：无	金额溢短装：
原证金额：USD133397.00	
总品名：电动工具 DORTABLE TOOLS	总数量：

唛头：/
品名：27 power Tools 1010W carshpolisher / polisher
货号：K5180003/K5180023. 规格：
件数：500/6460pcs
数量：
单价：21.96/18.95
总值：USD10980 + USD122417 = USD133397.00

信用证中所要求的单据名称份数：

单证名称	正本提单	副本提单	~~空~~运单 FCR	其他运单	商业发票	其他发票	保险单	装箱单	重量单	尺码单	商检产地证	贸促会产地证	普惠制产地证	卖方产地证	商检证明	受益人证明	装运通知	船方证明	寄样证明	寄样邮据	
银行			1正1副		3正3副			2正2副	2正2副		√				√	√	√				
客户					1			1			1										

单据寄往：开证行　　需邮局收据否：/　　需邮样证明否：/

开证人出具函电否：/　　内容：

需电抄否：/

发票一般条款：

公共附注(除汇票所有单据注明)：

受益人证明内容：发票、箱单、产地证在装运后5天内传真给客户.　　有关单据特殊条款：所有单据必注明信用证号（商检证书除外）

信用证特别条款：　　改证情况：

审证员：　　复核员：

■ 任务检测

根据下列买卖合同，审核信用证，找出问题条款，并针对问题条款提出改证意见。

JIANGSU XINGSHENG CO., LTD.

NO. 98 XINGSHENG ROAD, XUZHOU, 221005, CHINA

TEL: 0086-516-3725670 FAX: 0086-516-3725679

SALES CONTRACT

NO.: JSRC080076

DATE: JULY 7, 2020

THE BUYER: ALL CHAMAGE AG.

HAUPTSTRASSE 1029378, STAAD, SWITZERLAND

TEL: 0041-071-8554646 FAX: 0041-071-8554649

THIS CONTRACT IS MADE BY AND BETWEEN THE BUYER AND THR SEELER, WHEREBY THE BUYER AGREES TO BUY AND THE SELLER AGREES TO SELL THE UNDER-MENTIONED COMMODITY ACCORDING TO THE TERMS AND CONDITIONS STIPULATED BELOW:

COMMODITY & SPECIFICATION	QUANTITY	UNIT PRICE	AMOUNT
BULLET PROOFING TIRES ART NO.205/55R16 ART NO.205/60R15	 200PCS 200PCS	CFR HAMBURG EUR50.00/PC EUR50.00/PC	 EUR10000.00 EUR10000.00
TOTAL	400PCS		EUR20000.00

PACKING: 8PIECES IN ONE CASE

TIME OF SHIPMENT: TO BE EFFECTED BY SEA WITHIN 45 DAYS AFTER RECEIVED L/C

PORT OF LOADING AND DISCHARGE: FROM SHANGHAI CHINA TO HAMBURG GERMANY. TRANSSHIPMENT IS ALLOWED AND PARTIAL SHIPPMENT IS NOT ALLOWED.

INSURANCE: COVERED BY THE BUYER.

TERMS OF PAYMENT: THE BUYER SHALL OPEN A CONFIRMED SIGHT PAYMENT L/C IN FAVOR OF THE SELLER BEFORE JULY 30,2020, THE SELLER SHALL PRESENT THE DOCUMENTS AT 15 DAYS AFTER THE DATE OF SHIPMENT.

DOCUMENTS:

+MANUALLY INVOICE SIGNED IN TRIPLICATE.

+PACKING LIST IN TRIPLICATE.

+FULL SET OF CLEAN ON BOARD OCEAN BILLS OF LADING MARKED ‘FREIGHT PREPAID’ MADE OUT TO THE ORDER OF THE ISSUING BANK NOTIFYING THE BUYER.

+CERTIFICATE OF ORIGIN IN DUPLICATE ISSUED BY CHAMBERS OF COMMERCE OR CCPIT.

+SELLER’S CERTIFIED COPY OF FAX DISPATCHED TO THE BUYER WITHIN ONE DAY AFTER SHIPMENT ADVISING L/C NO., NAME, QUANTITY AND AMOUNT OF GOODS SHIPPED, NUMBER OF PACKAGES, CONTIANER NO., NAME OF VESSEL, AND DATE OF SHIPMENT.

REMARKS: THIS CONTRACT IS MADE IN TWO ORIGINAL COPIES AND BECOMES VALID AFTER BOTH PARTIES’ SIGNATURE, ONE COPY TO BE HELD BY EACH PARTY.

SIGNED BY :

JIANGSU XINGSHENG CO., LTD.（THE SELLER） JOHNSON（THE BUYER）

信用证内容如下：

SEQUENCE OF TOTAL	27:	1/1
FORM OF DOC. CREDIT	40A:	IRREVOCABLE
DOC.CREDIT NUMBER	20:	YOCU9870
DATE OF ISSUE	31C:	200728
EXPIRY DATE AND PLACE	31D:	DATE 200818 PLACE IN SWITZERLAND
APPLICANT	50:	ALL CHAMEGE AG HAUPTSTRASSE 1029378 STAAD SWITZERLAND
BENEFICIARY	59:	JIANGSU XINGSHENG CO., LED. NO.98 XINGSHENG ROAD, XUZHOU, 221005, CHINA
AMOUNT	32B:	CURRENCY EUR AMOUNT 20000.00
AVAILABLE WITH/BY	41D:	BANK OF CHINA, XUZHOU BRANCH BY DEFERRED PAYMENT
DEFERRED PAYMENT AT	42P:	AT 60 DAYS AFTER B/L DATE
PARTIAL SHIPMENTS	43P:	NOT ALLOWED
TRANSSHIPMENTS	43T:	NOT ALLOWED
LOADING IN CHARGE	44A:	SHANGHAI, CHINA
FOR TRANSPORT TO	44B:	HAMBURG, GERMANY
LATEST DATE O SHIP	44C:	200813
DESCRIPTION OF GOODS	45A:	

400PCS OF TIRES, ART. NO. 205/55R16,200PCS; 205/60R15,200PCS, AT EUR50.00/PC, CFR HAMBURG, AS PERS/C NO.JSRC080067

DOCUMENTS REQUIRED 46A:

+FULL SET CLEAN ON BOARD OCEAN BILLS OF LADING MADE OUT TO THE ORDER OF SHIPPER MARKED 'FREIGHT COLLECT' AND NOTIFYING THE APPLICANT BEARING L/C NO. AND DATE.

+COMMERCIAL INVOICE IN TRIPLICTE.

+PACKING LIST IN TRIPLICTE.

+CERTIFICATE OF ORIGIN GSP FORM A IN DUPLICTE.

+INSURANCE POLICY/CERTIFICATE IN DUPLICATE ENDORSED IN BLANK FOR 140% INVOICE VALUE, COVERING ALL RISKS AND WAR RISKS AS PER CIC.

+BENEFICIARY'S COPY OF FAX DISPATCHED TO THE BUYER WITHIN THREE DAYS AFTER SHIPMENT ADVISING L/C NUMBER, NAME, QUANTITY AND AMOUNT OF GOODS SHIPPED, NUMBER OF PACKAGES, CONTAINER NUMBER, NAME OF VESSEL AND DATE OF SHIPMENT.

ADDITIONAL COND. 47A:

+ALL DOCUMENTS SHOULD BE DATED ON OR LATER THAN THE DATE OF THIS LETTER OF CREDIT AND BEAR THE LETTER OF CREDIT NUMBER AND DATE.

+ALL PRESENTATIONS CONTAINING DISCREPANCIES WILL ATTRACT A DISCREPANCY FEE OF EUR40.00 PLUS TELEX COSTS OR OTHER CURRENCY EQUIPMENT, THIS CHARGE WILL BE DEDUCTED FROM THE BILL AMOUNT WHETHER OR NOT WE ELECT TO CONSULT THE APPLICANT FOR A WAIVER.

DETAILS OF CHARGES 71B: ALL BANKING CHARGES OUTSIDE THE ISSUING BANK ARE FOR BENEFICIARY'S ACCOUNT

PRESENTATION PERIOD 48: DOCUMENTS TO BE PRESENTED WITHIN 5 DAYS AFTER THE DATE OF SHIPENT, BUT WITHIN THE VALIDITY OF THE CREDIT.

CONFIRMATION 49: WITHOUT

INSTRUCTION TO THE PAYING/ACCEPTING/NEGOTIATING BANK 78:

+ALL DOCUMENTS TO BE DESPATCHED IN ONE SET BY COURIER TO BANK OF CHINA HAMBURG BRANCH, TRADE SERVICES, RATHAUSMARKT5,20095, HAMBURG, GERMANY.

+UPON PRESENTATION TO US OF DRAFTS AND DOCUMENTS IN STRICT COMPLIANCE WITH TERMS AND CONDITIONS OF THIS CREDIT, WE WILL REMIT THE PROCEEDS ON DUE DATE AS PER THE NEGOTIATING BANK'S INSTRUCTIONS.

+EXCEPT AS OTHERWISE EXPRESSLY STATED, THIS CREDIT IS SUBJECT TO UCP (2007 VERSION) ICC PUBLICATION 600.

SENDER TO RECEIVER INFORMATION 72:

PLEASE ADVISE AND ACKNOWLEDGE THE RECEIPT.

习题作业

一、选择题

1．假远期信用证中，贴现费用由（　）支付。

A．申请人　B．受益人　C．开证行　D．通知行

2．不可撤销议付信用证的第一付款人是（　）。

A．申请人　B．汇票出票人

C．开证行　D．申请人或汇票出票人

3．信用证所规定的金额、单价及商品的数量单位（如磅、千克、码等），其前面如有“About”“Circa”或类似意义字样者，则信用证允许的最大差额是（　）。

A．10%　B．5%　C．8%　D．15%

4．若信用证中没有表明可转让与否的条款，根据《UCP 600》的规定，该信用证视作（　）。

A．可转让信用证　B．不可转让信用证

C．进出口双方协商而定　D．由开证行决定

5．以信用证方式付款时，如果合同未规定开证日期，那么买方应在（　）时间开证。

A．在发票开具之前　B．合同规定的装运期前一天

C．不晚于保险单日期　D．合同规定的交货期前半个月或一个月

6．信用证开出后，对其中条款的修改，下列说法正确的是（　）。

A．不容许任何形式的修改

B．可以修改，但最多只能修改三处

C．对任何一方的修改，只能由申请人通过开证行办理

D．买卖双方都可直接向开证行申请修改

7．信用证中的“APPLICANT”是指（　）。

A．受益人，对应合同的买方　B．申请人，对应合同的买方

C．受益人，对应合同的卖方　D．申请人，对应合同的卖方

8．信用证如果规定“DATE OF SHIPMENT：2020.08.15”，受益人的装运日期应为（　）。

A．2020.08.15　B．2020.08.12–2020.08.18

C．最迟2020.08.15　D．2020.08.10–2020.08.20

9．一份有效的信用证，必须规定一个（　）。

A．装运期　B．有效期　C．交单期　D．议付期

10．信用证支付方式实际上是把进口商履行付款的责任转移给（　　）。

A．出口商　　B．供货商　　C．银行　　D．最终用户

11．对于信用证与合同关系的表述，正确的是（　　）。

A．信用证的开立以买卖合同为依据

B．信用证业务的处理受买卖合同的约束

C．有关银行办理信用证业务应适当考虑合同

D．信用证是审核合同的依据

12．关于信用证中的“Date and place of expiry”及其所描述的内容，下列说法错误的是（　　）。

A．表明信用证的有效期和到期地点

B．信用证的到期地点可以是开证行所在地，也可以是受益人所在地

C．信用证的到期地点只能规定为受益人所在地

D．到期地点若是开证行所在地，出口商应提前交单以防信用证失效

13．按照《UCP 600》的规定，以下（　　）日期即使适逢银行休息日时也不可以因此而顺延。

A．信用证有效期　　B．信用证的交单期

C．信用证规定的最迟装运期　　D．信用证的付款期

14．在信用证业务中，所规定的到期地点对出口商有利的是（　　）。

A．受益人所在地　　B．开证行所在地

C．进口商所在地　　D．第三国

15．某公司出口2000套服装到日本，单价为25美元/套，FOB青岛，信用证金额为50000美元。则该公司最多能装运的数量，收入的美元；最少能装运的数量，收入的美元是（　　）。

A．2000套50000美元；2000套50000美元

B．2000套10000美元；1900套47500美元

C．2100套52500美元；1900套47500美元

D．2100套52500美元；1900套50000美元

16．信用证规定：大豆1000千克，每千克1美元，总金额ABOUT 1000美元，禁止分批装运。则卖方发货后，最多可向银行支取（　　）美元。

A．1000　　B．1050　　C．1100　　D．950

17．某公司出口20吨大葱，单价0.5美元/千克，FOB青岛，信用证金额为10000美元。则信用证允许该公司最多能装运的数量、信用证最多能支付的金额及公司最少能装运的数量、信用证最少能支付的金额是（　　）。

A．20吨10000美元；20吨10000美元

B. 20吨10000美元；19吨9500美元

C. 21吨10000美元；19吨9500美元

D. 21吨10500美元；19吨9500美元

以下为不定项选择题

18. 根据《UCP 600》的解释，开证行可以拒付货款的理由是（　）。

A. 单证不符　　B. 开证申请人破产

C. 单单不符　　D. 单据与货物不符

19. 以下条款中，应被视为信用证“软条款”的有（　）。

A. 检验人在检验证书上的签名必须与开证行所保留的签名样本相符

B. 受益人出具的报关单、合同及商业发票必须作使馆认证

C. 必须得到开证申请人对样品的确认后，信用证方可生效

D. 货物必须经有关人员检验合格后方可装船

20. 在信用证支付方下，外贸单证工作主要有（　）等方面的内容，它贯穿于合同履行的全过程。

A. 审证　　B. 制单　　C. 审单　　D. 交单　　E. 存档

二、判断正误题

1.（　）在信用证业务中，各有关当事人处理的是单据，所以即使出口商的货物是垃圾，只要单证相符，银行也必须付款。

2.（　）As per UCP 600, the words “to” “till” “from” “between” when used to determine a period of shipment include the date or date mentioned, the words “before” and “after” exclude the date mentioned.

3.（　）信用证规定的最迟装运期是6月30日，有效期是7月15日，若实际装船日期是6月30日，则受益人可以于7月16日交单。

4.（　）信用证规定的最迟装运期是6月30日，有效期是7月15日，交单期是提单日期后15天之内，若实际装船日期是6月26日，则受益人可以于7月15日交单。

5.（　）采用延期付款信用证的结算方式时，受益人必须开具远期汇票及随附单据向开证行或指定的付款行索款。

6.（　）根据《UCP 600》，指定银行在邮寄单据后，如果单据在途中遗失，银行应承担责任。

7.（　）根据《UCP 600》的规定，开证行发出信用证修改之时起，即不可撤销地受其约束。保兑行必须将其保兑扩展至修改，并自通知该修改之时起，不可撤销地受其约束。

8.（　）信用证规定装运时间为“2020年5、6月份装运”，则卖方交货时应在5月、6月每月交一批。

9.（　）按照《UCP 600》的规定，信用证的开立是以买卖合同为基础的，因此单证与买卖合同条款相一致是开证行向受益人承担付款责任的前提条件。

10.（　）如果一份信用证未规定装运期，则可认为信用证的有效期为最迟装运期。

11.（　）根据《UCP 600》的规定，信用证经修改后，开证行即不可撤销地受该修改的约束，受益人收到修改通知后同意接受，原信用证条款即失效。

12.（　）信用证条款中的“Charges”表明由受益人承担的费用。如果信用证缺省该条款，则表明除了议付费、转让费外，所有费用由开证申请人承担。

13.（　）关于信用证修改，开证行可依据申请人或受益人提交的信用证修改申请书受理该笔业务。

14.（　）不准分批装运、不准中途转运、不接受第三者装运单据，均应在信用证中明确规定，否则，将被认为允许分批、允许转运、接受第三者装运单据。

15.（　）提单向指定银行提示的日期原则上不得迟于提单签发日后21天，信用证另有规定的从信用证规定，但无论如何不得晚于信用证的有效期。

16.（　）在信用证支付方式下，不仅单据表面与信用证条款相符合，而且要和实物相符，开证行才按规定付款。

17.（　）信用证内容必须明确无误，应明确规定各类单据的出单人（商业发票、保险单和运输单据除外），明确规定各单据应表述的内容。

18.（　）实际业务中，信用证的有效期可以与装运期为同一日期，但是装运期最好晚于有效期。

19.（　）信用证如果不规定兑付方式，按《UCP 600》，该信用证无效。

20.（　）按照《UCP 600》的规定，受益人对于信用证修改书的内容，既可以全部接受，也可以部分接受。

任务2 制作发票与包装单据

■ **知识点：**商业发票、形式发票、领事发票、包装单据的主要内容，装箱单的主要内容。
■ **技能点：**制作商业发票、制作装箱单。

■ 知识准备

发票和包装单据是卖方对所装运货物及其包装情况的描述，是外贸结算中使用最多的单据之一，每一笔业务都必不可少。

任务2.1 制作发票

一、发票及其作用

发票是在购销商品、提供或者接受服务以及从事其他经营活动中，开具的收款凭证或收取的付款凭证，是记录经营活动的基本商事凭证。

发票的作用主要表现在以下几个方面。

1．发票反映了买卖合同

发票由卖方出具，证明将一定数量的商品或服务销售给买方的文件，它能使买方识别商品或服务是否属于某笔订单，是否按照合同要求装运，是否为部分装运等，并依据发票核收货物。因此，它基本体现了合同精神，反映了买卖合同。

2．发票是进出口商收付货款的凭据

出口商按合同规定发货后，按实际发货数量开具发票，并凭以向进口商索要货款。进口商收到单据后，核对发票中的货物数量及金额，按合同规定的付款方式，结算货款并进行支付。因此，发票是进出口商收付货款的凭据。

3．发票是清关纳税的依据

在进出口业务中，各国海关都需要对进出口货物或服务进行估价并计征关税后才予以放行，而发票中载明的价值和有关说明便成为完税的基础，海关凭以确定进出口关税税额，并据以征税。

4．发票是办理进出口手续的凭证

货物出口过程中，出口企业需要根据本国贸易管理的相关规定，为货物办理商检、报关、保险、运输、产地证等各种出口手续后才能出口，而在进口时，进口国也需要对货物进行核查和验放，这些手续的办理，均需提供发票。

二、外贸业务中惯常使用的发票

外贸业务中使用的发票有各种各样，名称也不同，主要有以下几种。

1．商业发票

商业发票（COMMERCIAL INVOICE）是出口商发货时向进口商提供的发货价目总清单，是对所装运货物全面和详细的说明，并凭以向进口商收取货款。

通过商业发票，可以了解一笔交易的全貌。因此，商业发票是全套出口单据的核心，其他所有单据都要与商业发票保持一致，在外贸单证工作中，出口商一般都先制作商业发票，然后制作其他单据。

2．形式发票

形式发票（PRO-FORMA INVOICE）是出口商在合同签署之前，向进口商开立的非正式的、参考性发票，供进口商向其贸易管理机构申请进口、批汇或开立信用证之用。

进口国的贸易管理机构根据本国政治和经济管理的需要，决定是否批准外汇或是否允许进口，相较于进口许可证等行政许可手段而言，这种限制进口的做法更加隐晦，也因此被越来越多的国家所使用。

形式发票早于买卖合同出具，它所列的货物名称和单价与合同一致，但货物数量和金额不一定与买卖合同相同，因此它仅仅是一份报价单，或是简易合同，不用于托收或议付，只有信用证中提及形式发票时，受益人才在交单时予以提交。

3．领事发票

领事发票（CONSULAR INVOICE）是进口国驻出口国的领事馆或大使馆提供特定格式，由出口商填写并经进口国驻出口国领事签证的发票。很多国家并未规定领事发票的格式，这种情况下，领事发票就是由进口国驻出口国领事进行签证的商业发票。

进口国为保护其本国企业的利益和市场，常通过领事签注的形式即领事发票，来核实货物的内容和价格等是否属实，以便提前对货物进行海关估价，或确认货物有无倾销等行为，作为进口报关的前提条件之一。在贸易和外汇管制比较严格的中东、拉美和非洲等地，领事发票使用较多。

出口商办理领事发票，可以通过当地的贸促会或国际商会进行，一般所需的时间较长。另外，进口国领事馆或大使馆签发领事发票时，通常还按一定标准收取签证费，作为其经费来源之一。因此，在有领事发票要求的交易中，出口商不但要考虑认证费用，还要注意签证时间，必要时需提前办理领事发票。

4．海关发票

海关发票（CUSTOMS INVOICE）是进口国的海关提供特定格式，由出口商填写，供进口商凭以报关用的发票。

海关发票的内容除了类同于商业发票的主要项目外，还证明商品的成本价和生产国，以便进口国海关核定货物的进口关税，从而采取不同的国别政策，实行差别待遇。

由于海关发票是排挤别国商品进口的工具，被视作是自由贸易的障碍，因此已逐渐停止使用。

5. 厂商发票

厂商发票（MANUFACTURER'S INVOICE）是由出口货物的制造厂商出具的，以出口国货币计算的，用来证明货物在出口国国内市场出厂价的发票。

厂商发票是进口国为确定出口商有无倾销行为，以及为了进行海关估价、核税和征收反倾销税而要求，它所记载的货物单价应该低于商业发票的价格。

我国出口业务中，厂商发票就是我国国内使用的普通商业发票或增值税专用发票。

除以上类型之外，对外贸易业务中的发票还有税务发票（TAX INVOICE）、详细发票（DETAILED INVOICE）、最终发票（FINAL INVOICE）等。其中，商业发票使用最多，是每一笔业务中必不可少的单据之一。

三、发票的内容及格式

我国对外贸易业务中使用的商业发票，是专门开立给国外进口商使用的，仅仅起一个记录作用，它不由税务管理机构统一印制，也不盖税务监制章，而是由出口商自行制作，用英文表述，并以A4型纸张打印。

按《ISBP 745》的规定，发票必须显示：

（1）所装运或交付货物的价值或所提供的服务或履约行为的价值。

（2）单价（当信用证有规定时）。

（3）信用证中表明的相同币别。

（4）信用证要求的任何折扣或扣减。

发票不得显示：

超装或者信用证未规定的货物、服务及履约行为。即便发票中超出信用证规定数量的货物、服务或履约行为、样品和广告材料都表明为免费。

因此，出口业务中的发票没有固定格式和统一内容，由各出口企业根据合同或信用证条款的要求自行制定。

四、发票的制作要求

发票的制作要求如下。

1. 发票名称

按照《ISBP 745》的规定，如果信用证要求提交“发票”而未做进一步描述，出口商提交任何类型的发票，如商业发票、海关发票、税务发票、最终发票、领事发票等，均符合要求，但是，发票不得表明为“PROVISIONAL INVOICE（临时发票）”“PROFORMA INVOICE（形式发票）”或类似名称。

如信用证要求提交“商业发票”，出口商提交名称为“发票”的单据也符合要求，即便该单据含有供税务使用的声明。

发票名称中一般不应有联合发票（COMBINED INVOICE）、宣誓发票（SWORN INVOICE）等字样。

2．发票出具人

发票出具人通常为出口商。信用证项下，发票出具人必须看似为信用证的受益人，或者是已转让信用证项下的第二受益人。

如果受益人或第二受益人收到信用证后变更了公司名称，且信用证提及的是原名称，只要发票注明该实体“原名称为受益人或第二受益人的名称”等，发票就可以以新公司名称出具。

因为许多出口企业的名称和地址是相对固定的，所以发票出具人的名称和地址一般都由出口商事先印好在纸张的正上方。

3．发票抬头

发票抬头即发票的接受方。在发票中通常以“TO：×××”或“TO MESSERS：×××”表述。

发票的抬头一般为合同的买方或信用证申请人。根据《UCP 600》规定，除可转让信用证之外，商业发票的抬头必须为开证申请人。

4．发票号码及日期

（1）发票号码（INVOICE NO.）。为便于查询和管理，发票都应有编号。发票号码一般由出口商按一定规律、一定顺序自行编制。作为全套出口单据的中心单据，发票编号可以代表整套单据的编号。

（2）发票日期（INVOICE DATE）。发票日期即发票的出具日期。实际业务中，出口商往往是签订合同、收到信用证（信用证结算方式下）并审核无误后才开具出口发票，并凭以办理出口手续，因此发票的日期一般应晚于信用证的开立日期而早于提单的出具日期。

按《UCP 600》规定：单据的日期可以早于信用证的开立日期，但不得晚于交单日期。无论如何，发票应是全套出口单据中出具日期最早的单据。

5．运输起讫地点及运输方式

出口发票中应表明货物的运输起讫地点及所用的运输方式。一般只简单地表明运输起运地、目的地和运输方式，以“FROM... TO... BY...”来表述。

发票中的运输起讫地点应为合同或信用证规定的具名港口或城市名称，不能使用美国、欧洲等笼统的地点。该项内容可以使用“FROM SHANGHAI TO OSAKA BY AIR”等来表述。

6．唛头

按货物的包装情况，出口货物有包装货、散装货和裸装货之分。包装货一般都有唛头（SHIPPING MARKS），散装货和裸装货则没有唛头。发票中应当记载货物的唛头情况。

若买方规定了唛头，发票中应显示合同或信用证规定的唛头，也可以对规定的唛头添加额外信息，只要这些添加的信息与其他单据互不矛盾。

若买方并未规定唛头，而货物又需要有唛头，出口商应结合业务实际自行设计唛头，并将唛头记载在发票上。

若货物没有唛头，发票中可以注明“N/M（NO MARKS）”。

当信用证规定的唛头中含有“1—UP”时，受益人应根据装箱的具体情况，将“UP”变换为货物实际的包装件数。

7. 货物描述

货物描述（DESCRIPTION OF GOODS）包括货物的品名、规格、型号、等级、尺寸、颜色等。货物描述是发票中的主要项目，必须详细、具体，不得使用概括性用语。

在信用证项下，发票显示的货物描述，应与信用证中的描述相符，但不要求镜像一致，货物的细节可以在发票上多处显示，也可以显示与货物相关的额外数据内容，只要这些数据内容看似不会涉及货物的不同性质、等级或类别。

比如，信用证要求装运“SUEDE SHOES（绒面革鞋子）”，但是发票将货物描述为“IMITATION SUEDE SHOES（仿造绒面革鞋子）”或信用证要求“HYDRAULIC DRILLING RIG（液压钻机）”，而发票将货物描述为“SECOND HAND HYDRAULIC DRILLING RIG（二手液压钻机）”等，这类描述反映出货物在性质、等级或类别上的变化，是不允许的。

而如果发票将货物描述“MACHINE（机器）”显示为“MASHINE”“FOUNTAIN PEN（钢笔）”显示为“FOUNTAN PEN”或“MODEL（型号）”显示为“MODLE”，根据《UCP 600》规定，这些不被视为与信用证内容矛盾。但是，如果发票将“MODEL 321”显示为“MODEL 123”，则被认为与信用证内容相矛盾。

若信用证中的商品名称以英语以外的第三国外语表示，则发票应使用信用证规定的外语表示；若信用证对货物的描述过于简单，发票可按实际装运详细列明货物具体内容。

8. 货物数量及单价

（1）货物数量（QUANTITY）。发票必须反映出口商实际装运或交付的货物数量，而且显示的货物的任何总数量、总重量或总尺寸，不得与其他单据显示的同一数据内容相矛盾。通常，出口商是按合同或信用证标明的数量装运货物，并在发票上列明装运数量及计量单位。

当信用证规定货物数量可以在5%的溢短装浮动幅度之内时，发票中的货物数量可以上浮或下浮5%，除非信用证规定货物数量不得超过或减少。

当信用证允许部分装运时，发票中的货物数量可以少于信用证规定的数量。比如，信用证的货物描述为“10 TRUCKS AND 5 TRACTORS”，而实际装运为“4 TRUCKS”时，只要信用证不禁止部分装运，发票的货物描述可以显示为“4 TRUCKS”，同时，还可以再包含信用证规定的货物描述，即“10 TRUCKS AND 5 TRACTORS”。

（2）单价（UNIT PRICE）。发票中的单价应严格与合同或信用证一致。正确的单价表述包括计价单位、单位价格金额、货币名称和贸易术语4项，如“EUR600.00/SET CIF YOKOHAMA”。贸易术语涉及买卖双方责任的承担、费用分摊以及风险划分，十分重要。不同货物应标明其相应的单价，且货币币种、计价单位应与合同或信用证一致，与货物的数量单位一致，如货物的数量单位为“PAIRS”时，单价应为“USD.../PAIR”，若数量单位为“DOZS”时，单价应为“USD.../DOZ”。

如果信用证规定贸易术语作为货物描述的一部分，发票中必须显示该贸易术语；而且，如果信用证规定了贸易术语的出处，发票还必须显示该贸易术语的相同出处。比如，信用证规定贸易术语为“CIF SINGAPORE INCOTERMS 2010”时，发票不得显示贸易术语为“CIF SINGAPORE”，但是，如果信用证规定贸易术语为“CIF SINGAPORE”时，发票可以显示贸易术语为“CIF SINGAPORE INCOTERMS 2010”或任何其他版本。

9．金额

金额（AMOUNT）是货物单价与数量的乘积，发票中应该列明货物的金额。如果货物有多种不同规格，或规格不同价格不同，发票应该用列表的方式将同类项集中并列计算金额。

发票金额是进出口地海关核定关税的依据，出口商必须准确计算、认真缮打，对单价和数量的横乘、竖加要反复核对，确保准确无误后，将发票总金额用大、小写同时表示。

由于出口商是按实际发货数量开具发票的，因此发票金额可能会超过信用证额，也可能会少于信用证额。当发票金额大于信用证允许金额时，银行只对信用证允许金额的部分予以承付或议付，超出信用证金额的部分，进口商以其他付款方式支付；当发票金额小于信用证金额时，只要该金额在信用证金额的5%的减幅之内，将被视为发票涵盖全部货物数量，而不被视为部分装运。

若合同规定有预付款、折扣等的扣减，即使信用证中未做规定，发票也可以显示这些扣减。若信用证规定发票要扣除佣金，则发票金额应反映扣佣额，同时计算出扣除佣金后的净值，买方付款则按扣佣后的净值支付。如果信用证中并没有明确规定这样的扣佣条款，但信用证的总金额中已扣除了佣金，为保证单证一致，发票仍需反映扣佣全过程。

发票扣佣参考示例如下：

	QUANTITY	UNIT PRICE	AMOUNT
	2000PCS	CIFC5 USD100.00/PC	USD200 000.00
		LESS 5% COMMISSION	USD10 000.00
TOTAL	2000PCS		CIF USD190 000.00

10．发票上的加注

由于发票的重要地位和各国法律或习惯的不同，发票往往被要求加注其他内容，这些加注的内容有：合同号（CONTRACT NO.或S/C NO.）、订单号（P.O. NO.）、信用证号（L/C NO.）、信用证开立日期（L/C DATE）、开证行名称（ISSUING BANK NAME）、进口许可证号（IMPORT LICENCE NO.）、运费（FREIGHT）、保险费（PREMIUM）等。有时发票还要求出口商证明发票内容的正确与真实性。

如果合同或信用证要求发票加注额外信息，出口商应按要求，将加注的内容缮打在发票上。

11．签署

单据的签署包含签字（SIGNED）和盖章（STAMPED）。

单据的签字无须手写。《UCP 600》规定，单据的签字可用手签、摹样签字、穿孔签字、印戳、符号或任何其他机械或电子的证实方法为之。

单据的盖章，即由单据的出具人在单据上以打字、印戳、手写、预先印就或扫描等方式显示单据出具人的企业名称。

发票的签署，必须由出具人完成。

《UCP 600》还规定，商业发票无须签署。因此，当合同或信用证要求“SIGNED COMMERCIAL INVOICE（签署的商业发票）”时，发票才需要签署或当发票上有“WE CERTIFY THAT...”等证明文句时，发票也需要签署，而如果合同或信用证未做要求，发票可以不签署。

12．其他说明

（1）发票一般无正副本之分，但若信用证将发票分为正副本时，可在发票上加注“ORIGINAL”使其成为正本，并由出具人签署。若信用证要求一份以上的发票时，出具人提供的发票中至少应有一份正本。

（2）出具人可在发票上标注“E. & O. E.”（ERRORS AND OMISSION EXCEPTED，有错当查）字样，以防止发票发生错误或遗漏时便于进行更正，但是，经过证实的发票，不能出现此种字样。

（3）发票如有更正，应加盖出具人的更正章。

五、商业发票的认证

商业发票表明的价值是进口商缴纳进口关税的依据，有的进口商为逃避高额关税，往往要求出口商为其低开商业发票，这种做法严重影响了贸易双边国家的正常交易秩序，为确保商业发票的真实性，有的进口商就在信用证中要求类似于“SIGNED COMMERCIAL INVOICE IN FOUR ORIGINALS，OF WHICH ALL COPIES CERTIFIED BY THE CHAMBER OF COMMERCE OR COMPETENT AUTHORITY ”的条款，要求出口商对商业发票进行认证。

根据国际惯例，商业发票的认证通常由出口商所在地的贸促会/国际商会进行。

贸促会/国际商会认证商业发票，有两种方式，一种是直接在商业发票上加盖单据章，另一种是出具“商事证明书”进行认证。

1．直接加盖单据章的发票认证

如果出口商品申领过一般原产地证书，且发票内容简单，无说明性文字和承诺性条款，并能提供海关放行的出口货物报关单，贸促会/国际商会在确认发票信息与产地证、出口货物报关单上的相关信息一致时，即直接在需要认证的发票上加盖认证章。

这种认证形式，认证费用相对较低。但要求出口商必须提供海关放行的出口货物报关单。一般出口到阿拉伯联合酋长国、利比亚等地的商业发票，可以进行这种认证。

2．出具“商事证明书”的发票认证

如果出口商未办理一般原产地证明书，且商业发票上载有复杂的说明性文字，此时，需要认证的商业发票就属单独的发票认证。

对于单独的商业发票认证，贸促会/国际商会只要审核认定商业发票上表明的价格是真实的、符合当前市场价格的，都会出具专门的“商事证明书”，对商业发票进行认证。

这种认证形式，认证费用相对较高。

任务2.2　制作包装单据

在国际贸易中，货物买卖往往数量较大、花色品种繁多，而且，大多数的货物都需要进行长距离运输，出口商为了避免货物在搬运、装卸和运输途中发生碰撞、振动，或受外界其他影响而受损或改变质量，通常都对货物进行适当的包装，然后才装运出口，这种包装被称为货物的运输包装。它既保护了货物、方便了搬运和储存，也防止了货物的散失，包装单据也应时而生。

一、包装单据及其作用

包装单据（PACKING DOCUMENTS）是出口商对货物的运输包装进行说明的单据，是对商业发票的补充，也是货运单据的重要部分。

包装单据是出口商计量、计价的基础资料，也是进口商清点货物数量和重量的依据，方便对货物进行分拨转售，同时还是海关、商检及公证机构等对货物进行检查和核对的参考资料。

二、外贸业务中的运输包装和标志

1. 运输包装

运输包装（PACKAGES）是包装单据的核心内容。外贸业务中常用的运输包装，有纸箱（CARTON, CTN）、木箱（CRATE）、塑胶袋（PLASTIC BAG）、捆包（BALE）和铁桶（IRON DRUM）等。

由于纸质包装是当前国际流行的“绿色包装”，因此纸箱也成为外贸业务中使用最多的包装类型。出口用纸箱要求牢固、抗压强度高，外箱毛重一般不超过25KGS，很多国家要求箱体上不能使用铁钉，并要印刷可循环回收标志，用于制作出口用纸箱的材料主要有牛皮纸、瓦楞纸等。

机械类产品出口，大多需要使用木质包装材料，木质材料有人工复合板和普通木板两类，出口商若选用普通木板材料做包装，需要在出口前对木箱作熏蒸和热处理，按《国际植物保护公约》的规定，对木质包装进行热处理时，一般要求温度达到56℃，并持续30分钟以上，必要时还需采取烘干或熏蒸，熏蒸时要采用甲基溴化处理。熏蒸和热处理过的木质包装材料，必要时还需出具官方的熏蒸证书，否则出口时不准报关，即使货物已报关出口，到了进口国也无法入境。

塑胶袋、捆包和铁桶等包装，也会根据商品的适用特点被用于出口包装中，但是出口商需要注意的是，PVC胶袋是被禁用的，植物类包装材料受限也较多，只有符合环境保护要求的包装材料才是出口包装的发展方向。无论如何，出口包装一定要符合进口国的要求。

2. 运输标志

作为一种识别标志，运输标志即唛头，需涂刷在运输包装上。以纸箱为例，唛头需要涂刷在纸箱的其中两个对称面上，通常称为正唛（SHIPPING MARKS），而在纸箱的另外两个对称面上，也相应涂刷：本件包装货物的毛重、净重、尺码和产地等内容，这些涂刷的内容被称为副唛（CARTON MARKS）。

正唛需要显示在出口单据上，而副唛则不需要显示。

三、包装单据的种类

包装单据种类繁多，名称也各异，主要有装箱单、规格单、重量单、尺码单等，其中经常被使用的是装箱单。

1. 装箱单

装箱单（PACKING LIST）主要说明所装运货物使用的包装材料、包装件数、包装方式、毛重、净重等内容，以方便进口商、海关、商检等了解各包装件内的具体内容，检查和验收货物，也便于销售。

对于定量包装，装箱单只需说明总件数、单件的重量和总重量；而对于不定量包装，装箱单上需要逐一列出每件包装内的货物类别、大小、重量等，如“EACH PIECE IN A POLY BAG, ONE DOZEN IN A CARDBOARD BOX AND THEN 20 DOZEN IN A CARTON.（每件装一胶袋，每打装一小盒，每20打装一纸箱）”。

2. 规格单

规格单（SPECIFICATION LIST）重点说明包装内货物的规格。对于类别和规格比较复杂的货物，其包装相应也比较复杂，为便于清点货物，就需要将包装内货物的不同型号、不同规格、不同商品类别清楚列出，必要时还需要对商品的运输包装进行编号。

很多时候，规格单和装箱单仅仅是单据名称上的区别，其内容则基本一致。

3. 重量单

重量单（WEIGHT LIST/NOTE/MEMO），或称磅码单，是重点说明包装内货物的重量情况的单据。一般以重量计量和计价的商品，或当商品的重量对其质量能有一定的反映时，收货人对商品的重量比较重视，一般会要求重量单或磅码单。

4. 尺码单

尺码单（MEASUREMENT LIST），即体积单，偏重于说明所装运货物的体积，即每件商品包装的长、宽、高及总体积等情况。

除上述几种单据之外，包装明细单/说明（PACKING SPECIFICATION）、包装提要（PACKING SUMMARY）、装箱记录（PACKING NOTE）、详细装箱单（DETAILED PACKING LIST）等均属包装单据。

四、包装单据的内容与制作要求

《UCP 600》和《ISBP 745》均没有对包装单据作专门的说明，但这两个惯例均规定，卖方提交的单据无论其名称如何，只要单据的内容看似满足买方所要求单据的功能，单据即符合要求，就装箱单而言，只要单据中含有包装细节即可。同时，单据中的数据与合同、信用证及其他单据不能矛盾。因此，包装单据没有统一格式，它由出口商自行设计，以A4型纸张打印即可。

包装单据的内容和制作要求如下。

1．出具人和签署

除非合同或信用证另有要求，包装单据可以不注明出具单位，也可以不签署，但是作为商业发票的补充，如果包装单据上表明了出具人，并经过了签署，该出具人和签署人应该与商业发票保持一致。

2．单据名称

按《ISBP 745》的规定，单据可以表明信用证要求的名称，或相似名称，或没有名称。因此，包装单据的名称可以与合同或信用证要求一致，也可以没有名称。

3．单据抬头

与商业发票一致。

4．单据号码及出具日期

作为商业发票的补充单据，包装单据的号码就是商业发票的号码，包装单据的出具日期可以与商业发票一致，也可以略晚于发票，但不能迟于装运日期。

5．运输起讫地点及方式

与商业发票一致。

6．唛头

与商业发票一致。

7．包装的序号

包装的序号一般为纸箱的序号（C/NO.），即给货物包装按顺序所编的号码。如果出口货物的包装相同，而内容物有差异，为了便于清点和查验货物，出口商有时会对包装进行编号以示区分，此时，包装单据上应注明包装箱的序号。

8．货物描述及数量

包装单据的货物描述及数量均与商业发票一致。但是，按《UCP 600》的规定，包装单据货物描述可以使用统称，只要该统称不与信用证规定的名称相抵触。

9．包装种类及件数

货物的包装（PACKAGE）是包装单据的核心，包装单据上应列明包装的种类及包装件数，必要时还应列明每件包装中货物的数量及其对应的规格、型号等。

若货物为散装货，包装种类应注明“IN BULK”，货物为裸装货，包装种类应注明“IN NUDE”。

10．毛重及净重

包装单据上的毛重（GROSS WEIGHT，G.W.）及净重（NET WEIGHT, N. W.）按实际情况表述，一般用千克表示。如果在毛重或净重前有符号“@”，表示该重量是单件运输包装的重量。比如，“N.W. @23KGS”表示一个包装内的货物净重为23千克。

11．尺码

尺码（MEASUREMENT）即货物包装的长、宽、高或其体积。货物的包装尺码应如实表示，一般用“长×宽×高”表示，如80cm×60cm×65cm表示纸箱的长、宽、高分别为80cm、

60cm、65cm。

12．数据合计及其他

包装单据应列明货物的总数量、总包装个数、总毛重、总净重以及总体积。如果合同或信用证对包装单据有特别的要求，还应将这些特别要求的内容加注在单据的空白处。

■ 任务操作

1．本项目信用证中，单据条款46A中的第1条即为发票条款，具体为：01-COMMERCIAL INVOICE WITH HAND WRITTEN SIGNATURE ISSUED IN 3 ORGS AND 3 COPIES，该条款要求手签的商业发票，三份正本三份副本，同时，信用证“47A”中要求所有单据均应指出信用证号码。另外，因信用证“44D”规定为“LATEST CARGO RECEIPT DATE IS 20 MAY 2020 FOR PO 5600006443 FOR USD10.980,00 AND 15 JUN.2020 FOR PO 5600006312 FOR USD122.417,00”，即信用证要求分批装运，其中，订单“5600006443”项下共计10,980.00美元的货物最迟于2020年5月20日装运，订单“5600006312”项下共计121, 125.00美元的货物最迟于2020年6月15日装运。因此，江苏鸣骏公司先发了第一批货，并按第一次发货数量制单。单证员制作的商业发票如样单1-2-1所示。

2．本项目信用证中，单据条款46A中的第3条装箱单条款规定：03-PACKING LIST IN 2 ORGS AND 2 COPIES INDICATING KACTOS’ SKU CODES，该条款要求装箱单二份正本二份副本，装箱单上指明买方KACTOS公司的SKU CODES。另外，单据条款46A中的第4条重量单条款规定：04-WEIGHT LIST IN 2 ORGS AND 2 COPY，该条款要求受益人提供重量单二份正本和二份副本。由于装箱单和重量单的内容完全一致，只是名称上有差别，按照《UCP 600》规定：如果信用证要求提交运输单据、保险单据或者商业发票之外的单据，却未规定出单人或其数据内容，则只要受益人提交的单据内容看似满足所要求的单据的功能，且单据中的数据与其他单据不矛盾，银行将接受。因此，江苏鸣骏公司制作的装箱单与重量单仅仅在名称上有差异，内容则完全相同，并与商业发票记载的内容不互相矛盾。具体参见样单1-2-2、样单1-2-3所示。

样单1-2-1　商业发票

江苏汇鸿鸣骏进出口有限公司

HIGH HOPE INTERNATIONAL GROUP

JIANGSU MINGJUN IMP AND EXP CORP. LTD.

87 Baixia Road, Nanjing China

COMMERCIAL INVOICE

TO: KACTOS NAPI MARKETLERI TACARET A.S.
TASDELEN SILE OTOBANI 09.KM ALEMDAR
SAPAGI SIRRI CELIK BULVARI 88
UMRANIYE ISTANBUL

INVOICENO.: JSGYF4567
DATE: APRIL 20,2020

FROM NINGBO, CHINA　**TO** IZMIT TURKEY　**BY** SHIP

MARKS & NOS.	DESCRIPTION OF GOODS	QUANTITY	UNIT PRICE	AMOUNT
KACTOS IZMIT TURKEY 5600006443 NO.1-125	FOB NINGBO CHINA(INCOTERMS 2010) PP 1010 CAR POLISHER(SKU CODE: 2000012576) CE MODEL NO.K5180003	500PCS	USD21.96/PC	USD10980.00
TOTAL:		500PCS		USD10980.00

SAY US DOLLARS TEN THOUSAND NINE HUNDRED AND EIGHTY ONLY.

PORTABLE TOOLS
AS PER PURCHASE ORDER NO. 5600006443
L/C NO.: 5503833100815

江苏汇鸿鸣骏进出口有限公司
HIGH HOPE INT'L GROUP
JIANGSU MINGJUN IMP & EXP CORP. LTD.

样单1-2-2 装箱单

江苏汇鸿鸣骏进出口有限公司

HIGH HOPE INTERNATIONAL GROUP

JIANGSU MINGJUN IMP AND EXP CORP. LTD.

87 Baixia Road, Nanjing China

PACKING LIST

TO: KACTOS NAPI MARKETLERI TACARET A.S.
TASDELEN SILE OTOBANI 09.KM ALEMDAR
SAPAGI SIRRI CELIK BULVARI 88
UMRANIYEISTANBUL

INVOICENO.: JSGYF4567
DATE: APRIL 20,2020

FROM NINGBO, CHINA **TO** IZMIT TURKEY **BY** SHIP

MARKS & NOS.	DESCRIPTION OF GOODS	QUANTITY	PACKAGES	G. W.	N. W.	MEAS.
KACTOS IZMIT TURKEY 5600006443 NO.1-125	PORTABLE TOOLS PP 1010 CAR POLISHER(SKU CODE: 2000012576) CE MODEL NO.K5180003	500PCS	125CTNS	1875KGS	1625KGS	4.21M^3
TOTAL:		500PCS	125CTNS	1875KGS	1625KGS	4.21M^3

TOTAL QUANTITY: 500PCS IN 125CTNS
TOTAL WEIGHT: 1625KGS(N.W.)
1875KGS(G.W.)
UNDER KACTOS' ORDER NO. 5600006443
L/C NO.: 5503833100815

江苏汇鸿鸣骏进出口有限公司
HIGH HOPE INT'L GROUP
JIANGSU MINGJUN IMP & EXP CORP. LTD.

样单1-2-3 重量单

江苏汇鸿鸣骏进出口有限公司

HIGH HOPE INTERNATIONAL GROUP

JIANGSU MINGJUN IMP AND EXP CORP. LTD.

87 Baixia Road, Nanjing China

WEIGHT LIST

TO: KACTOS NAPI MARKETLERI TACARET A.S.
TASDELEN SILE OTOBANI 09.KM ALEMDAR
SAPAGI SIRRI CELIK BULVARI 88
UMRANIYEISTANBUL

INVOICENO.: JSGYF4567
DATE: APRIL 20,2020

FROM NINGBO, CHINA **TO** IZMIT TURKEY **BY** SHIP

MARKS & NOS.	DESCRIPTION OF GOODS	QUANTITY	PACKAGES	G. W.	N. W.	MEAS.
KACTOS IZMIT TURKEY 5600006443 NO.1-125	PORTABLE TOOLS PP 1010 CAR POLISHER(SKU CODE: 2000012576) CE MODEL NO.K5180003	500PCS	125CTNS	1875KGS	1625KGS	4.21M^3
TOTAL:		500PCS	125CTNS	1875KGS	1625KGS	4.21M^3

TOTAL QUANTITY: 500PCS IN 125CTNS
TOTAL WEIGHT: 1625KGS(N.W.)
1875KGS(G.W.)
UNDER KACTOS' ORDER NO. 5600006443
L/C NO.: 5503833100815

江苏汇鸿鸣骏进出口有限公司
HIGH HOPE INT'L GROUP
JIANGSU MINGJUN IMP & EXP CORP. LTD.

▪ 任务检测

根据下列信用证及所提供的资料，制作商业发票和装箱单各一份。

1．货物的相关资料如下：

发票号码：15RHY06-08，发票日期：2020年6月5日，船名：DONGFENG V.5615W，货装集装箱情况：1×40' CY/CY，净重：24.KGS/CTN，毛重：25.KGS/CTN，纸箱尺寸：20.8cm×26cm×38cm。提单号码：GMSY15111521，唛头：

LUCERNA
MARSEILLES
NO.1-UP

2．信用证如下：

FROM: BANQUE NATIONALE DE PARIS，PARIS
SEQUENCE OF TOTAL 27: 1/1
FORM OF DOC. CREDIT 40A: IRREVOCABLE
DOC.CREDIT NUMBER 20: NBM-12015678
DATE OF ISSUE 31C: 20/05/15
EXPIRY 31D: DATE 20/06/30 PLACE CHINA
APPLICANT 50: LUCERNA TRADING CO., LTD.
20 FLOOR INTERNATIONAL BLDG. 125-KA,
NAMDAEMINOON ROAD, 75011 PARIS FRANCE
BENEFICIARY 59: HONGTAI ELECTRIA CO., LTD.
SHUNDE, GUANGDONG, CHINA 528301
AMOUNT 32B: CURRENCY USD AMOUNT 20.880,00
POS./NEG. TOL. (%) 39A: 05/05
AVAILABLE WITH/BY 41D: ANY BANK IN CHINA BY NEGOTIATION
DRAFT AT … 42C: 45 DAYS AFTER SIGHT
DRAWEE 42A: BANK OF CHINA, PARIS BRANCH
PARTIAL SHIPMENTS 43P: NOT ALLOWED
TRANSSHIPMENTS 43T: NOT ALLOWED
LOADING IN CHARGE 44A: YANTIAN, CHINA
FOR TRANSPORT TO 44B: MARSEILLES, FRANCE
LATEST DATE OF SHIPMENT 44C: 20/06/20
DESCRIPTION OF GOODS 45A: ELECTRIC HAIR DRYER, CIF MARSEILLES, FRANCE
VOLTAGE: A220-240V, POWER: 2000W
MT201Y, 3600PCS, AT USD2.95/PC
MT202Y, 3600PCS, AT USD2.85/PC,

PACKING: 1PC PER POLYBAG AND INNER BOX,

12PCS/CTN, STANDARD EXPORT CARTON MUST BE STRONG.

ALL DETAILS ARE AS PER P/O NO. 107JB558

DOCUMENTS REQUIRED 46A:

+FULL SET (2/2) CLEAN ON BOARD OCEAN BILLS OF LADING MADE OUT TO APPLICANT MARKED 'FREIGHT COLLECT' AND NOTIFY OMAN ELECTRIC TRADING CO., LTD. NO. 2116 FUYUAN ROAD, 7612. PARIS, FRANCE

+MANUALLY SIGNED COMMERCIAL INVOICE IN TRIPLICATE INDICATING P/O NO.

+PACKING LIST IN TRIPLICATE INDICATING GROSS WEIGHT AND NET WEIGHT OF EACH PACKAGE.

+FULL SET INSURANCE POLICY OR CERTIFICATE BLANK

ENDORSED FOR 110 PERCENT OF CIF INVOICE VALUE, WITH CLAIMS PAYABLE IN SPAIN COVERING OCEAN MARINE CARGO CLAUSES (ALL RISKS) AND WAR RISKS AS PER PICC.

+CERTIFICATE OF ORIGIN.

+BENEFICIARY'S CERTIFICATE MUST CERTIFY THAT ONE COMPLETE SET OF NON-NEGOTIABLE DOCUMENTS HAS BEEN SENT TO THE APPLICANT DIRECTLY WITHIN 2 WORKING DAYS AFTER SHIPMENT DATE.

+INSPECTION CERTIFICATE OF QUALITY SHOULD CERTIFY THAT THE QUALITY OF GOODS.

+SHIPPING ADVICE BY FAX TO THE APPLICANT MUST CONTAIN THE FOLLOWING DETAILS: B/L NO., CONTRACT NO., NAME OF GOODS, NAME OF VESSEL, GOODS VALUE, QUANTITY, NO.S OF PACKAGES AND SHIPMENT DATE.

ADDITIONAL COND. 47A:

+A HANDLING FEE OF USD50.00 WLLL BE DEDUCTED IF DISCREPANCY DOCOMENTS PRESENTED.

+ALL DOCUMENTS INDICATING THIS L/C NUMBER. AND L/C DATE

DETAILS OF CHARGES 71B: ALL BANKING CHARGES AND EXPENSES OUTSIDE THE ISSUING BANK ARE FOR BENEFICIARY'S ACCOUNT

PRESENTATION PERIOD 48: DOCUMENTS TO BE PRESENTED WITHIN 10 DAYS AFTER THE DATE OF SHIPENT, BUT WITHIN THE VALIDITY OF THE CREDIT.

习题作业

一、选择题

1. 商业发票的出票人一般是（　）。

A. 受益人　　B. 开证申请人　　C. 开证银行　　D. 进口商

2. 要求卖方提供厂商发票的目的是（　）。

A. 检查货物是否已经加工生产　　B. 核对货物数量是否与商业发票相符

C. 检查是否有反倾销行为　　D. 确认货物是否符合要求

3. 以下单据中作为发票的附属，对发票起着补充说明作用的是（　）。

A. 运输单据　　B. 保险单据　　C. 装箱单　　D. 原产地证明书

4. 下列选项中，不需要在装箱单中列明的是（　）。

A. 包装　　B. 毛重　　C. 单价　　D. 体积

5. 对商业发票的审核，下列不正确的有（　）。

A. 发票的出票人应为信用证的受益人，可转让信用证除外

B. 发票的抬头一般是信用证开证申请人

C. 发票必须签章，不签章的发票无效

D. 发票中的商品名称、数量、单价、规格等必须与信用证规定相符

6. 信用证条款：L/C AMOUNT USD7600.00，PARTIAL SHIPMENT AND TRANS-SHIPMENT：

ALLOWED，DESCRIPTION OF GOODS：MEN'S T-SHIRTS，

100 DOZENS STYLE NO. S001 USD12.00/DOZ

100 DOZENS STYLE NO. S002 USD10.00/DOZ

120 DOZENS STYLE NO. S003 USD15.00/DOZ

160 DOZENS STYLE NO. S004 USD15.00/DOZ

80 DOZENS STYLE NO. S005 USD15.00/DOZ

PRICE TERMS：CFR TOKYO，DOCUMENTS REQUIRED: SIGNED COMMERCIAL INVOICE IN 6COPIES，ADITIONAL SHIPMENT NOT ALLOWED WITHIN EACH STYLE，信用证未对货物数量及金额作其他规定。发票中的货物描述应为以下（　）。

A. MEN'S T-SHIRTS, CFR TOKYO, TOTAL AMOUNT USD6550.00

100 DOZENS STYLE NO.　S002 USD10.00/DOZ

120 DOZENS STYLE NO.　S003 USD15.00/DOZ

160 DOZENS STYLE NO.　S004 USD15.00/DOZ

90 DOZENS STYLE NO.　S005 USD15.00/DOZ

B. MEN'S T-SHIRTS, CFR TOKYO, TOTAL AMOUNT USD7550.00

100 DOZENS STYLE NO. S001 USD12.00/DOZ

100 DOZENS STYLE NO. S002 USD10.00/DOZ

120 DOZENS STYLE NO. S003 USD15.00/DOZ

160 DOZENS STYLE NO. S004 USD15.00/DOZ

80 DOZENS STYLE NO. S005 USD15.00/DOZ

C. MEN'S T-SHIRTS, CFR TOKYO, TOTAL AMOUNT USD6660.00

105 DOZENS STYLE NO. S001 USD12.00/DOZ

120 DOZENS STYLE NO. S003 USD15.00/DOZ

160 DOZENS STYLE NO. S004 USD15.00/DOZ

80 DOZENS STYLE NO. S005 USD15.00/DOZ

D. MEN'S T-SHIRTS, CFR TOKYO, TOTAL AMOUNT USD4600.00

100 DOZENS STYLE NO. S001 USD12.00/DOZ

100 DOZENS STYLE NO. S002 USD10.00/DOZ

160 DOZENS STYLE NO. S004 USD15.00/DOZ

7. 以下（ ）组发票中的单价、数量是完全一致的。

A. 商业发票和形式发票　　B. 商业发票和厂商发票

C. 商业发票和领事发票　　D. 厂商发票和领事发票

以下为不定项选择

8. 商业发票是货主在准备全套出口文件时，首先缮制的文件。在出口货物装运前的（ ）环节要使用商业发票。

A. 托运订舱　　B. 商品报检　　C. 出口报关　　D. 海关查验

9. 商业发票的抬头一般不会是（ ）。

A. 受益人　　B. 开证申请人　　C. 开证银行　　D. 出口商

10. 制作信用证项下的商业发票，应注意（ ）。

A. 发票的商品描述必须详细具体

B. 发票必须注明信用证号码

C. 发票的出票日期必须迟于信用证开证日期

D. 发票不一定非得开给开证申请人

E. 发票金额应与汇票一致，且不得超过信用证金额

11. 发票是国外卖方或厂商对货物出具的明细账单，它的内容和作用包括（ ）。

A. 发票应有收货人的名称、地址，开具日期及出票人的具名签字

B. 发票应注明提单、装箱单、品质证书、原产地证书等的号码

C. 发票主要是作为办理接运和结算的一种重要单证

D. 应根据合同或信用证规定，将货名、规格、件数、单价、金额等作较为详尽的说明

12. 商业发票是卖方向买方签发的载明货物的品质、数量、包装和价格等内容，并凭以索要货款的凭证，其作用主要有（　）。

A. 买卖双方收付货款及记账的依据　　B. 货物运输的收据

C. 买卖双方办理报关、纳税的依据　　D. 缮制其他出口单据的依据

13. 装箱单的作用主要是补充发票内容的不足，通过对包装件数、唛头、规格等填制，明确产品的包装情况，以及（　）。

A. 便于进口商了解产品的数量与包装　　B. 便于进口国海关检查与核对产品

C. 出口商必须向进口商提交的单据　　D. 索赔的依据

二、判断正误题

1.（　）商业发票上的货物品种如果过多，则其商品描述栏可以像其他单据那样使用统称。

2.（　）如果合同和信用证中未规定具体唛头，货物为大宗散装货物时，发票的唛头栏可以留空不填。

3.（　）除非信用证另有规定，发票金额应与汇票金额一致，且不得超过信用证金额。

4.（　）信用证项下，发票的出票人与汇票的出票人均应是信用证的受益人。

5.（　）发票总额可以超过信用证金额，对于佣金和折扣可以按照信用证规定处理。

6.（　）形式发票是非正式的发票，它的出票日期应迟于信用证的开立日期，但不应迟于信用证的议付有效期。

7.（　）按《UCP 600》的规定，发票的出票日期可以早于信用证的开立日期。

8.（　）形式发票上所记载的货物数量一定与商业发票一致。

9.（　）发票的认证，即由进口国驻出口国的使领馆对发票的内容进行盖章确认。

10.（　）装箱单是记载货物装箱情况的单据，它与重量单完全不同。

任务3　办理出口许可证件

- **知识点：** 货物贸易外汇管理制度，出口许可证管理的货物目录，出口配额的申领程序，出口许可证的申领程序，出口许可证的使用，非一批一证管理的货物。
- **技能点：** 申领出口许可证，填写出口许可证申请表。

知识准备

我国实行对外贸易管制制度，并采取保护贸易的政策。根据《中华人民共和国对外贸易法》，以及中国所缔结或者参加的国际条约、协定的规定，为维护国家安全、社会公共利益，保护人和动植物的健康、安全或生命，保护环境，保障国家的国际金融地位和国际收支平衡等，国家准许货物与技术的自由进出口，也可以限制或者禁止有关货物、技术的进出口，同时基于监测进出口情况的需要，国家可以对部分自由进出口货物实行进出口自动许可并公布其目录，可以制定、调整并公布限制或者禁止进出口的货物、技术目录，还可以对与裂变、武器以及弹药等有关的货物、技术进出口采取任何必要的措施。

任务3.1　了解我国的对外贸易管制制度

我国实行的对外贸易管制制度有：对外贸易经营者管理制度、货物贸易外汇管理制度、关税制度、进出口许可管理制度（详见本项目任务3）、出入境检验检疫制度（详见本项目任务5）、海关监管制度（详见本项目任务7）以及对外贸易救济措施等。这些对外贸易管制制度主要通过我国海关、外汇局、商务部及其授权机构进行监督和管理。

一、对外贸易经营者管理制度

对外贸易经营者，是依法办理工商登记或者其他执业手续，依法从事对外贸易经营活动的法人或其他组织或者个人。

按照我国《对外贸易法》的规定，从事货物进出口或者技术进出口的对外贸易经营者，应当向国务院对外贸易主管部门或者其委托的机构办理备案登记。没有办理备案登记的对外贸易经营者，海关不予为其办理进出口货物的报关验放手续。

为了方便对关系国计民生的重要进出口商品进行有效管理和宏观调控，我国《对外贸易法》还规定，国家可以对部分货物的进出口实行国营贸易管理。

因此，从事进出口贸易的企业，须先取得对外贸易经营资格即外贸经营权，并做好对外贸易经营者备案登记，然后才可以在国家允许的范围内从事对外贸易经营活动。

实行国营贸易管理货物的进出口业务，只能由授权的企业经营，非授权企业只能经营少部分数量的国营贸易管理货物的进出口。

实行国营贸易管理的货物和经授权经营企业的目录，由国务院商务主管部门会同其他部门进行确定、调整和公布，未经批准擅自进出口实行国营贸易管理的货物，海关不予放行。

二、货物贸易外汇管理制度

我国对外贸易经营者在对外贸易活动中，应依照有关规定进行结汇、用汇。

国家外汇管理局（以下简称“外汇局”）依法对对外贸易经营者、从事结售汇业务的金融机构的贸易外汇进行监督和管理，以核查企业的贸易外汇收支与货物的进出口是否一致，从而保证贸易外汇的真实性、合法性交易背景。

外汇局对货物贸易外汇的监管，主要包括以下几个方面。

1．企业名录登记管理

根据外汇局《货物贸易外汇管理指引》的规定，外汇局实行“贸易外汇收支企业名录”登记管理，并统一向金融机构发布名录，未列入名录的企业，金融机构不得为其直接办理贸易外汇收支业务。

外汇局可根据企业的贸易外汇收支业务状况及其合规情况注销企业名录。

因此，从事进出口业务的企业，在对外收取和支付外汇前，必须向注册地的外汇管理局办理进出口收付汇备案手续，申请列入“贸易外汇收支企业名录”中，否则无法收汇和对外付汇。

2．货物贸易外汇管理方式

外汇局对货物贸易外汇的管理方式，有现场核查和非现场核查两种。

外汇局通过货物贸易外汇监测系统，全面采集企业货物进出口和贸易外汇收支的数据，定期进行比对、评估企业货物流与资金流的总体匹配情况，以方便合规企业的贸易外汇收支，同时对存在异常的企业进行重点监测，必要时实施现场核查。

现场核查包括对企业的贸易外汇收支业务核查、对金融机构办理贸易外汇收支业务合规性与报送信息的及时性、完整性和准确性的核查。

外汇局实施现场核查时，被核查单位应如实说明情况，配合核查，并提供有关文件、资料，不得拒绝、阻碍和隐瞒。

3．企业的动态分类管理

根据企业贸易外汇收支的合规性及其与货物进出口的一致性，外汇局将企业分为A、B、C三类。

A类企业进口付汇单证简化，可凭进口报关单、合同或发票等任何一种能够证明交易真实性的单证在银行直接办理付汇，出口收汇无须联网核查；银行办理收付汇审核手续相应简化。对B、C类企业在贸易外汇收支单证审核、业务类型、结算方式等方面实施严格监管，B类企业贸易外汇收支由银行实施电子数据核查，C类企业贸易外汇收支须经外汇局逐笔登记后办理。

外汇局根据企业在分类监管期内遵守外汇管理规定情况，进行动态调整。A类企业违反外汇管理规定将被降级为B类或C类，B、C类企业在分类监管期内守法合规经营的，分类监管期满后可升级为A类。

三、关税制度

关税制度是国家为征收关税而颁布的海关法、进出口关税条例、进出口税则等法律法规的总称，是我国实施进出口商品管理的重要措施，涉及的税种主要为进出口关税和进口环节海关代征税等。

关税是由海关代表国家，依法对进出关境的货物和物品征收的一种流转税。关税是国家用以保护国内生产、调节进出口贸易、抵制外国关税歧视的重要经济杠杆，是国家财政收入的重要来源，对于保护国内工农业生产十分重要。

进口环节海关代征税主要有增值税和消费税两种，是进口货物、物品在办理海关手续放行后，进入国内流通领域时，与国内货物同等对待而需要缴纳的国内税。

关税和进口环节海关代征税以从价税为主，用人民币计征，由海关依法审定和计征，其他任何单位和个人无权征收。

任务3.2　获取出口配额和出口许可证

进出口许可管理制度是我国对外贸易管制制度之一，是国家进出口管理的重要手段。根据中国《对外贸易法》的规定，国家对限制进出口的货物，实行配额（QUOTA）、许可证（LICENSE）等方式管理，对限制进出口的技术，实行许可证管理。

一、配额和许可证管理概述

配额管理和许可证管理都是国家对进出口商品采取的限制措施，以控制一定时期内某些商品的进出口。其中，配额是一种直接的数量控制，许可证则是一种非数量控制。

根据《中华人民共和国货物进出口管理条例》，国家对货物的进出口实行统一的管理制度。凡国家规定有数量限制的进出口货物，实行配额管理，其他限制进出口货物，实行许可证管理。

配额分为全球配额、国别配额和进口商配额。有国家自行实施的主动配额，也有被其他国家或地区强制实施的被动配额。实行配额管理的进出口货物，进出口经营者仅被允许在配额内进出口，超过配额则不准进出口，或者需要缴纳较高的关税或罚款后才可以进出口。

进出口许可证分为货物进出口许可证、两用物项和技术进出口许可证、野生动植物进出口许可证、边境小额贸易进出口许可证、纺织品出口许可证等。本书所述的出口许可证仅指货物出口许可证。

我国对外贸易经营者出口许可证管理的货物，须按规定申领《中华人民共和国出口许可证》，以下简称《出口许可证》，凭出口许可证向海关办理通关验放手续。实行配额管理的货物，凭配额证明文件申领出口许可证。

二、我国限制出口的货物类别

国家限制出口，主要基于下列原因：为维护国家安全、社会公共利益或者公共道德；为保护人的健康或者安全，保护动物、植物的生命或者健康，保护环境；为实施与黄金或者白银进出口有关的措施；国内供应短缺或者为有效保护可能用竭的自然资源；输往国家或者地区的市场容量有限；出口经营秩序出现严重混乱。

我国限制出口的货物类别及其具体数量，由商务部会同海关总署制定、调整，并以年度《出口许可证管理货物目录》《货物出口配额总量》的形式在实施前对外公布。

根据我国商务部、海关总署2020年第71号公告公布的《出口许可证管理货物目录（2021年）》，2021年我国实行许可证管理的出口货物为43种。

其中，实行配额管理的货物有：活牛（对港澳）、活猪（对港澳）、活鸡（对香港）、小麦、玉米、大米、小麦粉、玉米粉、大米粉、药料用麻黄草（人工种植）、煤炭、原油、成品油（不含润滑油、润滑脂、润滑油基础油）、锯材、棉花、甘草及甘草制品、蔺草及蔺草制品。

实行许可证管理的货物有：活牛（对港澳以外市场）、活猪（对港澳以外市场）、活鸡（对香港以外市场）、牛肉、猪肉、鸡肉、天然砂（含标准砂）、矾土、磷矿石、镁砂、滑石块（粉）、萤石（氟石）、稀土、锡及锡制品、钨及钨制品、钼及钼制品、锑及锑制品、焦炭、成品油（润滑油、润滑脂、润滑油基础油）、石蜡、部分金属及制品、硫酸二钠、碳化硅、消耗臭氧层物质、柠檬酸、白银、铂金（以加工贸易方式出口）、铟及铟制品、摩托车（含全地形车）及其发动机和车架、汽车（包括成套散件）及其底盘。

根据商务部2020年第49号公告公布的《货物出口配额总量（2021年）》，2021年我国甘草及甘草制品、药料用人工种植麻黄草、活猪（对港澳）、活牛（对港澳）、活鸡（对香港）、锯材、蔺草及蔺草制品出口配额分别为460万千克、120万千克、113.04万头、2.8万头、300万只、10万立方米、2100万千克。

《出口许可证管理货物目录（2021年）》还有以下规定：

甘草及甘草制品、蔺草及蔺草制品的配额，以招标方式对外公布，出口经营者需凭配额招标中标证明文件申领出口许可证后方可出口；

消耗臭氧层物质的货样广告品出口，需领出口许可证；

铈及铈合金（颗粒$<500\mu m$）、钨及钨合金（颗粒$<500\mu m$）、锆、铍的出口免于申领出口许可证，但需按规定申领两用物项和技术出口许可证；

我国政府对外援助项下提供的货物，不纳入出口配额管理，也可免于申领出口许可证。

三、配额和许可证的获取

（一）出口配额的获取

配额管理机构发放配额，有两种方式：一种是直接分配方式，另一种是招标方式。

以直接分配方式发放的配额，对外贸易经营者可以根据商务部公告的货物出口配额总量，对照申请时间、申请条件和申请方式等，主动向配额管理部门进行申报，配额管理部门按照配额分配的原则，对提出申报的企业进行配额分配。企业不申报，无权取得配额。

以招标方式发放的配额，对外贸易经营者可以根据商务部发布的招标公告，按其规定的时间、方式参加投标，商务部出口商品配额招标委员会进行评标后公布中标结果。不投标的企业无权取得配额。

（二）出口许可证的获取

1．出口许可证的发证机构

我国商务部配额许可证事务局（以下简称许可证局）负责对进出口许可证件的签发工作进行监督检查和指导，并授权商务部驻各地特派员办事处（以下简称特办）及商务部授权的省级地方商务主管部门或副省级城市商务主管部门发证机构（以下简称地方发证机构）签发相应的出口许可证，其具体发放权限，依照商务部制定、调整和发布的年度《进出口许可证件发证机构名录》而定。

根据商务部2020年第69号公告《2021年进出口许可证件发证机构名录》，2021年实行出口许可证管理的43种货物中，出口许可证的签发机构有：

（1）许可证局。负责签发的出口许可证包括以下6种货物：小麦、玉米、棉花、煤炭、原油、成品油（不含一般贸易方式出口润滑油、润滑脂及润滑油基础油），以及在京的属于国务院国资委管理企业申领的出口许可证。

（2）特办。负责签发的出口许可证包括以下21种货物：活牛、活猪、活鸡、大米、小麦粉、玉米粉、大米粉、药料用人工种植麻黄草、甘草及甘草制品、蔺草及蔺草制品、天然砂、磷矿石、镁砂、滑石块（粉）、锡及锡制品、钨及钨制品、锑及锑制品、锯材、白银、铂金（铂或白金）、铟及铟制品等。

（3）地方发证机构。负责签发的出口许可证包括以下17种货物：牛肉、猪肉、鸡肉、矾土、萤石（氟石）、稀土、钼及钼制品、焦炭、成品油（仅限一般贸易方式出口润滑油、润滑脂及润滑油基础油）、石蜡、部分金属及制品、硫酸二钠、碳化硅、消耗臭氧层物质、柠檬酸、摩托车（含全地形车）及其发动机和车架、汽车（包括成套散件）及其底盘等。

另外，为维护对外贸易秩序，许可证局还对部分出口货物实行指定发证机构发证，具体为：以陆运方式对港澳地区出口的活牛、活猪、活鸡，由广州特办、深圳特办负责签发出口许可证；出口药料用人工种植麻黄草，由天津特办负责签发出口许可证；福建省行政区域内对台湾地区出口天然砂，由福州特办负责签发出口许可证；海南省行政区域内对台港澳地区出口天然砂，由海南特办负责签发出口许可证；福建省和海南省行政区域以外对台港澳地区出口天然砂，由广州特办负责签发出口许可证。

企业以一般贸易方式出口润滑油、润滑脂及润滑油基础油的，由省级地方商务主管部门凭货物出口合同签发出口许可证；以承包工程、境外投资、加工贸易、外资企业出口及边境贸易等方式出口的，仍按照商务部、发展改革委、海关总署2008年第30号公告相关规定执行。

2．出口许可证的申请程序

对外贸易经营者申请出口许可证，可以采用书面方式，也可以在网上进行；可以领取纸质证书，也可以选择电子证书。

商务部和海关总署自2020年1月1日起，在全国范围内对限制出口的货物实行出口许可证件申领和通关作业无纸化管理，因此通过网络申请无纸化的出口许可证，方便而又快捷，是当前企业普遍采用的方式。

我国进出口许可证的网上申领通道，有中华人民共和国商务部（www.mofcom.gov.cn）的“业务系统统一平台”、中国国际贸易单一窗口（https://www.singlewindow.cn）的“许可证件”平台等。

企业在网上申领出口许可证，须先申领电子认证证书和电子钥匙，正确安装电子钥匙的驱动程序，选择无纸作业方式的，还应申请取得出口许可证电子证书，绑定电子印章，然后通过相关网站，在线填写《中华人民共和国出口许可证申请表》（参见样单1-3-1），发送给相应授权发证机构。

样单1-3-1 中华人民共和国出口许可证申请表

<table>
<tr><td colspan="3">1. 出口商： 代码：
领证人姓名： 电话：</td><td colspan="3">3. 出口许可证号：</td></tr>
<tr><td colspan="3">2. 发货人：
代码：</td><td colspan="3">4. 出口许可证有效截止日期：
年 月 日</td></tr>
<tr><td colspan="3">5. 贸易方式：</td><td colspan="3">8. 进口国（地区）：</td></tr>
<tr><td colspan="3">6. 合同号：</td><td colspan="3">9. 付款方式：</td></tr>
<tr><td colspan="3">7. 报关口岸：</td><td colspan="3">10. 运输方式：</td></tr>
<tr><td colspan="6">11. 商品名称： 商品编码：</td></tr>
<tr><td>12. 规格、等级</td><td>13. 单位</td><td>14. 数量</td><td>15. 单价（币别）</td><td>16. 总值（币别）</td><td>17. 总值折美元</td></tr>
<tr><td></td><td></td><td></td><td></td><td></td><td></td></tr>
<tr><td></td><td></td><td></td><td></td><td></td><td></td></tr>
<tr><td></td><td></td><td></td><td></td><td></td><td></td></tr>
<tr><td></td><td></td><td></td><td></td><td></td><td></td></tr>
<tr><td>18. 总计</td><td></td><td></td><td></td><td></td><td></td></tr>
<tr><td colspan="3" rowspan="2">19. 备注
申请单位盖章
申领日期：</td><td colspan="3">20. 签证机构审批（初审）：
经办人：</td></tr>
<tr><td colspan="3">终审：</td></tr>
</table>

填表说明：1. 本表应用正楷逐项填写清楚，不得涂改、遗漏，否则无效。
2. 本表内容需打印多份许可证的，请在备注栏内注明。

授权发证机构收到申请后进行审核，对符合规定的申请，自收到申请之日起3个工作日内签发出口许可证，对不符合规定的申请，注明不予通过的原因。企业收到审核通过的信息，既可以自行打印出口许可证申请表，加盖单位公章，连同其他材料一并送交发证机构领取纸质出口许可证（参见样单1-3-2）；也可以采用通关作业无纸化方式直接向海关办理出口通关手续。

样单1-3-2　中华人民共和国出口许可证

NAVECO
南京依维柯

订单编号No：91SC2101001

卖方：南京依维柯汽车有限公司 Seller：NAVECO LTD. （Vendor Coder: 132150）		出口订单 Export Order	
地址：中国南京市浦口区百合路8号 No. 8. Baihe Road. Pukou District, Nanjing, P. R. China			
电话Tel：（8625）69649719 传真Fax：（8625）69649979			
卖方代理： Agent of Seller	南京南汽进出口有限公司 NANJING AUTOMOBILE IMPORT & EXPORT CO., LTD.	联系人Contact Person:	Jin Wei
地址Address：	南京江北新区研创园团结路99号孵鹰大厦1790室 ROOM 1790, FUYING MANSION, NO. 99 TUANJIE ROAD. YANCHUANG PARK. JIANGHEI NEW DISTRICT, NANJING, P. R. CHINA		
电话Telephone：	0086-25-89617535	传真Facsimile：	0086-25-83111295
买方： Buyer：	IVECO S. P. A	联系人Contact Person：	Paolo vota Paolo voacchina
地址Address：	Via Puglia 35, Torino, Italy		
电话Telephone：	+39 0110076065	传真Facsimile：	+39 0110076065

出口许可证一经签发，任何单位和个人不得擅自更改证面内容。因故需要更改、延期、遗失换证时，企业应提交加盖公章的《中华人民共和国出口许可证退（换）证申请表》和出口许可证原件，经审核程序换发新证。

3. 领取出口许可证提交的材料

企业领取出口许可证的纸面证书时，需要提交以下材料：

（1）加盖企业公章的出口许可证申请表。

（2）出口合同（正本复印件）。

（3）主管机关签发的出口批准文件。

（4）出口商与发货人不一致的，应当提交《委托代理协议》。

（5）商务部规定的其他应当提交的材料。

以上材料，网上申请的，通过影像化上传的方式提交；书面申请的，申请时提交。其中，主管机关签发的出口批准文件、商务部规定的其他应提交材料包括：配额证明（出口配额管理的货物）；中标企业名单、中标数量和申领配额招标货物出口许可证证明书（出口配额招标管理货物）；加工贸易业务批准证、海关加工贸易进口报关单（以加工贸易方式出口许可证管理的货物）；边境小额贸易配额证明（边境小额贸易方式出口配额管理的货物）；对外承包工程项目备案回执或特定项目立项函、中标文件等（以工程承包方式出口汽车、摩托车产品）；进口海关单据（以工程承包方式出口非原产于中国的汽车、摩托车产品）。

年度内初次申请出口许可证的，企业还应提交：经营者法人营业执照、盖有经营者备案登记专用章的“对外贸易经营者备案登记表”或者“中华人民共和国进出口企业资格证书”、经营者为外商投资企业的，应当提交“中华人民共和国外商投资企业批准证书”。

四、出口配额和许可证的使用

1．出口配额的使用

属配额管理的出口货物，企业需要凭出口配额申领出口许可证后方能出口。按照《货物出口许可证管理办法》（2008年版）规定：配额管理部门发放的出口配额，有效期为当年的12月31日前（含12月31日），除另有规定者外，经营者应当在配额有效期内向发证机构申领出口许可证。

由于出口许可证的各发证机构自当年的12月10日起，即可根据配额管理部门下发的下一年度出口配额签发下一年度的出口许可证，因此出口经营者可以在取得下一年度的配额后，从当年的12月10日开始使用，直到下一年的12月31日前（含12月31日）用完。

配额持有者如果未使用完其持有的年度配额，应当在当年10月31日前将未使用的配额交还出口配额管理部门，未按期交还并且在当年年底前未使用完的，出口配额管理部门可以在下一年度对其扣减相应的配额。

2．出口许可证的使用

按商务部2020年《出口许可证申请签发使用工作规范》规定，出口许可证的有效期最长不得超过6个月，且有效期截止时间不得超过当年12月31日。因此，出口许可证应当在有效期内使用，逾期自行失效，海关不予放行。

如果出口许可证因故未在有效期内使用，经营者可以在有效期内向原发证机构提出延期。商务部可视具体情况，调整某些货物出口许可证的有效期和申领时间。使用当年出口配额或批准数量领取的出口许可证办理延期，其延期最长不得超过当年12月31日。

出口许可证的使用有“一批一证”制和“非一批一证”制。“一批一证”是指出口许可证在有效期内只能报关使用一次。“非一批一证”是指出口许可证在有效期内可以多次报关使用，但最多不超过12次，超过以后，出口许可证即使尚存余额，海关也停止接受报关。

实行“一批一证”和“非一批一证”制的货物，由商务部在年度《出口许可证管理货物目录》中予以公布。

按照《出口许可证管理货物目录（2021年）》，2021年我国对下列货物实行“非一批一证”制管理：小麦、玉米、大米、小麦粉、玉米粉、大米粉、活牛、活猪、活鸡、牛肉、猪肉、鸡肉、原油、成品油、煤炭、摩托车（含全地形车）及其发动机和车架、汽车（包括成套散件）及其底盘（限新车）、加工贸易项下出口货物、补偿贸易项下出口货物等。对消耗臭氧层物质、二手车等货物的出口实行“一批一证”制管理。

为提高海关验证效率，规范许可证签发管理，有效打击许可证伪造行为，我国各许可证发证机构和各海关之间实行进出口许可证的联网核销，即发证机构将已签发的许可证电子数据上报至中国国际电子商务中心，各口岸海关在确认许可证纸面证书与电子数据内容一致后方可进行通关验放。口岸海关在核验出口许可证的纸面证书时，要求许可证纸面证书内容均为计算机打印，不得更改，也不允许任何手工签注，同时还要求报关单上的经营人必须与许可证的收发货人一致，因此纸质出口许可证不得涂改、伪造和变造，也不允许买卖和转让。

为进一步深化“放管服”改革，推进“互联网+政务”服务，完善外贸管理制度，促进外贸稳中提质，自2020年1月1日起，商务部、海关总署在全国范围内对属于限制出口管理的货物实行出口许可证件申领和通关作业无纸化。海关通过联网核查验核出口许可证电子证书，不再进行纸面签注，并将出口许可证使用状态、清关情况等数据电文及时反馈给商务部。出口许可证发证机构依据上述数据电文执行出口许可证的核销、撤销和变更等操作，也不再核验海关的书面签注。

纸面出口许可证如果遗失，经营者应当立即书面向发证机构和口岸海关报告，并登报声明。

五、出口许可证申请表的内容及其填写规范

出口许可证申请表是出口企业出口前向签证机构申领出口许可证的重要凭据，是签证机构签发出口许可证的依据，申领人必须按合同或信用证规定，用中文正确填写。

出口许可证申请表各栏的填写规范如下。

1. 出口商

填写签订出口合同的单位的中文名称，并应与出口批准文件一致。出口商代码为《对外贸易经营者备案登记表》《中华人民共和国进出口企业资格证书》或者《中华人民共和国外商投资企业批准证书》中的13位企业代码。

2. 发货人

填写具体执行合同并发货报关的单位。配额以及配额招标商品的发货人应与出口商保持一致。

3. 出口许可证申请表号

由发证机关编排，无须填写。

4. 出口许可证有效截止日期

许可证有效期自发证之日起算，最长为六个月。此栏由发证系统自动生成，无须填写。

5. 贸易方式

填写该项出口货物的贸易性质。包括一般贸易、进料加工、来料加工、出料加工、外资企业出口、捐赠、赠送等。

贸易方式栏只能填报一种贸易方式。

6. 合同号

填申请出口许可证时提交的出口合同的编号，长度为17个英文字符。本栏只能填报一个合同号。原油、成品油及非贸易项下出口，可不填写合同号。

7. 报关口岸

报关口岸指货物的出口口岸。出口许可证实行“一证一关”制，因此本栏只允许填报一个关区。对指定口岸的出口商品，按国家有关规定执行。

8. 进口国（地区）

进口国（地区）指合同目的地国家（地区）。本栏只能填报一个国家（地区）。不能使用区域名，如欧盟等。如对中国保税区出口，进口国（地区）应打印“中国”。

9. 付款方式

付款方式包括信用证、托收、汇付等。本栏根据实际情况，只能填写其中一种。

10. 运输方式

运输方式指货物离境时的运输方式。包括海上运输、铁路运输、公路运输、航空运输等。本栏只能填写其中一种。

11. 商品名称和编码

按商务部公布的年度《出口许可证管理货物目录》中的10位商品编码填报，商品名称由发证系统自动生成。本栏只能填报一个商品编码并应与出口批准文件一致。

12. 规格等级

只能填报同一商品编码下的4种不同规格等级，超过4种规格等级的，应另行填写出口许可证申请表。

13. 单位

单位指计量单位。按商务部公布的年度《出口许可证管理货物目录》中的计量单位执行，发证系统自动生成。如合同使用的计量单位与规定的计量单位不一致，应换算成规定的计量单位。无法换算的，可在备注栏注明。非贸易项下的出口商品，此栏以“批”为计量单位，具体单位在备注栏中说明。

14. 数量

数量指申请出口商品数量。最大位数为9位阿拉伯数字，最小保留小数点后1位。如数量过大，可分证办理；如数量过小，可在备注栏内注明。计量单位为“批”的，此栏均为“1”。

15. 单价（币别）

单价是指与第13栏“单位”相一致的单位价格，计量单位为“批”的，此栏则为总金额。

16．总值（币别）

总值即数量与单价的乘积。由发证系统自动计算。

17．总值折美元

由发证系统自动计算。

18．总计

由发证系统自动计算。

19．备注

备注用于注明其他需要说明的情况。实行“非一批一证”制的出口商品，应在本栏内注明“非一批一证”。

▪ 任务操作

本项目信用证中的出口商品为汽车用电动砂光机和电动砂光机两种，其中，第一批货物“便携式汽车用电动砂光机”的商品编码为84672910，按照2015年商务部及海关总署发布的《2015年出口许可证管理货物目录》，以下简称《2015年目录》，此海关编码的商品不在该目录范围之内，不需要配额和出口许可证即可出口。

如果出口的商品是属于《2015年目录》范围内的货物，出口企业需要在出口年度的前一年年底，先获取配额，然后在每一批货物出口报关前，登录中华人民共和国商务部配额许可证事务局网站，凭企业的电子钥匙进入“企业网上申领平台”，正确填写出口许可证申请表，申领出口许可证，待网上审批同意后，即派人去授权发证机构领取纸质出口许可证，作为报关的必备单证之一。

▪ 任务检测

2020年3月，湖南尚达进出口公司（SHANGDA IMPORT AND EXPORT CO., LTD., NO. 2 ZHONGSHAN EAST ROAD, HUNAN, P.R.CHINA）与香港的A&B FIRE SECURITY LTD.公司签订了一份合同，拟以一般贸易方式空运出口一批猪前腿肉到香港，合同号为11-22-33-Q，规定货到后电汇付款，其他内容为：

DESCRIPTION: GRADE AAA FROZEN PORK MEAT, QUANTITY: 6000KGS, UNIT PRICE: FOB CHANGSHA, USD1.02/KG, AMOUNT: USD6120.00, LATEST DATE OF SHIPMENT: 2020.04.10

我国《2020年出口许可证管理货物目录》中有关猪肉出口的内容如下表所示，请根据所提供的资料，填制出口许可证申请表一份（样单1-3-1）。

货物种类	海关商品编码	货物名称	单位
冻猪肉	0203219010	其他冻的整头及半头野猪肉	千克
	0203219090	其他冻的整头及半头猪肉	千克
	0203220010	冻的带骨野猪前腿、后腿及肉	千克
	0203220090	冻的带骨猪前腿、后腿及其肉块	千克
	0203290090	其他冻的猪肉	千克
	0206410000	冻猪肝	千克
	0206490000	其他冻猪杂碎	千克
	0203211010	冻的整头及半头野乳猪肉	千克
	0203211090	冻的整头及半头乳猪肉	千克

习题作业

一、选择题

1. 国家在出口许可证的管理上，实行“一批一证”制和“非一批一证”制，此处的“证”是指（　）。

A. 商检证　　B. 出口许可证

C. 产地证　　D. 报关证

2. 对外贸易经营者向签证机构申请出口许可证，必须填写（　），并随附相关材料向发证机构提请签发。

A. 出口许可证申请表　　B. 出口许可证检验单

C. 出口许可证放行单　　D. 出口许可证

3. 实行“非一批一证”管理的出口货物，其出口许可证可多次报关使用，但要求（　）口岸不得超过（　）次。

A. 两个口岸，12次　　B. 同一口岸，12次

C. 同一口岸，6次　　D. 两个口岸，6次

4. 按规定，2021年以下（　）货物的出口许可证实行“一批一证”管理。

A. 出口小麦、玉米、大米　　B. 出口活牛

C. 出口原油　　D. 二手车

5. 我国目前签发出口许可证的机构，不包括（　）。

A. 许可证局　　B. 地方发证机构

C. 贸促会或国际商会　　D. 商务部驻各地特派员办事处

6．国家规定实行配额管理的出口商品，如果出口数量超过配额限制，则（　）。

A．不许出口　　B．征收较高的关税后可以出口

C．领取出口许可证后可以出口　　D．投标并中标后可以出口

7．实行出口配额招标的出口货物，出口商在出口前需要（　）。

A．投标取得配额后即可出口　　B．投标并中标后再申领许可证后可出口

C．申请取得配额后即可出口　　D．投标并中标后即可出口

8．海关对出口货物实行出口许可证件通关作业无纸化后，出口企业可以（　）通关。

A．选择无纸作业或者有纸作业方式

B．只能选择无纸作业方式

C．同时选择无纸作业和有纸作业两种方式

D．只能选择有纸作业方式

二、判断正误题

1．（　）按规定，我国出口许可证的有效期最长不得超过3个月，且有效期截止时间不得超过当年12月31日。

2．（　）凡列入“贸易外汇收支企业名录”中的企业，均可以从事国营贸易业务。

3．（　）货物贸易外汇管理制度是外汇局依法对对外贸易经营者、从事结售汇业务的金融机构的贸易外汇进行监督和管理，以核查企业的贸易外汇收支与货物的进出口是否一致，从而保证贸易外汇的真实性、合法性交易背景。

4．（　）对B类企业的进出口业务，外汇局无须联网核查其出口收汇，并对其进口付汇单证进行简化，凭发票即可在银行直接办理付汇。

5．（　）只要取得对外贸易经营权，企业就可以从事玉米、大米、煤炭、原油、成品油、棉花、锑及锑制品、钨及钨制品、白银等的进出口业务。

任务4 办理出口货物托运手续

- **知识点：** 运输单据的种类，集装箱的交接方式，海运出口货物托运单，海运出口货物托运流程。
- **技能点：** 办理海运出口货物托运手续，填制出口货物托运委托书。

知识准备

在国际贸易中，有权受理对外货物运输业务的船公司、航空公司、铁路运输公司等称为承运人。

国际贸易的发货人（货主）一般根据贸易对象所处的地理位置，结合货物的实际情况，并考虑运输成本，选择使用水运、陆运、空运或其组合方式，借由承运人或其代理人将货物运送给国外的收货人。承运人或其代理人则根据运输方式的不同，出具不同的运输单据（TRANSPORT DOCUMENTS）。

一、货物运输单据

运输单据是承运人收到承载货物后签发的，表明货物已经装上运输工具或已将货物发运或者收妥货物待运的证明文件，是承运人与托运人之间的运输契约的证明。

《UCP 600》规定的运输单据有提单、多式或联合运输单据、不可转让海运单、航空运单、铁路运单和公路运单、快递收据等。

1. 提单

提单（BILL OF LADING，简称 B/L）是由承运人、船长或其代理人签发的，证明收到特定的货物，并将货物从规定的装货港发运至规定的目的港的单据。提单是物权凭证，收货人凭正本提单可以提取货物。

提单是承运人、船长或其代理人单方面签发的，所以它不是运输合同，仅仅是运输合同的证明，提单可以作为承运人收取运费的证明，也是货主向船公司或保险公司索赔的重要依据。

2. 多式或联合运输单据

多式或联合运输单据（MULTIMODAL OR COMBINED TRANSPORT DOCUMENT）是多式联运经营人或其代理人签发的，表明货物已经在规定地点由多式联运经营人发送、接管或已装运，并送至指定目的地交付的，涵盖至少两种不同运输方式的运输单据。

多式或联合运输单据在做成指示或记名式抬头时，可作为物权凭证，其性质、特点、作用及内容与提单基本类似。

3. 不可转让海运单

不可转让海运单（NON NEGOTIABLE SEA WAYBILL）是证明运输合同和货物由承运人

接管或装船，并按规定将货物交付载明收货人的一种货物收据。不可转让海运单的收货人不凭海运单提货，而是凭到货通知提货，因此海运单不是物权凭证，不可转让。

不可转让海运单是承运人为避免货物到达目的地后，收货人提货发生延误而采用的，有加快货物流转速度的功效，比较适合在近洋运输中使用。

4. 航空运单

航空运单（AIR WAY BILL，简称 AWB）是航空运输公司或其代理人（承运人）签发给托运人的，表示已收妥货物并接受托运的货物收据。它是承运人与托运人之间的运输合同的证明。

以航空运输方式出口货物，通常采用集中托运的方式。航空货运代理即集中托运商将货主的若干单独发运的货物组成一整批，以自身名义向航空公司订载，取得航空公司签发的总运单（MASTER AWB）后，再签发自己的分运单（HOUSE AWB）给不同的托运人，待货物发运到目的地后，集中托运商在目的地的分拨代理商再按分运单将货物分拨给实际收货人。

航空运单表明的只是承运人收妥货物待运（THE GOODS HAVE BEEN ACCEPTED FOR CARRIAGE），而不是已装上飞机，它不同于提单，不能凭以提取货物，也不能背书转让（运单上印有“NOT NEGOTIABLE”字样），收货人凭航空公司的到货通知及有关证明提取货物，因此航空运单不是物权凭证。

另外，航空运单还可作为核收运费的依据和海关查验放行的基本单据。

5. 铁路运单和公路运单

铁路运单（RAIL WAY BILL）和公路运单（ROAD WAY BILL）是以铁路和公路作为运输方式时所签发的运输单据。在我国对外贸易中，主要应用于与我国有公路或铁路相通的国家或地区之间。

我国对港澳地区出口采用铁路运输时，一般使用中国外贸运输公司签发的承运货物收据（CARGO RECEIPT），该收据第一联为正本，其性质作用与海运提单相似。对其他国家或地区的铁路运输，使用国际货协运单，该运单一式两份，正本随货同行，副本即“DUPLICATE（第二联）”作为议付凭证，故不属于物权证书。

我国内地与邻国朝鲜、缅甸、尼泊尔等国家的贸易，可以使用公路运输。公路运输方式下卡车收据的性质与作用基本同铁路货协运单类似。

6. 快递收据

快递收据（COURIER RECEIPT）是由快递公司核实所寄货物重量并收费后签发给寄件人的收据。一般只列明快寄公司、寄件人以及收件人的名称和详细地址、寄送物品的名称及价值、印戳日期等，内容比较简单。

快递收据签发后，一份随所寄物品一并发往目的地递送收货人，另一份交给寄件人向银行办理议付。因此，快递收据不是物权凭证，不能凭以提货。

快递寄送虽然简便快捷，但是受邮包尺寸（重量不超过20kg，长不超过1m）的限制，一般只适用于寄送小件物品和单据。

二、货代与进出口货物的托运工作

收发货人向承运人或其代理人办理进出口货物的海、陆、空等运输手续的行为，称为托运。

以CIF、CFR等术语出口，出口商必须在报关前，自付费用办理货物的出口托运手续，以便顺利获取相应的运输单据；而以FOB等术语出口，货物的托运手续虽由进口商负责，但是出口商需要做好船与货物的衔接工作，才能顺利获取运输单据，因此托运工作是进出口贸易中的一项重要工作。

企业进出口货物，可以自行办理运输手续，也可以委托专门从事国际货运代理业务的国际货运代理人（FREIGHT FORWARDER，以下简称为“货代”）代为办理。

1．货代与托运手续的办理

当前，国际海运和空运市场均汇集了许多船舶和飞机的货运经营人，即承运人，这些承运人一般只负责经营船舶或飞机、运送货物并赚取运费，通常不直接受理订舱业务，也不提供集装箱的拼装和拆分等辅助服务，往往需要货代的共同参与，才能完成整个货物运输的所有环节。

货代一般都拥有专业的报检报关经验和货运服务，熟悉航空和海运的常规运输路线，熟知进出口货物运输的操作流程，而且还能从承运人处享受到更为优惠的运费费率，因此货代是联系收货人、发货人与承运人的货物运输中介人，它一方面为承运人收取货物和揽货，在承运人授权下签发提单，另一方面又为货主拼装和分拆货物，代办租船订舱、报关报检等手续，是承运人与货主之间的桥梁与纽带。委托货代代为办理进出口货物的托运手续是外贸企业的首要选择。

根据资质的不同，货代有一级货代、二级货代和三级货代之分，其中，一级货代的资质最高，它可以直接向船公司订舱，但不一定有资格订舱，也不一定能提供更优惠的运价和更优质的服务。出口企业需要结合自身的实际情况，综合考虑运价、装运期、业务服务范围等因素，选择适合自身特点的货代。

委托货代办理出口货物的托运手续时，出口企业应出具“出口货物托运委托书”，或称为“订舱委托书”“出口货物明细表”，并加盖企业公章，连同商业发票和装箱单一起交给货代。

出口货物托运委托书的格式因企业不同而有差异，内容有繁有简，具体可参见样单1-4-1。

2．货代与集装箱的交接

集装箱是当前承运人普遍使用的一种运输方式。以集装箱方式运输出口货物时，集装箱的拼装、拆分和交接，通常需要货代的参与。

凡货代参与拼装和拆分的货物，在运输过程中发生的货损和货差均由货代承担责任，船公司为减少自己的责任，通常会在提单上注明集装箱的交接方式。

集装箱的交接方式DOOR—DOOR、DOOR—CY、DOOR—CFS、CY—DOOR、CY—CY、CY—CFS、CFS—DOOR、CFS—CY、CFS—CFS。

样单1-4-1　出口货物托运委托书

<table>
<tr><td colspan="3" rowspan="2">出口货物明细单
（出口货物托运委托书）
年　月　日</td><td>信用证号</td><td colspan="4"></td></tr>
<tr><td>银行编号</td><td colspan="2"></td><td>外运公司编号</td><td></td></tr>
<tr><td>开证银行</td><td colspan="2"></td><td>合同号</td><td colspan="4"></td></tr>
<tr><td rowspan="2"></td><td rowspan="2" colspan="2"></td><td>开证日期</td><td></td><td colspan="2">收到日期</td><td></td></tr>
<tr><td>金额</td><td></td><td colspan="2">收汇方式</td><td></td></tr>
<tr><td>收货人</td><td colspan="2"></td><td>货物性质</td><td>一般（　）
补偿（　）
退运（　）</td><td colspan="2">贸易国别/地区</td><td></td></tr>
<tr><td rowspan="6">提单或承运收据</td><td rowspan="2">抬头人</td><td rowspan="2"></td><td>汇票付款人</td><td colspan="4"></td></tr>
<tr><td>汇票期限</td><td colspan="4">见票　天期</td></tr>
<tr><td rowspan="2">通知人</td><td rowspan="2"></td><td>出口口岸</td><td></td><td>目的港</td><td colspan="2"></td></tr>
<tr><td>可否转运</td><td></td><td>可否分批</td><td colspan="2"></td></tr>
<tr><td>运费</td><td>预付　到付</td><td>装运期限</td><td></td><td>有效期限</td><td colspan="2"></td></tr>
</table>

<table>
<tr><td rowspan="2">标记唛头</td><td rowspan="2">货名规格及货号</td><td rowspan="2">件数及包装样式</td><td rowspan="2">数量或尺码</td><td rowspan="2">毛重（公斤）</td><td rowspan="2">净重（公斤）</td><td colspan="2">价格（成交条件）</td></tr>
<tr><td>单价</td><td>总价</td></tr>
<tr><td></td><td></td><td></td><td></td><td></td><td></td><td></td><td></td></tr>
</table>

<table>
<tr><td rowspan="3">结汇单证</td><td rowspan="3"></td><td colspan="3">总体积：　立方米</td></tr>
<tr><td rowspan="2" colspan="2">中间商名称地址</td><td></td></tr>
<tr><td>佣金　%　另汇</td></tr>
<tr><td rowspan="4">外运外轮注意事项</td><td rowspan="4"></td><td rowspan="3">保险单</td><td>险别</td><td></td></tr>
<tr><td>保额</td><td>按发票金额加　%</td></tr>
<tr><td>赔款地</td><td></td></tr>
<tr><td colspan="2">船名</td><td></td></tr>
<tr><td rowspan="5">本公司注意事项</td><td rowspan="5"></td><td colspan="2">装货单号</td><td></td></tr>
<tr><td colspan="2">海关编号</td><td></td></tr>
<tr><td colspan="2">放行日期</td><td></td></tr>
<tr><td colspan="2">制单员</td><td></td></tr>
<tr><td colspan="2">储存地点</td><td></td></tr>
</table>

DOOR是货代提供货物运输的上门服务，即货代从承运人处提取空箱，将其送到出口货物所在地进行装箱和封铅，然后将重箱运到港区集港和装船，并最终送达目的地收货人指定的地点；在出口商不需要门到门服务时，货代可以要求出口商在指定期限内将货物送达指定的货运站进行装箱和封铅，完成货物的集港和装船。

CY是CONTAINER YARD的缩写，即堆场，是堆存、保管和交接集装箱重箱或空箱的场所。

如果货主出口的货物较多，可以装满若干个集装箱，这种货称为整箱货，即FULL CONTAINER LOAD（FCL）。整箱货是在海关监督下由货主在自己的仓库或工厂自行装箱并封铅，然后运交承运人，这种货一般都直接送到集装箱堆场（CY）。堆场是堆存、保管和交接集装箱重箱或空箱的场所。

CFS是CONTAINER FREIGHT STATION的缩写，即集装箱货物集散站，是拼装集装箱货物的场所。

如果货主出口的货物较少，不能装满一个集装箱，货代即根据货物的流向、性质和重量，将分属于不同货主的货物拼装在同一个集装箱内统一发运，这种货称为拼箱货，即LESS THAN CONTAINER LOAD（LCL）。

3．货代与运输单据的出具

运输单据一般由承运人出具，但在某些情况下，也可以由货代出具。

货代出具的运输单据，有物权凭证性质的提单，也有非物权凭证性质的货运代理人收据（FORWARDERS CERTIFICATE OF RECEIPT，简称“FCR”）。其中，货运代理人收据是一种不可转让的单据，只可以签发一份正本，收货人不能凭之提货。这种单据通常出现在以FOB术语成交、分批次交货的合同中，订单的周期较长，进口商一般多为信誉良好的大型国际超市，为防止货物出现问题时保证自己可以先提货而拒付货款。

以拼箱方式出口货物，不同的托运人将货物交给货代委托其订舱，货代收到货物后签发自己的运输单据给不同的托运人，然后对货物进行拼装，再以其自身名义向承运人订舱，获取承运人签发的运输单据。货代签发的运输单据上显示的托运人为出口商、收货人为进口商或其指定人，承运人签发的运输单据上显示的托运人为货代、收货人为货代在目的港的分拨代理人。

货代收到承运人签发的运输单据后，其目的港的分拨代理人即可凭之提货、拆分集装箱，并最终将货物交与不同的进口商或其指定人。由于货代一般只听命于货主的安排，在以FOB术语成交的合同中，进口商指定的货代可能会无单放货给进口商，也有可能会因为与进口商的运费纠纷等而扣货，从而对出口商不利，因此出口商应尽量选择以CIF或CFR术语成交，由自己办理托运手续，并应注意选择实力雄厚、信誉较高的货代，明确表明自己为提单上的发货人，如果可能，要尽量争取获得船公司提单，以确保控制货权，同时还要注意合同或信用证对运输及运输单据的特殊要求，以免造成潜在风险。

三、出口货物托运的程序

由于出口货物涉及的运输相关当事人比较多，工作环节错综复杂，运输公司、进出口收发货人、场站、理货公司、海关之间容易出现差错，可能发生错运或货物与运输单据不一致的情况，导致出口商无法办理退税、无法交单，或目的港收货人无法提货等情况。为促进国际贸易便利化，保障货物的安全交接，我国海关通过舱单（MANIFEST）来实现对运输工具、货物的监管。

舱单是舱单传输人向海关传输的反映进出境货物运输工具所载货物情况的载体。其内容是承运人出具运输单据的依据，也是船公司随船的货物数据。

出境货物舱单有预配舱单（参见样单1-4-2）和装载舱单之分。进出境运输工具负责人、无船承运业务经营人、货运代理企业、船舶代理企业、邮政企业以及快件经营人等都是舱单电子数据的传输义务人，出口货物发货人、海关监管场所经营人、理货部门等则是舱单相关电子数据的传输义务人。

按照我国《进出境运输工具舱单管理办法》的规定，作为舱单相关电子数据的传输人，出口货物的发货人应当提供制作舱单的相关数据，以便舱单传输人在规定时限向海关传输。因此，了解舱单在出口货物托运工作中的作用，厘清海运出口货物托运的程序，对单证工作人员做好船货衔接工作至关重要。

1．海运出口货物托运程序

海运出口货物，不同港口对不同运输路线的不同货物，装运程序通常也会有差异，但一般的托运程序如下：

（1）出口商确定装运期后，一般在装运前至少10 天，按合同、信用证要求，出具订舱委托书，委托货代代为办理出口货物的托运手续。

（2）货代根据委托，填制海运出口货物托运单，向船公司或船代理申请订舱。

（3）船公司或船代理接受订舱后，即结合船期，安排船只和舱位，确定船名、航次号，进行预配舱并放舱，作为承接运输的依据。

（4）出口商或货代收到放舱通知后，即向集装箱公司提空箱、拼箱或装箱，并根据要求将装箱清单的相关信息发给舱单传输人，即船公司。

（5）船公司制作预配舱单，即上舱单，并将预配信息传输给海关、货代或出口商。

（6）出口商将货物集中到港区海关监管场所，如堆场、码头、货站等，海关监管场所收到货物后向海关发送运抵报告。

（7）出口商备好报关单据，在装船的24小时之前向海关申报出口。

（8）海关收到预配舱单、运抵报告后，核对其信息的一致性，查验货物，符合要求后出具放行通知。

（9）货物放行后，货代即可出具货代提单或货运代理人收据给发货人。

（10）货物放行后，在装船前，船公司制作装载舱单，并将其电子信息传输给海关。

（11）货物装船后，理货公司将理货报告发送给海关。

（12）海关确认装载舱单、理货报告一致后，船公司才签发提单交出口商或货代。

更改提单意味着变更舱单，需要向海关提交书面申请，经海关同意后才可以变更，出口商要尽量避免这种情况的发生。

样单1-4-2 预配舱单

致尊敬的客户：为了履行中国海关预报舱单规定，确保货物顺利上船，请如实填写以下舱单信息。

TO：

<table>
<tr><td>船名
（Vessel）</td><td colspan="2">MARINER</td><td>航次
（Voyage No.）</td><td>450N</td></tr>
<tr><td rowspan="6">实际发货人
（Shipper）</td><td rowspan="6">必
填</td><td>代码</td><td colspan="2"></td></tr>
<tr><td>名称</td><td colspan="2"></td></tr>
<tr><td>地址</td><td colspan="2"></td></tr>
<tr><td>国家代码</td><td colspan="2"></td></tr>
<tr><td>联系电话</td><td colspan="2"></td></tr>
<tr><td>AEO企业编码</td><td colspan="2"></td></tr>
<tr><td rowspan="7">实际收货人
（Consignee）</td><td rowspan="6">必
填</td><td>代码</td><td colspan="2"></td></tr>
<tr><td>名称</td><td colspan="2"></td></tr>
<tr><td>地址</td><td colspan="2"></td></tr>
<tr><td>国家代码</td><td colspan="2"></td></tr>
<tr><td>联系电话</td><td colspan="2"></td></tr>
<tr><td>具体联系人联系电话</td><td colspan="2"></td></tr>
<tr><td>选
填</td><td>AEO企业编码</td><td colspan="2"></td></tr>
<tr><td rowspan="5">实际通知人
（Notify）</td><td rowspan="5">必
填</td><td>代码</td><td colspan="2"></td></tr>
<tr><td>名称</td><td colspan="2"></td></tr>
<tr><td>地址</td><td colspan="2"></td></tr>
<tr><td>国家代码</td><td colspan="2"></td></tr>
<tr><td>联系电话</td><td colspan="2"></td></tr>
<tr><td rowspan="2">危险品</td><td rowspan="2">必
填</td><td>联系人姓名</td><td colspan="2"></td></tr>
<tr><td>联系人EMAIL</td><td colspan="2"></td></tr>
</table>

<table>
<tr><td colspan="6">总数据</td></tr>
<tr><td>提单号</td><td>英文品名</td><td>件数</td><td>包装单位</td><td>毛重（KGS）</td><td>体积（CBM）</td></tr>
<tr><td></td><td></td><td></td><td></td><td></td><td></td></tr>
<tr><td></td><td></td><td></td><td></td><td></td><td></td></tr>
</table>

<table>
<tr><td colspan="11">具体品名及数据</td></tr>
<tr><td>提单号</td><td>英文品名</td><td>HS CODE</td><td>箱号</td><td>封号</td><td>箱型</td><td>件数</td><td>包装单位</td><td>毛重（KGS）</td><td>体积（CBM）</td></tr>
<tr><td></td><td></td><td></td><td></td><td></td><td></td><td></td><td></td><td></td><td></td></tr>
<tr><td></td><td></td><td></td><td></td><td></td><td></td><td></td><td></td><td></td><td></td></tr>
</table>

2. 空运出口货物托运程序

以航空运输方式出口货物，出口商通常使用集中托运的方式运送出口货物，即不同的托运人将货物交给集中托运商（航空货运代理）委托其订舱，集中托运商将货物集中到一起后，进行搭配整理，以其自身名义向航空公司订载，航空公司签发一份总运单（MASTER AWB）给集中托运商，集中托运商则签发自己的分运单（HOUSE AWB）给不同的托运人，分运单是集中托运商的目的港分拨代理人交付货物给真正收货人的依据，也是集中托运商与每个托运人结算运费的正式凭据。

航空运输出口货物的托运流程如下：

（1）出口企业首先填写“国际货物托运委托书”，委托航空货运代理代为办理航空运输出口货物托运手续。

（2）航空货运代理审核相关单证后，则依委托书填制“托运单”，向航空公司预订合适的航班、航期及机型，并进行预配舱。

（3）航空货运代理通知货主将货送至指定仓库，同时按照货物相关信息制作空运标签。

（4）航空货运代理对货主送进仓库的货物进行查验、清点后，即加贴空运标签，并制作总运单、分运单、舱单、运费账单和随机袋等。

（5）出口企业或其代理在货物起飞的24小时之前，备齐报关单证向货物出境地海关办理出口货物报关手续。海关放行货物后，在总运单上加盖放行章。

（6）航空货运代理根据接收货物的实际数量、重量、体积与实际舱位等进行配舱，并向航空公司做出订舱正式申请。

（7）航空公司确认舱位后，允许海关放行的货物装上空运集装箱，并收取总运单和随机袋。

（8）航空公司验收总运单、货物和随机袋无误后，即可将货物装上飞机起运。

（9）航空货运代理签发分运单给发货人。

四、合同或信用证对运输的具体要求

合同或信用证对运输的要求，一般会用运输条款和单据条款进行说明，具体包括对运输路线、运输工具、运输方式的规定，对提单的要求，以及是否允许部分发运和转运等。

按照《UCP 600》的规定，使用同一运输工具并经由同次航程运输的数套运输单据在同一次交单时，只要显示的目的地相同，就不视为部分发运，即使运输单据上标明的发运日期不同或装货港、接管地或发运地点不同。此时，各套运输单据中，最晚的发运日将被视为发运日期。如果货物在同一运输方式下经由数件运输工具运输，即使运输工具在同一天出发运往同一目的地，仍将被视为部分发运。而由同一快递公司或邮政机构在同一地点和日期加盖印戳或签字并表明同一目的地的邮政快递收据，也不视为部分装运。

单据条款一般会规定：运输单据的名称、份数、单据的抬头、被通知人、运费支付情况、背书要求等。合同或信用证规定的提单条款通常为：FULL SET (3/3) CLEAN ON BOARD OCEAN BILLS OF LADING MADE OUT TO ORDER ENDORSED IN BLANK MARKED

'FREIGHT PREPAID' AND NOTIFY THE APPLICANT。该条款可以解释为：全套为3份的清洁已装船海运提单，开立成空白抬头（TO ORDER），进行空白背书，标注出"FREIGHT PREPAID（运费预付）"字样，通知人为申请人。

出口货物托运委托书是订舱的依据，也是制作舱单和运输单据的主要背景资料，出口商在办理托运手续时，必须结合合同、信用证对运输的具体要求，认真填写订舱委托书，按规定的运输方式，以规定的运输路线和运输工具进行发运，在货物不能直接送达目的地的情况下，可以接受允许转运的多式或联合运输单据。如果合同或信用证的货物需要分批次发运，单证工作人员还需要分清分批装运和分期装运的区别，并随时与货代和报关人员保持联系，随时传输舱单的有关信息、准备报关和清单的有关资料，以确保整个出口托运工作的顺利进行，避免出现更改提单等现象的发生。

▪ 任务操作

本项目的贸易术语为FOB NINGBO，应由进口商自付费用办理货物的运输手续，因此江苏鸣骏公司不需要填制出口托运委托书办理托运手续，但是，单证工作人员需要做好船和货物的衔接工作，确保货物顺利出运后，才能获取信用证要求的FCR。而要做好船和货的衔接，就要在货备好后，及时将需要发运货物的商业发票及装箱单送交进口商或其指定的货代，并按货代指示将货物送达指定地点的运输工具上，才算办妥货物的托运工作。

▪ 任务检测

根据项目1"任务2　制作发票与包装单据"任务检测所提供的信用证及相关资料，填制出口货物托运委托书一份（参见样单1-4-1）。

习题作业

一、选择题

1. 以集装箱装运货物，集装箱的交接方式将反映在运输单据中，如果船公司整箱交接货物，以下集装箱的交接方式中，正确的是（　）。

A. LCL-LCL　　B. FCL-CY

C. CFS-CY　　D. LCL-CFS

2. 出口商安排海运出口货物运输的正确顺序是（　）。

A. 办理托运、货物装船、报关　　B. 报关、办理托运、货物装船

C．办理托运、报关、货物装船　　D．报关、货物装船、办理托运

3．进出境运输工具舱单有多种，其中（　）是出具提单的依据。

A．原始舱单　　B．预配舱单

C．装载舱单　　D．上舱单

4．以下集装箱的交接方式中，属于拼箱交接方式的是（　）。

A．DOOR—DOOR　　B．CFS—CFS

C．CY—CY　　D．DOOR—CY

5．关于提单，下面说法正确的是（　）。

A．提单是代表货物所有权的物权凭证，或运输契约的证明

B．提单补充发票说明的不足，并详细描述包装内容或货物数量以及标记

C．提单是出口商或厂商对货物出具的明细账单

D．提单主要对货物的产地、厂家作佐证，便于海关掌握国别地区，作纳税时的参考

6．以下属于货权单据的是（　）。

A．空运运单　　B．海运提单

C．铁路运单　　D．联运提单

7．信用证规定货物从中国港口运至美国港口，不允许分批，最迟装运期为2020年8月8日。出口商提交了两套提单。第一套提单显示：PORT OF GOODS: SHANGHAI OCEAN VESSEL: FREEDOM V. 123, PORTOFDISCHARGE: NEWYORK ON BOARD DATE: AUG．7,2020。第二套提单显示：PORT OF LOADING: GUANGZHOU OCEAN VESSEL: FEEEDOM V123, PORT OF DISCHARGE: NEW YORK ON BOARD DATE: AUG．8.2020。以下关于提单的陈述，正确的是（　）：

A．分批装运，理由是提交了两套提单

B．分批装运，理由是两套单据的装运港及装船日期不同

C．未产生分批装运，理由是两套提单的目的地相同

D．未产生分批装运，理由是两套提单的装运船只、航程及最终目的地相同

二、判断正误题

1．（　）我国对港澳地区出口，如采用铁路运输方式，通常使用承运货物收据。

2．（　）同为铁路运单，承运货物收据不是物权证书，而国际货协运单则为物权证书。

3．（　）使用货运代理人收据（FCR）时，进口商必须先付款后提货，它的作用与提单没有质的差别，因此在国际贸易中使用较多。

4．（　）国际货协运单一般一式两份，副本随货同行，正本交银行议付。

5.（ ）提单是证明承运人收到特定货物，并按规定将其运往指定目的港的单据，它实质就是运输合同。

6.（ ）由于货代可以提供集装箱的拼接和上门服务，因此委托货代代为办理出口货物的托运手续，是当前很多外贸企业的首选。

7.（ ）在运输过程中发生的货损和货差，一律由承运人承担责任，货代不担责。

8.（ ）提单上注有“CFS—CFS”字样时，运输途中发生的货损货差应由货代承担责任。

9.（ ）企业办理出口货物的托运手续，一般应在装运前的10 天左右，但如果遇到出货旺季，则还需要提前。

10.（ ）场站收据（DOCK RECEIPT，简称D/R）是出口商向海关报关的前提，也是换取正本已装船提单的依据。

任务5 办理出境货物报检手续

- **知识点：** 商品编码，我国实施检验检疫的货物类别，检验检疫证单的种类，监管条件及检验检疫类别，施检机构，商检证单，出境货物检验检疫工作程序。
- **技能点：** 办理报检手续，申请商检证单。

知识准备

为维护进出口贸易有关各方的合法权益，防止人和动物传染病、寄生虫病和植物危险性病、虫害传入或传出国境，保护农、林、牧、渔业生产和人体健康，保护环境，促进对外经济贸易的发展，按照我国《进出口商品检验法》《进出境动植物检疫法》《国境卫生检疫法》《食品安全法》，国家依法对进出境商品、动植物及其产品，以及装载动植物及其产品的容器和包装物、运输设备等实施检验、检疫、鉴定和监督管理，对出入境人员实施卫生检疫及口岸卫生监督管理，经检验、检疫和卫生监督合格或进行除害处理后可准入境或出境。

一、我国实施出入境检验检疫的机构

根据2018年国务院机构改革方案，将原国家质量监督检验检疫总局的出入境检验检疫管理职责和队伍划入海关总署。海关总署主管全国的进出口商品检验工作。海关总署设在省、自治区、直辖市以及进出口商品的口岸、集散地的出入境检验检疫机构，管理所负责地区的进出口商品检验工作，对外代表中国的官方机构，实施出入境检验检疫。

由于民间商品检验机构承担的民事责任有别于官方商品检验机构承担的行政责任，在国际贸易中更易被买卖双方所接受。所以，海关总署根据需要，指定了符合规定资质条件的国内外检测机构，作为民间检验机构，在授权范围内对我国进出口商品实施检验和鉴定业务。

国际著名的检验机构，有瑞士日内瓦通用鉴定公司（SGS）、法国必维国际检验集团（BVQI）、英国INTERTEK（天祥）集团、德国莱茵TÜV集团、日本海外货物检验株式会社（OMIC）、美国保险人实验室（UL）等。我国通过与它们建立委托代理关系或成立合资企业的形式，授权这些机构在指定范围内从事检验和鉴定业务，以满足国外客户要求我国出口方提供SGS、BVQI、OMIC、UL等检验证书的需要。

二、海关对进出口商品的归类管理

为便于对进出口商品进行监督管理、征收关税和贸易统计，以促进贸易便利化，海关要求对进出口商品进行正确的归类和编码。

1. 归类规则和方法

我国海关对进出口商品的归类是采用当前国际上通用的商品归类规则及方法，即海关合作

理事会于1983年通过的《协调制度公约》及其附件《商品名称及编码协调制度》，以下简称《协调制度》。该制度将国际贸易涉及的各种商品按照生产类别、自然属性和不同功能用途等分为21类97章，每一章由若干品目构成，品目项下又细分出若干一级子目和二级子目，为避免各品目和子目所列商品发生交叉归类，在类、章下加有类注、章注和子目注释，形成了6位数的商品编码。我国在此基础上增设了本国子目，编制了我国的《进出口税则》和《统计商品目录》，商品编码为10位数，并随着《协调制度》的修订而同步调整。

《协调制度》所列的商品名称是按社会生产的分工进行分类，基本按商品的自然属性或功能、用途来分章的，品目的排列则是按原材料先于成品，加工程度低的产品先于加工程度高的产品，列名具体的品种先于列名一般的品种。例如，农业在第一、二类，化学工业在第六类，纺织工业在第十一类，机电制造业在第十六类；第一章至第五章是活动物和动物产品，第六章至第十四章是活植物和植物产品，第二十五至第二十七章是矿产品。再如，第十一类包括了动、植物和化学纤维的纺织原料及其产品，其中，第五十章和第五十一章是蚕丝、羊毛及其他动物毛，第五十二和第五十三章是棉花、麻及其他植物纺织纤维，第五十四章和第五十五章是化学纤维；在第三十九章内，品目3901至3914是初级形状的塑料，品目3916至3921是塑料半制品，品目3922至3926是塑料制成品。

2．归类的申报要求与预归类

为规范进出口企业申报行为，提高进出口商品申报质量，海关总署制定了我国的《海关进出口商品规范申报目录》，列出了申报要素。进出口货物的收、发货人或其代理人，应当依照规定，如实、准确地对其申报的货物按商品名称、规格型号等进行归类，确定相应的商品编码，并按照申报要素进行申报。

为了防止进出口收发货人在正式申报时，因为归类的不正确而导致退单、补税甚至变成走私行为而影响通关效率，海关允许进出口收、发货人或其代理人在货物实际进出口的45天前，对拟进出口的货物预先进行商品归类申请。

预归类申请应当向进出口货物所在地的直属海关提出。海关审核合格，即制发"商品预归类决定书"告知申请人，并在货物实际进出口时按照该决定书的归类意见审核放行。

三、我国实施检验检疫的货物及其监管条件

1．实施检验检疫的货物

我国对出入境货物实施的检验检疫，有法定检验和鉴定业务两类。

法定检验的货物，由商务部和海关总署制定、调整，并以《出入境检验检疫机构实施检验检疫的进出境商品目录》，以下简称《目录》的形式对外公布和实施。目录应当至少在实施之日30日前公布；在紧急情况下，应当不迟于实施之日公布。

凡列入《目录》的进出口商品，以及法律、行政法规规定必须经商检机构检验的其他进出口商品，属法定检验，其他商品，属鉴定业务。

实施法定检验的进出口商品，商检机构必须检验检疫合格或者进行无害处理。未经检验或者检验不合格的出境货物，不准出口；未经检验的进境货物，不准销售和使用。

实施鉴定业务的进出口商品，商检机构进行抽查检验。

2．监管条件与检验检疫类别

我国实施法定检验的进出境货物，由海关进行监管，其监管条件在《目录》中予以明示。与监管条件同时公布的还有检验检疫类别。

海关监管条件分为A、B、D三种。其中，监管条件“A”是指实施进境检验检疫，“B”是指实施出境检验检疫，“D”是专用于毛坯钻石的进出境检验。

检验检疫类别有：M、N、P、Q、R、L、S七种。其中，监管条件“M”是指进口商品检验，“N”是指出口商品检验，“P”是指进境动植物、动植物产品检疫，“Q”是指出境动植物、动植物产品检疫，“R”是指进口食品卫生监督检验，“S”是指出口食品卫生监督检验，“L”是指民用商品入境验证。

企业出口商品，可根据商品编码在《目录》中查询其对应的海关监管条件和检验检疫类别，根据查询结果决定出口货物是否需要报检以及需要进行哪个类别的检验检疫。

例如，图1-5-1是我国2018年《目录》的一部分。编码为7101101100的“未分级的天然黑

序号	HS编码	HS名称	标准计量单位	监管条件	检验检疫类别
3567	6912009000	陶制厨房器具（包括家用或盥洗用的）	035	A/	R/
3568	7007119000	车辆用钢化安全玻璃（规格及形状适于安装在车辆上的）	035	A/	L/
3569	7007219000	车辆用层压安全玻璃（规格及形状适于安装在车辆上的）	035	A/	L/
3570	7013280000	其他玻璃制高脚杯（玻璃陶瓷制的除外）	035	A/	R/
3571	7013370000	其他玻璃杯（玻璃陶瓷制的除外）	035	A/	R/
3572	7013410000	铅晶质玻璃制餐桌、厨房用器皿（不包括杯子，玻璃陶瓷制的除外）	035	A/	R/
3573	7013420000	低膨胀系数玻璃制餐桌厨房用器皿（低膨胀系数指温度0-300℃膨胀系数<5×10-6/开尔文）	035	A/	R/
3574	7013490000	其他玻璃制餐桌、厨房用器皿（不包括杯子，玻璃陶瓷制的除外）	035	A/	R/
3575	7020009100	保温瓶或其他保温容器用玻璃胆	035	A/	R/
3576	7101101100	未分级的天然黑珍珠（不论是否加工，但未制成制品）	036	A/B	P/Q
3577	7101101900	其他未分级的天然珍珠（不论是否加工，但未制成制品）	036	A/B	P/Q
3578	7101109100	其他天然黑珍珠（不论是否加工，但未制成制品）	036	A/B	P/Q
3579	7101109900	其他天然珍珠（不论是否加工，但未制成制品）	036	A/B	P/Q
3580	7101211001	未分级，未加工的养殖黑珍珠（未制成制品）	035	A/B	P/Q
3581	7101211090	其他未分级，未加工的养殖珍珠（未制成制品）	035	A/B	P/Q
3582	7101219001	其他未加工的养殖黑珍珠（未制成制品）	035	A/B	P/Q
3583	7101219090	其他未加工的养殖珍珠（未制成制品）	035	A/B	P/Q
3584	7102100000	未分级钻石（未镶嵌）	084	/D	
3585	7102210000	工业用钻石（未加工或经简单锯开，劈开或粗磨未镶嵌）	084	/D	
3586	7102310000	非工业用钻石（未加工或经简单锯开，劈开或粗磨，未镶嵌）	084	/D	
3587	7106101100	平均粒径<3微米非片状银粉	036	A/	M/
3588	7106101900	平均粒径≥3微米的非片状银粉	036	A/	M/
3589	7112911010	金的废碎料	036	A/	M/

图1-5-1 《出入境检验检疫机构实施检验检疫的进出境商品目录》（部分）

珍珠”，海关监管条件为“A/B”，检验检疫类别为“P/Q”，说明该商品为法检商品，企业出口该产品时，需要向商检机构报检，报检类别为“Q”，即出境动植物、动植物产品检疫。

四、出境货物检验检疫证单及其作用

出入境检验检疫证单（不含申请类证单）是由商检机构依照贸易合同、国家法律法规和国际惯例等的要求，对出入境货物、交通运输工具、人员等进行检验检疫和监督管理后签发的结果证明文书，其法律效力由商检机构的法律地位决定。

出境货物检验检疫证单很多，归纳起来有两大类，即证书类和凭单类。

1．证书类

证书类证单就是商检证书（INSPECTION CERTIFICATE），是由商检机构依照贸易合同、国家法律法规和国际惯例等的要求，对出入境货物、交通运输工具、人员等进行检验检疫和监督管理后签发的结果证明文书，其法律效力由商检机构的法律地位决定。主要有品质证书、重量证书、数量证书、卫生证书、健康证书、兽医证书、兽医（卫生）证书、动物卫生证书、植物检疫证书、熏蒸/消毒证书等。

商检证书是证明卖方所交货物与合同规定是否相符的依据，是通关验放、征收和减免关税的有效凭证，也是议付和索赔等的有效证件。

2．凭单类

凭单类证单分为申请用凭单和通关用凭单两种。

申请用凭单是企业向商检机构申请办理出境货物、包装等的报检手续时所使用的单据，是商检机构凭以受理业务的有效凭证。申请用凭单有出境货物运输包装检验申请单、出境集装箱报检单等。

通关用凭单是报关的前提，法检商品如果没有获取通关单证，海关将不予申报。通关用凭单有入境检验检疫、电子底账、毛坯钻石进出境检验、进口药品通关单、进口兽药通关单、合法捕捞产品通关证明、出境货物包装性能检验结果单、出境危险货物包装容器使用鉴定结果单、集装箱检验检疫结果单、出境货物换证凭单、出境货物工作联系单等。

五、出境货物检验检疫的工作程序

为进一步优化营商环境、促进贸易便利化，我国海关总署对企业的报关报检资质、海关的通关作业流程、报关报检业务进行了优化整合，实行“关检合一”申报，原报关报检申报系统整合成一个申报系统，实现“一个平台、一个界面、一点接入、一次申报、一单通关”，缩短了进出口货物的通关时间。

按照海关总署2018年第89号公告《关于优化出口货物检验检疫监管的公告》，实施出口检验检疫的货物，企业应在报关前向海关提出申请，海关实施检验检疫监管后建立电子底账，符合要求的按规定签发检验检疫证书，企业报关时应填写电子底账数据号，办理出口通关手续。

因此，对涉及检验检疫的货物，海关的总体要求仍然是“先检验检疫，后放行通关”。具体工作程序包括以下几个环节。

1．申请报检

申请报检企业可以自行办理，也可以委托代理报检企业代为办理。

（1）报检类别。出境货物的报检分为三类：出境一般报检、出境换证报检、出境预检报检。申请出境一般报检和出境换证报检的货物，应是已生产完毕、包装完好、堆码整齐、相关单据齐全，具备出口条件的货物；申请出境预检报检的货物，是暂不具备出口条件的货物。

（2）报检方式。报检可以采用书面方式，也可以在网上进行。通过网络报检是当前企业普遍采用的报检方式，企业可以通过“中国国际贸易单一窗口”（网址：https://www.singlewindow.cn）或“互联网+海关”门户网站，在线申报。

（3）报检时间和地点。涉及检验检疫的货物，企业应在报关前，向货物产地/组货地的海关申报，申报时间通常在装运前7天，对于个别检验检疫周期较长的货物，如出境活动物，需要隔离检疫，报检时间还应提前，报检地点可以为口岸地海关商检机构。

（4）报检内容。企业向海关申报，有通用项目和检务独有项目两项内容。通用项目在报关申报时填写，检务独有项目在报检申报时填写。

涉及检验检疫的货物，有法检商品、木质包装、危化产品、来自疫区的商品以及需要申领商检证书的商品等。

报检时，企业必须填写检务独有项目以及“出境货物检验检疫申请（参见样单1-5-1）”，其中，检务独有项目中，有必填的基本信息6项，分别为：检验检疫受理机关、领证机关、口岸检验检疫机关、目的地检验检疫机关、启运日期、提单号。

（5）应提交的单据。报检时应提供：厂检合格单、对外贸易合同（销售确认书或订单等）、信用证、发票及装箱单等。必要时，还需附带：卫生注册/质量许可证副本（实施卫生注册及质量许可管理的货物）、重量明细单或磅码单（申请重量鉴定的）、样品（凭样成交的货物）、标明“一般报检”字样的出境货物换证凭单（在报关地办理换证报检）、出境货物运输包装性能检验结果单和出境危险货物运输包装使用鉴定结果单（危险品）、出境货物运输包装性能检验结果单（有运输包装与食品直接接触的食品包装）、其他审批文件（特殊物品）。按照海关要求，办理检验检疫手续时，只需要按要求提供单证的电子化信息，无须提交纸质单证。单证的电子化信息是指可联网核查的单证编号或上传的单证扫描件。

2．受理报检和计收费用

海关收到企业的报检申请及各种证单后，即进行报检审单，合格后按规定计收费用，报检单位应按规定及时缴纳检验检疫费用。

海关受理报检时，通常仅审核报检申请及各种证单在表面上是否一致，只有认为必要时，才进行实地审核。

3．实施检验检疫

商检机构对已经报检的出境货物，通过感官、物理、化学、微生物等方法，以抽样检验、全数检验、过程检验等方式实施检验检疫监管。

检验检疫一般在货物的产地实施，不宜在产地实施的，商检机构应指定其他地点，并预先约定检验检疫时间，企业应提供必要的工作条件。

样单1-5-1 出境货物检验检疫申请

中华人民共和国海关
出境货物检验检疫申请

申请单位（加盖公章）： *编号________

申请单位登记号： 联系人： 电话： 申请日期： 年 月 日

发货人	（中文）
	（外文）
收货人	（中文）
	（外文）

货物名称（中/外文）	H.S.编码	产地	数/重量	货物总值	包装种类及数量

运输工具名称号码		贸易方式		货物存放地点	
合同号		信用证号		用途	
发货日期		输往国家（地区）		许可证/审批号	
启运地		到达口岸		生产单位注册号	
集装箱规格、数量及号码					

合同、信用证订立的检验检疫条款或特殊要求	标记及号码	随附单据（划“√”或补填）	
		□合同 □信用证 □发票 □换证凭单 □装箱单 □厂检单	□包装性能结果单 □许可/审批文件 □代理报关委托书 □其他单据 □ □

需要证单名称（划“√”或补填）						*检验检疫费	
□品质证书	____正	____副	□植物检疫证书	____正	____副	总金额（人民币元）	
□重量证书	____正	____副	□熏蒸/消毒证书	____正	____副		
□数量证书	____正	____副	□出境货物换证凭单	____正	____副	计费人	
□兽医卫生证书	____正	____副	□电子底账	____正	____副		
□健康证书	____正	____副	□出境货物工作联系单	____正	____副		
□卫生证书	____正	____副	□			收费人	
□动物卫生证书	____正	____副	□				

申请人郑重声明：	领取证单	
1. 本人被授权申请检验检疫。 2. 上列填写内容正确属实，货物无伪造或冒用他人的厂名、标志、认证标志，并承担货物质量责任。 签名：________	日期	
	签名	

注：有*号的栏由海关填写

按照《中华人民共和国国境卫生检疫法》《中华人民共和国动植物检疫法》及其实施条例规定，输出动植物、动植物产品和其他检疫物以及集装箱、货物、废旧物等物品，须经检疫合格或者经卫生除害处理合格才准出境，检疫不合格又无有效方法进行除害处理的，不准出境。

4．出具证单

法检商品，海关商检机构检验检疫合格后，建立“电子底账”，并将“电子底账”数据号反馈给报关单位，口岸海关凭“电子底账”放行通关。若货物的产地和报关地不一致，产地海关商检机构实施检验检疫后可以出具“出境货物换证凭单”。

非法检商品，商检机构按规定签发相应的检验检疫证单，作为企业出口结汇的依据。

检验检疫不合格的商品，商检机构出具“出境货物不合格通知单”。

六、出境货物检验检疫申请的内容及填制要求

出境货物检验检疫申请是报关单位申请检验检疫和商检机构签发证单的依据，也是货代公司进行申报核对的重要凭证，其内容由我国海关总署统一规定，除带“*”标记的内容由商检机构填写之外，其他各栏均由报检员按照商业发票和相关规定如实填写，无内容或无法填写时以“***”表示，不能涂改其具体填制要求如下：

1．表头部分

表头部分包括申请单位、申请单位登记号、联系人、电话、申请日期。申请人应如实填写。

2．发货人（中/外文）

按实际填写。发货人一般为出口商。预报检的，可填生产单位。

3．收货人（中/外文）

一般是合同的买方或信用证的申请人。收货人没有中文名称的，只填英文名称。

4．货物名称（中/外文）

按合同或信用证所列名称，并与《目录》所对应，不能用统称。

5．HS编码

填写本次申请报检货物的10位商品编码，以海关当年公布的《商品名称及编码协调制度》中所列代码填写。

6．产地

填货物生产或加工地的县级以上的行政区划单位名称。

7．数/重量

按本批报检货物的实际数量和重量填写，并与发票和装箱单一致。重量一般填写净重。

8．货物总值

按本批报检货物的发票所列总值填写，并注明货币币种。

9．包装种类及件数

填写本批货物运输包装的种类及包装件数。散装货应注明“散装”。

10．运输工具名称号码

填写货物实际装载的运输工具名称（如船舶、飞机、火车等）及其编号（船名、航班号、

火车车次等）填写。报检时，如未能确定运输工具编号，可只填写运输工具的类别。

11. 贸易方式

按实际填写。贸易方式分为一般贸易、来料加工、易货贸易、边境贸易、进料加工等。

12. 货物存放地点

填货物实际存放的具体地点和仓库名称。

13. 合同号、信用证号

按实际填写。非信用证付款，用一串“*”号填补空白。

14. 用途

即本批货物出境的用途。海关将出口货物的用途归为以下几种：种用或繁殖、食用、奶用、观赏或演艺、伴侣动物、实验、药用、饲用、介质土、食品包装材料、食品加工设备、食品添加剂、食品容器、食品洗涤剂、食品消毒剂、其他。本栏应从以上各种用途中选填其中一个。

15. 发货日期

填写货物出口装运日期。预报检可不填。

16. 输往国家（地区）

即合同中买方所在的国家或地区，一般也就是出口货物的最终销售国。

17. 许可证/审批号

须办理出境许可证或审批手续的货物，本栏填写许可证编号或审批单编号，并注意与“随附单据”栏相对应。如果本栏填有许可证或审批号，“随附单据”栏应勾选“许可/审批文件”，否则应用一串“*”号填补空白。

18. 启运地、到达口岸

填货物运输工具的出境启运口岸和目的地停靠口岸的城市名称。

19. 生产单位注册号

即生产或加工本批货物的单位在检验检疫机构的注册登记编号。

20. 集装箱规格、数量及号码

填写装载本批报检货物的集装箱规格、集装箱数量和相应的号码，如集装箱过多，可用附单的形式进行补充。

21. 合同、信用证订立的检验检疫条款或特殊要求

如果有，应照实抄写。

22. 标记及号码

按发票填写。

23. 随附单据

按报检时实际提供的单据，在相应方框内打“√”或补填。报检时，一般都随附有合同、发票、装箱单、信用证等单据。实施卫生注册及质量许可证管理的货物，要有卫生注册证及厂检合格单。法检商品的外包装报检时，应有包装性能结果单。在本地出口的外地货物报检时，应有换证凭单。由代理代为报关时，还应有代理报关委托书。

24. 需要证单名称

根据需要，在相应证单后的方框内打"√"或补填，并注明所需的正副本数量。

通常，法检商品需要勾选"电子底账"；若出口货物为集中申报或者因计算机、系统等故障问题，则需要勾选"出境货物检验检疫工作联系单"；出口外地法检商品，需要勾选"出境货物换证凭单"。非法检商品，按合同或信用证要求的商检证单进行勾选。

25. 签名

申报人员签写。

26. 领取证单

申报时无须填写，在领取证单时由领证人填写。

▪ 任务操作

江苏鸣骏公司的业务人员在货备好后，即确定了本项目出口货物的海关编码为8467291000，通过国家质量监督检验检疫总局门户网站的"信息公开"栏目，在当年《出入境检验检疫机构实施检验检疫的进出境商品目录》中，发现海关编码为8467291000的商品，其检验检疫类别如下表所示：

HS编码	HS名称	海关监管条件	检验检疫类别
8467221000	手提式电动链锯	A/	L/
8467229000	其他手提式电锯	A/	L/
8467291000	手提式电动砂磨工具	A/	L/
8467292000	手提式电刨	A/	L/

此海关编码的商品，其海关监管条件为"A/"，说明该商品为入境法检商品，不是出境法检商品。其检验检疫监管类别"L/"，说明该商品入境时需要进行民用商品入境验证，并没有出境的检验检疫要求。因此，该商品不需要办理出口通关报检。但是，业务人员分析信用证条款，发现信用证单据条款第8条规定为"08-ORIGINAL INSPECTION CERTIFICATE ISSUED BY SGS OR INTERTEK TESTING SERVICES OR COPY OF INSPECTION CERTIFICATE ISSUED BY KINGFISHER ASIA LIMITED"，即要求：正本商检证明书，由SGS或INTERTEK TESTING SERVICES出具；副本商检证明书，由KINGFISHER ASIA LIMITED出具。该信用证条款表明，本批出口货物必须报检，并取得信用证规定的商检证书。

获取商检证书，可以有两种方式：一是委托货代代为报检，二是自己报检。委托货代代报检，费用高但手续简单、省事，而自己报检则费用低，但需熟悉报检的操作流程，费时费力。江苏汇鸿鸣骏公司的业务人员考虑到KINGFISHER ASIA LIMITED与公司的业务关系，最终选择由KINGFISHER ASIA LIMITED负责检验并出具证书。经过与该公司联系，相关业务人员递交了申请和有关材料后，获取了如样单1-5-2所示的商检证书。

样单1-5-2　商检证书

Kingfisher Sourcing & Offer

King fisher Asia Limited Inspection Certificate

Room 401, B&Q Pudong Commercial Building,
393 Yin Xiao Road, Pudong New Area
Shanghai
Tel: +86 21 50590011
Fax: +86 21 50590022

Supplier: KV01877-TMC MACHINERY CO., LTD.
Beneficiary: HIGH HOPE INTERNATIONAL GROUP JIANGSU MINGJUN IMP & EXP CORP LTD.
Factory: KF00081-ZHENJIANG JINMEI ELECTRIC TOOLS CO., LTD.
Customer: KACTOS
Inspection Agent: Intertek – Zhejiang China

Certificate No.: KSH150090131C
Date of Issue: 14-May-2020

This is to certify that Kingfisher Asia limited accept the following merchandise as a result of our pre-shipment inspection. The Inspection Certificate does not absolve the vendor from the responsibility for the product quality when quality problems are found by the OpCo as shipment destination. Please refer to the Kingfisher Vendor Manual for details.

Shipping Arrangement can now be made

OpCo Item Code	Product Description	Order Number	Order official LRD	Date of Inspection	Released Quantity	Unit of Measure	Report No.	Skipped (Y/N)
2000012576	PP 1010w car polisher	5600006443	20-May-20	11-May-20	500	Each	SHIJ442641	N

This is a computer generated form and does not require an authorized signature.

■ 任务检测

杭州某进出口有限公司报关人员张某拟为以下货物申请产地一般报检，请根据下列资料及信用证，填写出境货物检验检疫申请（参见样单1-5-1）。

商品的有关信息如下：

发票号码：YAM1526-03，发票日期：2020年5月28日，海关法定计量单位：升/千克，预计装船日期：2020年6月10日，船名：SHENGLI V.5615W，集装箱：5×20’FCL, CY/CY，净重：24.KGS/CTN，毛重25.KGS/CTN，纸箱尺寸：20.8cm×26cm×38cm。

唛头：

YMY

FELIXSTOW

NO.1-UP

HS编码	HS名称	海关监管条件	检验检疫监管类别
2206001000	黄酒（以稻米、黍米、玉米、小米、小麦等为主要原料，经进一步加工制成）	A/B	R/S

信用证如下所示：

SEQUENCE OF TOTAL	27:	1/1
FORM OF DOC. CREDIT	40A:	IRREVOCABLE
DOC.CREDIT NUMBER	20:	MAJE-345678091
DATE OF ISSUE	31C:	20/10/15
EXPIRY	31D:	DATE 20/11/30 PLACE CHINA
APPLICANT	50:	OMAN FOODS INC.NO.2116 UNION STREET, LUTON LU, 3AN, MOSCOW, RUSSIA.
BENEFICIARY	59:	YAMINGYUAN I/E., LTD. NO. 12 JINGJI RD., HANGZHOU, P. R. CHINA
AMOUNT	32B:	CURRENCY USD AMOUNT 183.600,00
POS./NEG. TOL. (%)	39A:	10/10
AVAILABLE WITH/BY	41D:	ANY BANK IN CHINA BY NEGOTIATION
DRAFT AT ...	42C:	AT SIGHT
DRAWEE	42A:	BANK OF MOSCOW, MOSCOW BRANCH
PARTIAL SHIPMENTS	43P:	NOT ALLOWED
TRANSSHIPMENTS	43T:	NOT ALLOWED
LOADING IN CHARGE	44A:	SHANGHAI
FOR TRANSPORT TO	44B:	FELIXSTOWE, U.K.

LATEST DATE O SHIP 44C: 20/11/15

DESCRIPTION OF GOODS 45A: 5400CTNS OF SHAOXING RICE WINE,

ALCOHOL CONTENT 15%, 12BOTTLES/CTN,

500ML/BOTTLE, AT USD34/CTN,

FOB SHANGHAI, CHINA

ALL DETAILS ARE AS PER S/C NO. YAMY3201-1

DOCUMENTS REQUIRED 46A:

+FULL SET (3/3) CLEAN ON BOARD OCEAN BILLS OF LADING MADE OUT TO ORDER OF SHIPPER MARKED 'FREIGHT COLLECT' AND NOTIFY APPLICANT.

+SIGNED COMMERCIAL INVOICE IN TRIPLICATE INDICATING S/C NO.

+PACKING LIST IN TRIPLICATE.

+CERTIFICATE OF ORIGIN GSP FORM A.

ADDITIONAL COND. 47A:

+A HANDLING FEE OF USD60.00 WLLL BE DEDUCTED IF DISCREPANCY DOCOMENTS PRESENTED.

+INSURANCE TO BE EFFECTED BY BUYER.

+ALL DOCUMENS MUST BE IN ENGLISH.

DETAILS OF CHARGES 71B: ALL BANKING CHARGES OUTSIDE THE ISSUING BANK ARE FOR BENEFICIARY'S ACCOUNT

PRESENTATION PERIOD 48: DOCUMENTS TO BE PRESENTED WITHIN 15 DAYS AFTER THE DATE OF SHIPENT, BUT WITHIN THE VALIDITY OF THE CREDIT.

习题作业

一、选择题

1. 检验检疫证单的作用不包括（　）。

A. 履行合同的法律依据　　B. 证明产地的文件

C. 出入境货物通关的重要证明　　D. 索赔、仲裁等的法律文件

2. 海关监管条件为“B”的商品，是指（　）的商品。

A. 实施进境检验检疫　　B. 实施出境检验检疫

C. 实施健康证明　　D. 实施卫生检验检疫

3. 申请出境预检报检的货物，应是属于（　）的货物。

A. 已生产完毕　　B. 堆码整齐、包装完好

C．暂不具备出口条件　　　　　　D．相关单据齐全

4．下列机构中，属于我国官方办理出入境检验检疫机构的是（　）。

A．中国检验认证集团及其分支机构　B．中国各直属海关

C．中国通标标准技术服务有限公司　D．飞天商品检验检疫有限公司

5．我国法律规定，凡属法定检验检疫范围的出境货物，出境地海关凭（　）放行通关，否则不准出口。

A．电子底账　　　　　　　　　　B．出境货物换证凭单

C．出境货物工作联系单　　　　　D．出境货物包装检验结果单

6．我国海关实施关检业务整合申报后，企业可以（　）。

A．一次申报，两单通关　　　　　B．两次申报，一单通关

C．一次申报，一单通关　　　　　D．两次申报，两单通关

7．出境货物的报检工作应在（　）时间进行。

A．发货后　　　　　　　　　　　B．到货后

C．装运前　　　　　　　　　　　D．交单前

8．企业报检，可以通过以下通道（　）进行。

A．中国国际贸易单一窗口网站　　B．互联网+海关门户网站

C．商务部网站　　　　　　　　　D．企业网站

9．按照《中华人民共和国进出口商品检验法》规定，以下不属于办理出境报检强制对象的是（　）。

A．出境动物产品　　　　　　　　B．出境植物产品

C．出境纸箱　　　　　　　　　　D．出境交通工具

10．商检部门对进出口商品的质量、等级、规格进行检验后出具的是（　）。

A．品质检验证书　　　　　　　　B．重量检验证书

C．数量检验证书　　　　　　　　D．卫生检验证书

11．下面检验活动中，属于鉴定业务的是（　）。

A．重点商品的检验　　　　　　　B．危险品包装检验

C．冷冻食品船舶检验　　　　　　D．货物原产地检验

12．凡法检商品，出口商或其代理人在出运前必须报检，否则不能出口。我国法检商品的海关监管条件为（　）。

A．B/A　　　　B．M/N　　　　C．P/Q　　　　D．R/S

二、判断正误题

1．（　）属法定检验检疫的出口商品，如果信用证要求有商检证书，则出口报检时只需申请信用证要求的商检证书，不需要再申请其他单证。

2.（　）我国规定，出口货物的检验检疫工作必须在货物的生产制造地进行，不得到外地进行商检。

3.（　）我国规定，凡是需要申领原产地证明书的出口货物，出口前必需报检。

4.（　）出口商品的发货人，一般应在货物装运出口前至少15天，填制出境货物报检单向我国出入境检验检疫机构申请报检。

5.（　）我国实施法定检验检疫的唯一机构是各直属地海关。

6.（　）出口商品的报检，应以一个品种或一份提单为一批，一批货物对应一份报检单。

7.（　）凡是出口商品，必须通过商检机构检验检疫才能出口。

8.（　）经检验检疫机构检验合格的出口商品，一般应在检验检疫证单签发之日起2周内装运出口，否则需要重新报检。

9.（　）品质检验证书的出具日期，不得晚于提单的签发日。

10.（　）我国目前不允许中外合资机构以第三者身份对商品进行检验。

任务6　办理出口货物报关手续

■ **知识点：** 出口货物报关的程序，报关单，出口报关时应提交的单据，出口货物报关单的填制要点。

■ **技能点：** 填制出口货物报关单。

■ 知识准备

一、进出境货物通关与报关

根据《中华人民共和国海关法》规定，海关是国家的进出关境监督管理机关。海关依法监管进出境的运输工具、货物、物品，征收关税和其他税费，查缉走私，并编制海关统计和办理其他海关业务。进出境运输工具、货物、物品，必须通过设立海关的地点进境或出境。海关有权检查进出境运输工具，查验进出境货物和物品。

因此，在设立海关的地点进出境并办理规定的海关手续，是我国运输工具、货物、物品进出境的基本规则，也是进出境运输工具的负责人、进出口货物的收发货人、进出境物品的所有人应履行的一项基本义务。

报关是指进出口货物的收发货人、进出境运输工具负责人、进出境物品的所有人或者他们的代理人向海关提出办理货物、运输工具或物品的进出境手续及相关海关事务，接受海关审核的过程。

通关是指海关行政管理人接受申报后，依法对进出口货物、进出境运输工具或进出境物品进行监督管理，核准其进出境的管理过程。显然，报关是通关的其中一个环节。

二、出境货物通关的程序

海关对出境货物的通关管理，采用“一次申报，分步处置”模式。

1．企业一次申报

申报，即报关。进出口货物的收发货人或其代理人，应在海关规定的期限内，按照海关规定的形式，向海关报告实际进出口货物的情况，并接受海关审核。

（1）申报单位。向海关申请办理报关手续的单位。进出口货物的收、发货人可以自行办理报关手续，也可以委托报关企业代为办理报关手续。

申报单位必须依法向海关办理注册登记手续，并指定专业报关人员负责具体的报关事务。报关人员必须向海关办理备案手续。未依法在海关办理注册登记的企业和未依法进行备案的人员，不得从事报关业务。

（2）申报期限。有进境和出境两种情况：进境货物应当自装载货物的运输工具申报进境之日起14天内向海关申报；出境货物应当在货物运抵海关监管区后、装货的24小时之前申报。海关收到申报数据的日期，即为接受申报的日期，自此，申报数据开始产生法律效力，收发货人或其代理人应当据以承担相应的法律责任。

（3）申报形式。有纸质和电子数据两种申报形式，两种形式具有同等的法律效力。

随着无纸化通关改革的深入，海关利用电子口岸及现代海关业务信息化系统，可以直接对企业联网申报的电子数据进行无纸化审核和验放处理，节省了时间，因此使用电子数据报关单进行申报，是当前企业普遍采用的形式。

以电子数据形式报关，企业应在互联网状态下，登录“中国国际贸易单一窗口”或“互联网+海关”门户网站，录入相关信息，形成预录入报关单提交海关，海关接受申报数据后，才会形成正式的报关单。

海关收到申报数据的日期，视为接受申报的日期。

（4）申报内容。有通用项目和检务独有项目两项内容。

通用项目是所有进出口货物都必须向海关申报的内容，也是报关单所呈现的内容。检务独有项目，仅适用于涉及检验检疫的商品，报关单上并不显示。

检务独有项目是企业在报检时已经事先填报，在报关申报时，电脑系统会自动将其数据反填到报关单中，企业不需要二次填报。

申报完成后，企业自行计算应缴纳的相关税费并提交海关，待收到海关通关系统发送的“报关单已受理”或“接受申报”回执后，表示申报成功。

2. 海关分步处置

海关设有两个中心，即风险防控中心和税收征管中心。风险防控中心负责对申报货物的安全准入要素进行风险研判，根据研判结果下达稽（核）查指令并开展稽（核）查作业；税收征管中心按照商品和行业分工，对申报货物的税收征管要素进行风险研判，根据研判结果，下达稽（核）查指令。

（1）安全准入风险处置是海关分步处置模式的第一步，在口岸通关现场进行。

企业完成报关和税款自报自缴手续后，风险防控中心即分析货物是否存在禁限管制、侵权、品名规格数量伪瞒报等安全准入风险。对于存在重大税收风险且放行后难以有效稽（核）查或追补税的，由税收征管中心实施货物放行前的税收征管要素风险排查处置；需要在放行前验核有关单证，留存相关单证、图像等资料的，由现场验估岗进行放行前处置；需要实施实货验估的，由现场查验人员根据实货验估指令要求实施放行前实货验估处置。货物经风险处置后符合放行条件的可予放行。

安全准入风险处置一般在货物运抵海关监管场所、海关收到监管场所经营人提交的运抵报告后进行。

海关查验时，报关人员应当到场，负责协助搬移货物、开拆和重封货物的包装，协助提取货样，如实回答查验人员的询问及提供必要的资料。海关认为必要时，可以进行复验或者进行开验。

（2）税收征管要素风险处置是海关分步处置模式的第二步，主要在货物放行后实施。

货物放行后，税收征管中心对报关单的价格、归类、原产地等税收征管要素实施批量审核，筛选风险目标，统筹实施放行后的验估、稽（核）查等作业。

对少量存在重大税收风险且放行后难以有效稽（核）查或追补税的，税收征管中心实施必要的放行前排查处置。

出口货物放行后，运输工具才可以装载货物并离境。

三、进出口报关时应提交的单据

海关对实际进出口货物的合法性监管是依据许可证件和相关文件来实现的，这就要求进出口货物的收发货人或其代理人向海关申报时，必须交验进出口许可证件和有关单证，供海关查验，否则海关不予放行货物。

进出口货物的收发货人或其代理人在向海关报关时，应提交以下三类单据。

1．报关单

报关单是由报关人员按照海关规定格式填制的申报单，以此要求海关按适用的海关制度对其进出口货物办理海关通关手续。它是海关对进出口货物进行监管、征税、统计以及开展稽查、调查的重要依据，也是出口退税和外汇管理的重要凭证，还是海关处理进出口货物走私、违规案件及税务、外汇管理部门查处骗税、套汇犯罪活动的重要书证。报关人员必须如实填报，并对所填报内容的真实性和准确性承担法律责任，不得虚报、伪报和瞒报。

报关单包括进出口货物报关单、进出境货物备案清单、进出口货物集中申报清单、ATA单证册、过境货物报关单、快件报关单等。

其中，进出口货物报关单最为常见。进出境货物备案清单是海关对出入保税区、出口加工区货物实施监督管理的重要凭证，由保税区或出口加工区内企业或其代理人填制并向保税区或出口加工区海关提交。进出口货物集中申报清单是进出口货物收发货人在同一口岸多批次进出口符合《进出口货物集中申报管理办法》规定范围内的货物时，集中办理申报手续使用的单据。ATA单证册是“暂准进口单证册”的简称，是一种国际性通关文件，仅限于展览会、交易会、会议及类似活动项下的货物。

申报单位填写出口货物报关单时，以合同为单位，一份合同对应一份报关单。纸质报关单可以连续打印，一份报关单共允许联单4张纸，首页可以填报6项商品，其他每页可以填报15项商品，一份报关单最多可以填报50项商品。

2．基本单据

基本单据包括：合同、发票、装箱单、载货清单（舱单）（出口）、提（运）单（进口）、代理报关授权委托协议。

按照海关要求，出口货物，舱单传输人必须在装船前24小时，将舱单的电子数据完整、准确地发送给海关，否则海关可以不予受理报关。

基本单据是每一份报关单都必须附有的单据。

3．特殊单据

特殊单据是海关监管证件，主要有进出口许可证件、海关总署规定的其他进出口单证两类。

其中，进出口许可证件包括货物进出口许可证、两用物项和技术出口许可证、濒危物种允许进出口证明书等；其他进出口单证包括加工贸易电子化手册和电子账册、特定减免税证明、原产地证明书等。

除进出口许可证之外的其他特殊单据，在报关单中一律以“随附单证”呈现。

为进一步促进对外贸易便利，提升口岸通关效率，海关规定，凡是可以实现联网核查或互联网查询的单证，报关单位在申报时，只需录入单证编号，申报系统可自动进行比对验核，尚未实现联网核查且不能互联网查询的单证，需上传扫描件，只有海关认为需要时，才要求提交纸质单证。因此，报关单位应保证电子化单证信息的真实性和有效性，上传的单证扫描件格式应符合海关要求，并按规定保存相关纸质单证。

四、出口货物报关单的内容及填制要求

出口货物报关单由海关总署统一规定，具体样式参见样单1-6-1。海关不提供纸质单据，要求企业在线填报，如果需要，企业可以使用A4纸自主打印。

根据海关总署公告2019年第18号“关于修订《中华人民共和国海关进出口货物报关单填制规范》的公告”，出口货物报关单上的“预录入编号”由计算机自动打印，仅限于录入单位与接受申报的海关之间使用；“海关编号”由申报地海关在接受申报时确定，并标识在报关单上；其余各项由报关人员填写，所用文字为汉字，具体填制规范如下。

1. 境内发货人

填报在海关备案的对外签订并执行进出口贸易合同的中国境内法人、其他组织名称及编码。编码填报18位法人和其他组织统一社会信用代码，没有统一社会信用代码的，填报其在海关的备案编码。

特殊情况填报要求如下：合同的签订者和执行者非同一企业的，填报执行合同的企业；有代理报关资格的报关企业代理其他进出口企业办理出口报关手续时，填报委托的进出口企业；海关特殊监管区域发货人填报该货物的实际经营单位或海关特殊监管区域内经营企业；免税品经营单位经营出口退税国产商品的，填报免税品经营单位名称。

2. 出境关别

根据货物实际进出境的口岸海关，填报海关规定的《关区代码表》中相应口岸海关的名称及代码。

特殊情况填报要求如下：出口转关运输货物应填报货物出境地海关名称及代码；按转关运输方式监管的跨关区深加工结转货物填报转出地海关名称及代码；在不同海关特殊监管区域或保税监管场所之间调拨、转让的货物，填报对方特殊监管区域或保税监管场所所在的海关名称及代码；其他无实际进出境的货物，填报接受申报的海关名称及代码。

3. 出口日期、申报日期

出口日期指运载出口货物的运输工具办结出境手续的日期，在申报时免予填报。无实际进出境的货物，填报海关接受申报的日期。

申报日期是指海关接受出口货物的发货人或代理报关企业申报数据的日期。以电子数据报

样单1-6-1　中华人民共和国海关出口货物报关单

中华人民共和国海关出口货物报关单

2308202100815141 75

预录入编号：230820210081514175　　海关编号：230820210081514175　　（新生圩关）　　仅供核对用　　页码/页数：1/1

境内发货人 ×××进出口有限公司	出境关别（2225） 外港海关	出口日期	申报日期 20210125		备案号
境外收货人	运输方式（2） 水路运输	运输工具名称及航次号 HAN SHENG 006/2104E	提运单号 SITGNKC8W03190		
生产销售单位（913201007331624457） 南京汽车集团有限公司	监管方式（0110） 一般贸易	征免性质（101） 一般征税	许可证号 21-10-4025		
合同协议号 SC2101001	贸易国（地区）（VNM） 越南	运抵国（地区）（VNM） 越南	指运港（VNM000） 越南		离境口岸（310701） 外高桥

包装种类（99/23） 其他包装/木制或竹藤等植物性材料制盒/箱	件数 125	毛重（千克） 60133	净重（千克） 49819.39	成交方式（3） FOB	运费	保费	杂费

随附单证及编号

随附单证1：出口许可证2110402517　随附单证2：代理报关委托协议（纸质）

标记唛码及备注

备注：委托书号：001　N/M　集装箱标箱数及号码：34；DFSU7638027；FFAU1135045；FFAU1325240；RFCU5072879；SEGU6702739；SEGU671（详见集装箱附加页）

项号	商品编号	商品名称规格型号	数量及单位	单价/总价/币制	原产国（地区）	最终目的国（地区）	境内货源地	征免
1	8702109300	依维柯客车成套散件 4|0|柴油|成套散件|19|依维柯|依维柯牌|2998毫升|NJ6715EC	20辆 49819.39千克 20辆	19337.0000 386740.00 美元	中国 （CHN）	越南 （VNM）	（32019） 南京其他	照章征税 （1）

特殊关系确认：　　价格影响确认：　　支付特许权使用费确认：　　自报自缴：是

报关人员　报关人员证号23120079　电话　兹申明对以上内容承担如实申报、依法纳税之法律责任 申报单位（91320000743917231D）中国外运长江有限公司　申报单位（签章）	海关批注及签章

关单方式申报的，申报日期为海关计算机系统接受申报数据时记录的日期。以纸质报关单方式申报的，申报日期为海关接受纸质报关单并对报关单进行登记处理的日期。本栏目在申报时免予填报。

日期的填写规范应为8位数字，顺序为年（4位）、月（2位）、日（2位）。

4. 备案号

备案号是指进出口货物收发货人、消费使用单位、生产销售单位在海关办理加工贸易合同备案或征、减、免税审核确认等手续时，海关核发的《加工贸易手册》、海关特殊监管区域和保税监管场所保税账册、《征免税证明》或其他备案审批文件的编号。

一份报关单只允许填报一个备案号。无备案审批文件的报关单，本栏目免予填报。

5. 境外收货人

境外收货人通常指签订并执行出口贸易合同中的买方或合同指定的收货人。本栏填报境外收货人的名称及编码。名称一般填报英文名称，检验检疫要求填报其他外文名称的，在英文名称后填报，以半角括号分隔；对于AEO互认国家（地区）企业的，编码填报AEO编码，填报样式为："国别（地区）代码+海关企业编码"。例如，新加坡AEO企业SG123456789012（新加坡国别代码+12位企业编码）；非互认国家（地区）AEO企业等其他情形，编码免予填报。

特殊情况下无境外收货人的，名称及编码填报"NO"。

6. 运输方式

运输方式包括实际运输方式和特殊运输方式。

实际运输方式指货物实际进出境的运输方式，按进出境时所使用的运输工具分类；特殊运输方式指货物无实际进出境的运输方式，按货物在境内的流向分类。

本栏根据货物实际进出境的运输方式或货物在境内流向的类别，按照海关规定的《运输方式代码表》（参见表1-6-1）选择填报相应的运输方式。

表1-6-1 运输方式代码表

运输方式名称	代码	运输方式名称	代码	运输方式名称	代码
非保税区	0	邮件运输	6	旅客携带	L
监管仓库	1	保税区	7	综合试验区	T
水路运输	2	保税仓库	8	物流中心	W
铁路运输	3	其他运输	9	物流园区	X
公路运输	4	固定设施	G	保税港区/综合保税区	Y
航空运输	5	边境特殊海关作业区	H	出口加工区	Z

特殊情况填报要求如下：非邮件方式出境的快递货物，按实际运输方式填报；出口转关运输货物，按载运货物驶离出境地的运输工具填报；不复运入境而留在境外销售的出境展览品、留赠转卖物品等，填报"其他运输"；出境旅客随身携带的货物，填报"旅客携带"；以固定

设施（包括输油、输水管道和输电网等）运输货物的，填报“固定设施”。

无实际进出境的货物在境内流转时，填报要求如下：境内非保税区运入保税区货物和保税区退区货物，填报“非保税区”；保税区运往境内非保税区货物，填报“保税区”；境内存入出口监管仓库和出口监管仓库退仓货物，填报“监管仓库”；保税仓库转内销货物或转加工贸易货物，填报“保税仓库”；从境内保税物流中心外运入中心或从中心运往境内中心外的货物，填报“物流中心”；从境内保税物流园区外运入园区或从园区内运往境内园区外的货物，填报“物流园区”；保税港区、综合保税区与境内（区外）（非海关特殊监管区域、保税监管场所）之间进出的货物，填报“保税港区/综合保税区”；出口加工区、珠澳跨境工业区（珠海园区）、中哈霍尔果斯边境合作中心（中方配套区）与境内（区外）（非海关特殊监管区域、保税监管场所）之间进出的货物，填报“出口加工区”；境内运入深港西部通道港方口岸区的货物以及境内进出中哈霍尔果斯边境合作中心中方区域的货物，填报“边境特殊海关作业区”；经横琴新区和平潭综合实验区（以下简称综合试验区）二线指定申报通道运往境内区外或从境内经二线指定申报通道进入综合试验区的货物，以及综合试验区内按选择性征收关税申报的货物，填报“综合试验区”；海关特殊监管区域内的流转、调拨货物，海关特殊监管区域、保税监管场所之间的流转货物，海关特殊监管区域与境内区外之间进出的货物，海关特殊监管区域外的加工贸易余料结转、深加工结转、内销货物，以及其他境内流转货物，填报“其他运输”。

7．运输工具名称及航次号

本栏目填报载运货物进出境的运输工具名称或编号及航次号。填报内容应与运输部门向海关申报的舱单（载货清单）所列相应内容一致。

（1）运输工具名称或编号具体填报要求。

直接在出境地或采用区域通关一体化通关模式办理报关手续的报关单：若以水路运输时，填报船舶编号（来往港澳小型船舶为监管簿编号）或者船舶英文名称；以公路运输时，启用公路舱单前，填报该跨境运输车辆的国内行驶车牌号，深圳提前报关模式的报关单填报国内行驶车牌号+“/”+“提前报关”，启用公路舱单后，免予填报；以铁路运输时，填报车厢编号或交接单号；以航空运输时，填报航班号；以邮件运输时，填报邮政包裹单号；其他运输，填报具体运输方式名称，如管道、驮畜等。

转关运输货物：若以水路运输，非中转填报“@”+16位转关申报单预录入号（或13位载货清单号），如多张报关单需要通过一张转关单转关的，运输工具名称字段填报“@”；中转货物，境内水路运输填报驳船船名，境内铁路运输填报车名（主管海关4位关区代码+“TRAIN”），境内公路运输填报车名（主管海关4位关区代码+“TRUCK”）。以铁路运输，填报“@”+16位转关申报单预录入号（或13位载货清单号），如多张报关单需要通过一张转关单转关的，填报“@”。以航空运输，填报“@”+16位转关申报单预录入号（或13位载货清单号），如多张报关单需要通过一张转关单转关的，填报“@”。以其他运输方式，填报“@”+16位转关申报单预录入号（或13位载货清单号）。

采用“集中申报”通关方式办理报关手续的，报关单本栏目填报“集中申报”。

免税品经营单位经营出口退税国产商品的、无实际进出境的货物，本栏目免予填报。

（2）航次号具体填报要求。

直接在进出境地或采用全国通关一体化通关模式办理报关手续的报关单：若以水路运输，填报船舶的航次号；以公路运输，启用公路舱单前，填报运输车辆的8位进出境日期〔顺序为年（4位）、月（2位）、日（2位），下同〕，启用公路舱单后，填报货物运输批次号；以铁路运输，填报列车的进出境日期；以航空运输，免予填报；以邮件运输，填报运输工具的进出境日期；以其他运输方式，免予填报。

转关运输货物的报关单：若以水路运输，非中转货物免予填报，如为中转货物，则境内水路运输填报驳船航次号，境内铁路、公路运输填报6位启运日期〔顺序为年（2位）、月（2位）、日（2位）〕；以铁路拼车拼箱捆绑出口，免予填报；以航空运输，免予填报；以其他运输方式，免予填报；免税品经营单位经营出口退税国产商品的，免予填报，无实际进出境的货物，免予填报。

8．提运单号

填报出口货物提单或运单的编号。一份报关单只允许填报一个提单或运单号，一票货物对应多个提单或运单时，应分单填报。

具体填报要求如下：

直接在进出境地或采用区域通关一体化通关模式办理报关手续的：水路运输，填报提单号，如有分提单的，填报提单号+“*”+分提单号；公路运输，启用公路舱单前，免予填报，启用公路舱单后，填报总运单号；铁路运输，填报运单号；航空运输，填报总运单号+“_”+分运单号，无分运单的填报总运单号；邮件运输，填报邮运包裹单号。

转关运输货物：水路运输中转货物填报提单号，非中转货物免予填报；其他运输方式免予填报；广东省内汽车运输提前报关的，填报承运车辆的车牌号。

采用“集中申报”通关方式办理报关手续的，报关单填报归并的集中申报清单的进出口起止日期〔按年（4位）月（2位）日（2位）年（4位）月（2位）日（2位）〕。

非实际进出境货物，本栏免予填报。

9．生产销售单位

生产销售单位包括自行出口货物的单位、委托进出口企业出口货物的单位、经营出口退税国产商品的免税品经营单位。

本栏应填报生产或销售单位的名称和18位统一社会信用代码，无18位统一社会信用代码的，填报“NO”。出口货物在境内生产或销售的对象为自然人的，填报身份证号、护照号、台胞证号等有效证件号码及姓名。

减免税货物报关单的生产销售单位应与《中华人民共和国海关进出口货物征免税证明》（简称《征免税证明》）的“减免税申请人”一致；保税监管场所的出境货物，本栏填报保税监管场所的名称（保税物流中心（B型）填报中心内企业名称）；海关特殊监管区域的生产销售单位填报区域内经营企业（“加工单位”或“仓库”）。

10. 监管方式

监管方式是以国际贸易中出口货物的交易方式为基础，结合海关对出口货物的征税、统计及监管条件综合设定的海关对出口货物的管理方式。分为一般贸易、来料加工、易货贸易、补偿贸易、合资合作设备等。

本栏应根据实际对外贸易情况，按海关规定的《监管方式代码表》选择填报。一份报关单只允许填报一种监管方式。

特殊情况下加工贸易货物监管方式填报要求如下：加工贸易成品凭《征免税证明》转为减免税进口货物的，分别填制进、出口报关单，出口报关单填报“来料成品减免”或“进料成品减免”；加工贸易出口成品因故退运出口的，填报“来料成品退换”或“进料成品退换”；加工贸易进口料件因换料退运出口的，填报“来料料件退换”或“进料料件退换”；加工贸易过程中产生的剩余料件、边角料退运出口，以及进口料件因品质、规格等原因退运出口且不再更换同类货物进口的，分别填报“来料料件复出”“来料边角料复出”“进料料件复出”“进料边角料复出”；免税品经营单位经营出口退税国产商品的，填报“其他”。

11. 征免性质

征免性质指海关依法对出口货物实施的征、减、免税管理的性质类别。

根据实际情况按海关规定的《征免性质代码表》选择填报相应的征免性质简称及代码，持有海关核发的《征免税证明》的，按照《征免税证明》中批注的征免性质填报。一份报关单只允许填报一种征免性质。

加工贸易货物报关单按照海关核发的《加工贸易手册》中批注的征免性质简称及代码填报。特殊情况填报要求如下：料件退运出口，填报“其他法定”，加工贸易结转货物，免予填报；免税品经营单位经营出口退税国产商品的，填报“其他法定”。

12. 许可证号

填报出口许可证、两用物项和技术出口许可证、两用物项和技术出口许可证（定向）、纺织品临时出口许可证、出口许可证（加工贸易）、出口许可证（边境小额贸易）的编号。

免税品经营单位经营出口退税国产商品的，免予填报。

一份报关单只允许填报一个许可证号。

13. 合同协议号

填写出口合同（包括协议或订单）的编号。未发生商业性交易的免予填报。

免税品经营单位经营出口退税国产商品的，免予填报。

14. 贸易国（地区）

发生商业性交易的，填报售予国（地区）；未发生商业性交易的，填报货物所有权拥有者所属的国家（地区）。

按海关规定的《国别（地区）代码表》选择填报相应的贸易国（地区）中文名称及代码。

15. 运抵国（地区）

填报出口货物离开我国关境直接运抵或者在运输中转国（地区）未发生任何商业性交易的情况下最后运抵的国家（地区）。不经过第三国（地区）转运的直接运输出口货物，以出口货物的指运港所在国（地区）为运抵国（地区）；经过第三国（地区）转运的出口货物，如在中转国（地区）发生商业性交易，则以中转国（地区）为运抵的国家（地区）。

按海关规定的《国别（地区）代码表》选择填报其中文名称及代码。无实际进出境的货物，填报“中国”及代码。

16．指运港

填报出口货物运往境外的最终目的港；最终目的港不可预知的，按尽可能预知的目的港填报。根据实际情况，按海关规定的《港口代码表》选择填报相应的港口名称及代码；表中无港口名称及代码的，填报相应的国家名称及代码。无实际进出境的货物，填报“中国境内”及代码。

17．离境口岸

填报装运出境货物的跨境运输工具离境的第一个境内口岸的中文名称及代码；采取多式联运跨境运输的，填报多式联运货物最初离境的境内口岸中文名称及代码；过境货物填报货物离境的第一个境内口岸的中文名称及代码；从海关特殊监管区域或保税监管场所离境的，填报海关特殊监管区域或保税监管场所的中文名称及代码；其他无实际出境的货物，填报货物所在地的城市名称及代码。

离境口岸类型包括港口、码头、机场、机场货运通道、边境口岸、火车站、车辆装卸点、车检场、陆路港、坐落在口岸的海关特殊监管区域等。按海关规定的《国内口岸编码表》选择填报相应的境内口岸名称及代码。

18．包装种类

填报出口货物的所有包装材料，包括运输包装及其他包装。运输包装指提运单所列货物件数单位对应的包装，其他包装包括货物的各类包装，以及植物性铺垫材料等。本栏按海关规定的《包装种类代码表》选择填报相应的包装种类名称及代码。

19．件数

填报货物运输包装的件数（按运输包装计）。特殊情况填报要求如下：舱单件数为集装箱的，填报集装箱个数；舱单件数为托盘的，填报托盘数。

本栏目不得填报为零，裸装货物填报为“1”。

20．毛重（千克）

填报进出口货物及其包装材料的重量之和，计量单位为千克，不足一千克的填报为“1”。

21．净重（千克）

填报进出口货物的毛重减去外包装材料后的重量，即货物本身的实际重量，计量单位为千克，不足一千克的填报为“1”。

22．成交方式

根据进出口货物实际成交价格条款，按海关规定的《成交方式代码表》选择填报相应的成交方式代码。无实际进出境的货物，进口填报CIF，出口填报FOB。

23．运费、保费、杂费

运费、保费分别指出口货物运至我国境内输出地点装载后的运输费用和保险费用。杂费是指成交价格以外的，按我国《进出口关税条例》规定应计入完税价格或应从完税价格中扣除的费用。

运费可按运费单价、总价或运费率三种方式之一填报，保费可按保险费总价或保险费率两种方式之一填报，杂费可按杂费总价或杂费率两种方式之一填报，并注明费用标记（“1”表示费率，“2”表示单价，“3”表示总价）。

成交方式中含有运费、保险费及杂费的出口货物，应按实际费用填报，具体填报格式为：货币代码+“/”+实际费用+“/”+费用标记。

例如，以CFR术语出口，若运费总价为7300美元，没有杂费发生，则运费栏填报为“USD/7300/3”，保费和杂费栏均空白不填；再如，以CIF术语出口，若保险费率为6‰时，保费栏填报为“0.6/1”。

填报杂费栏时，应计入完税价格的杂费填报为正值或正率，应从完税价格中扣除的杂费则填报为负值或负率。

24．随附单证及编号

填报上述第（12）条“许可证号”之外的其他出口许可证件或监管证件、随附单据代码及编号。代码应按海关规定的《监管证件代码表》和《随附单据代码表》选择填报；随附单证编号栏填报证件编号。

一般贸易出口货物，只能使用原产地证书申请享受优惠税率的（无原产地声明模式），“随附单证代码”栏填报原产地证书代码“Y”，在“随附单证编号”栏填报“<优惠贸易协定代码>”和“原产地证书编号”。可以使用原产地证书或者原产地声明申请享受优惠税率的（有原产地声明模式），“随附单证代码”栏填写“Y”“随附单证编号”栏填报“<优惠贸易协定代码>”“C”（凭原产地证书申报）或“D”（凭原产地声明申报），以及“原产地证书编号（或者原产地声明序列号）”。一份报关单对应一份原产地证书或原产地声明。

向香港特别行政区或者澳门特别行政区出口用于生产香港CEPA或者澳门CEPA项下货物的原材料时，按照上述一般贸易填报要求填制报关单。香港或澳门生产厂商在香港工贸署或者澳门经济局登记备案的有关备案号填报在“关联备案”栏。

25．标记唛码及备注

本栏应填唛头中除图形以外的文字和数字，无唛头的填报“N/M”；与本报关单有关联关系的，同时在业务管理规范方面又要求填报的备案号和报关单号；保税监管场所间流转货物的对方保税监管场所代码。跨境电子商务出口货物时，填“跨境电子商务”；以及其他申报时需说明的情况。

26．项号

分两行填报，第一行填报关单中的商品顺序号；第二行填报备案序号，专用于加工贸易及保税、减免税等已备案审批的货物，填报其在《加工贸易手册》或《征免税证明》等备案、审批单证中的顺序编号。

27．商品编号

填海关核定的商品的10位HS编码。前8位为《中华人民共和国进出口税则》和《中华人民共和国海关统计商品目录》确定的编码；9、10位为监管附加编号。

28．商品名称及规格型号

分两行据实填报，第一行填报出口货物的中文商品名称，第二行填报规格型号。

商品名称应当规范，规格型号应当足够详细，以能满足海关归类、审价及许可证件管理要求为准，并与合同、发票、备案登记中的内容相符，具体可参照《中华人民共和国海关进出口商品规范申报目录》中对商品名称、规格型号的要求进行填报。

品牌类型、出口享惠情况为本栏的必填项，其中，品牌类型可选择“无品牌”（代码0）、“境内自主品牌”（代码1）、“境内收购品牌”（代码2）、“境外品牌（贴牌生产）”（代码3）、“境外品牌（其他）”（代码4）如实填报；出口享惠情况可选择“不享受优惠关税”（代码0）、“享受优惠关税”（代码1）、“不能确定是否享受优惠关税”（代码2）填报。

例如，《中华人民共和国海关进出口商品规范申报目录》中，品目2204“鲜葡萄酿造的酒”下各子目的申报要素分别为：

商品编码	商品名称	申报要素
2204.1000	汽酒	1．品名；2．种类；3．加工方法；4．级别；5．年份；6．产区；7．酒庄名；8．葡萄品种；9．包装规格；10．品牌
2204.2100	装入2升及以下容器的其他酒及加酒精抑制发酵的酿酒葡萄汁	1．品名；2．加工方法；3．酒精度；4．级别；5．年份；6．产区；7．酒庄名；8．葡萄品种；9．包装规格；10．品牌
2204.2900	装入2升以上容器的其他酒及加酒精抑制发酵的酿酒葡萄汁	1．品名；2．加工方法；3．酒精度；4．级别；5．年份；6．产区；7．酒庄名；8．葡萄品种；9．包装规格；10．品牌
2204.3000	其他酿酒葡萄汁	1．品名；2．种类；3．包装规格；4．品牌

本栏填报时，第一行填报商品名称，第二行填报申报要素的内容。

29．数量及单位

分三行填报。第一行按进出口货物的法定第一计量单位填报数量及单位，法定计量单位以《中华人民共和国海关统计商品目录》中的计量单位为准。凡列明有法定第二计量单位的，在第二行按照法定第二计量单位填报数量及单位。无法定第二计量单位的，第二行为空。成交计量单位及数量填报在第三行。

30．单价

填报同一项号下进出口货物实际成交的商品单位价格。无实际成交价格的，填报单位货值。

31．总价

填报同一项号下进出口货物实际成交的商品总价格。无实际成交价格的，填报货值。

32．币制

按海关规定的《货币代码表》选择相应的货币名称及代码填报，如《货币代码表》中无实际成交币种，需将实际成交货币按申报日外汇折算率折算成《货币代码表》列明的货币填报。

33. 原产国（地区）

依据《中华人民共和国进出口货物原产地条例》《中华人民共和国海关关于执行〈非优惠原产地规则中实质性改变标准〉的规定》以及海关总署关于各项优惠贸易协定原产地管理规章规定的原产地（地区）确定标准填报。同一批出口货物的原产地（地区）不同的，分别填报，无法确定的，填报“国别不详”。按海关规定的《国别（地区）代码表》选择填报相应的国家（地区）名称及代码。

34. 最终目的国（地区）

填报已知的出口货物的最终实际消费、使用或进一步加工制造国家（地区）名称。不经过第三国（地区）转运的直接运输货物，以运抵国（地区）为最终目的国（地区）；经过第三国（地区）转运的货物，以最后运往国（地区）为最终目的国（地区）。同一批进出口货物的最终目的国（地区）不同的，分别填报最终目的国（地区）。出口货物不能确定最终目的国（地区）时，以尽可能预知的最后运往国（地区）为最终目的国（地区）。

按海关规定的《国别（地区）代码表》选择填报相应的国家（地区）名称及代码。

35. 境内货源地

填报货物在国内的产地或原始发货地，产地难以确定的，填报最早发运货物的单位所在地。

36. 征免

应按海关核发的《征免税证明》或有关政策规定的征、减、免税方式填写，有照章、全免、特案、随征免性质、折半征税等。加工贸易手册中备案征免为“保金”或“保函”的，应填“全免”。

37. 特殊关系确认

如果确认出口行为中买卖双方存在有特殊关系，本栏应填报“是”，反之则填“否”。例如，买卖双方为同一家族成员，双方互为商业上的高级职员、董事，一方直接或间接地受另一方控制，双方都直接或者间接地受第三方控制，一方直接或者间接地拥有、控制或者持有对方5%以上（含5%）公开发行的有表决权的股票或者股份，一方是另一方的雇员、高级职员或者董事，双方是同一合伙的成员等，均可认定出口行为中买卖双方存在特殊关系。

38. 价格影响确认

出口货物免予填报。

39. 支付特许权使用费确认

出口货物免予填报。

40. 自报自缴

采用“自主申报、自行缴税”（自报自缴）模式向海关申报时，填报“是”；反之则填报“否”。

41. 申报单位

自理报关的，填报出口企业的名称及编码；委托代理报关的，填报报关企业名称及编码。

编码填报18位法人和其他组织统一社会信用代码。

报关人员填报在海关备案的姓名、编码、电话，并加盖申报单位印章。

■ 任务操作

本项目中，货物的出口报关工作由公司报关部负责，具体由报关员陈薇薇与海关对接。陈薇薇与业务员核对了订单和货物，确认订单中所列名称为“PORTABLE TOOLS（27 POWER TOOLS，PP 1010W CAR POLISHER）”的电动工具，实际是一种汽车用的电动砂光机，为手提式，其品牌为IVT，规格型号为E02901型，是公司为国外客户贴牌生产的产品。她随后对商品进行了归类，确认该批出口货物为税目8467项下的商品，在我国《进出口税则》中的HS编码为8467.2910，其规范的商品名称是“砂磨工具（包括磨光机、砂光机、砂轮机等）”，海关法定计量单位为台。对照《海关进出口商品规范申报目录》，该编码商品的申报要素为：

商品编码	商品名称	申报要素	
		归类要素	价格要素
8467.2910	砂磨工具（包括磨光机、砂光机、砂轮机等）	1. 品名；2. 驱动方式；3. 是否为手提式	4. 品牌；5. 型号

陈薇薇立即填写了报关单，如样单1-6-2所示。

■ 任务检测

根据项目1任务5办理出境货物报检手续“任务检测”所提供资料，填制出口货物报关单一份（参见样单1-6-3）。

样单1-6-2　中华人民共和国海关出口货物报关单①

E2021000006433364557

中华人民共和国海关出口货物报关单

预录入编号：　海关编号：　（新生圩关）　仅供核对用　页码/页数：1/1

境内发货人（913200006811034424） 江苏汇鸿鸣骏进出口有限公司	出境关别（2308） 新生圩关	出口日期	申报日期		备案号
境外收货人 NO	运输方式（2） 水路运输	运输工具名称及航次号 ZIM SAO PAOLO/41W	提运单号		
生产销售单位（91330703787743018F） 浙江金美电动工具有限公司	监管方式（0110） 一般贸易	征免性质（101） 一般征税	许可证号		
合同协议号 5600006443	贸易国（地区）（TUR） 土耳其	运抵国（地区）（TUR） 土耳其	指运港（TUR093） 伊兹米特（土耳其）		离境口岸（320102） 南京港

包装种类（22） 纸制或纤维板制盒/箱	件数 125	毛重（千克） 1875	净重（千克） 1625	成交方式（3） FOB	运费	保费	杂费

随附单证及编号

标记唛码及备注

备注：N/M

项号	商品编号	商品名称及规格型号	数量及单位	单价/总价/币制	原产国（地区）	最终目的国（地区）	境内货源地	征免
1	8467291000	手提式电动砂光机 1|2|电动|手提式|IVT牌|E2901型	500台 1625千克 500台	21.9600 10980.00 美元	中国 （CHN）	土耳其 （TUR）	（33079） 金华	照章征税 （1）

特殊关系确认：　价格影响确认：　支付特许权使用费确认：　自报自缴：否

报关人员　报关人员证号　电话　兹声明对以上内容承担如实申报、依法纳税之法律责任 申报单位（91320104745358824X）上海锦华国际货运代理有限公司　申报单位（签章）	海关批注及签章

样单1-6-3　中华人民共和国海关出口货物报关单②

预录人编号　　　　　　　　　　　　　　　　　　　海关编号

境内发货人	出境关别	出口日期	申报日期	备案号						
境外收货人	运输方式	运输工具名称及航次号	提运单号							
生产销售单位	监管方式	征免性质	许可证号							
合同协议号	贸易国（地区）	运抵国（地区）	指运港	离境口岸						
包装种类	件数	毛重（千克）	净重（千克）	成交方式	运费	保费	杂费			
随附单证及编号										
标记唛码及备注										
项号	商品编号	商品名称及规格型号	数量及单位	单价	总价	币制	原产国（地区）	最终目的地国（地区）	境内货源地	征免
	特殊关系确认	价格影响确认	支付特许权使用费确认	自报自销						
报关人员 申报单位	报关人员证号	电话	兹声明以上申报无讹并承担法律责任 申报单位（签章）	海关批注及签章						

免责声明：本单证仅供阅览，不承担任何法律责任；格式依据：中国国际贸易单一窗口。

习题作业

一、选择题

1. 在一份出口货物报关单上，300欧元的运费总价填报正确的是（　）。

A. EUR/300/1　　B. EUR/300/2　　C. EUR/300/3　　D. 300/EUR/2

2. HS编码是海关合作理事会（　）的英文缩写。

A. 进出口商品目录对照表　　B. 商品名称及编码协调制度

C. 跟单信用证统一惯例　　D. 2020年国际贸易术语解释通则

3. 出口企业向海关申报出口，海关核准出口货物报关单、（　）三单一致后才放行通关。

A. 运抵报告、预配舱单　　B. 运抵报告、原始舱单

C. 商业发票、预配舱单　　D. 商业发票、提单

4. 出口报关的时间应是（　）。

A. 装船之前的24小时内　　B. 装船的24小时之前

C. 装船的24小时之后　　D. 货到目的港的24小时之前

5. 下列（　）是出口报关时应提交的单据。

A. 报关单、舱单、保险单、发票

B. 报关单、发票、商检证书、出口许可证

C. 报关单、装箱单、发票、舱单

D. 报关单、舱单、保险单、出口许可证

6. 下列（　）不属于出口货物报关单的杂费项目。

A. 品牌、用途　　B. 品牌、出口享惠情况

C. 货名、折扣　　D. 运费、货值

7. 按照海关法规定，下列不需要办理报关手续的对象是（　）。

A. 进出境运输工具　　B. 进出境货物

C. 进出境物品　　D. 进出境人员

8. 进出口货物的收、发货人或其代理人向海关申报、交验规定的单据和证件，请求办理海关放行手续的行为被称为是（　）。

A. 报关　　B. 放行　　C. 通关　　D. 结关

9. 以下关于报关单的叙述，正确的是（　）。

A. 不同贸易方式的货物填报同一份报关单

B. 一份产地证可以对应多份报关单

C. 不同合同的同一种货物填报同一份报关单

D. 同一份报关单上的不同商品不得超过10项

10. 出口500吨散装大米，分装在3个集装箱内。报关单上的“件数”和“包装种类”栏的正确填报应为（ ）。

A. 件数：500，包装种类：散装　　B. 件数：3，包装种类：集装箱

C. 件数：0，包装种类：集装箱　　D. 件数：0，包装种类：散装

二、判断正误题

1.（ ）一张纸质报关单上最多可打6项商品，一份报关单最多允许5张纸，可填报30项商品。

2.（ ）进出口货物收发货人必须在报关前向海关传输原始舱单的相关数据，以便海关核对数据。

3.（ ）贸易方式如为来料加工、进料加工，出口报关单的备案号栏必须空白不填。

4.（ ）出口报关单上，有专门用于填报“集装箱号”一栏，此栏内只需填入其中一个集装箱的号码、尺寸及重量，其余集装箱不需要在报关单上填报。

5.（ ）出口报关单上的出境关别应填写口岸名称及其四位数代码。

6.（ ）如果签订和执行出口合同的不是同一个企业，出口报关单上的“境内发货人”栏应填报签订出口合同的企业。

7.（ ）出口报关单上的“运抵国”是指货物最终运往的目的地国家。

8.（ ）同一份合同项下的货物出口，即使分两批装运在不同的货轮上，出口报关时也使用同一份报关单进行申报。

9.（ ）出口报关单的“运费”栏中，“3”表示运费单价。

10.（ ）出口货物报关单上的“商品名称规格型号”栏，除了填报商品名称、规格型号两项内容之外，还必须填报品牌和出口享惠情况，共计四项内容。

任务7 申办原产地证明书

- **知识点：** 原产地认定标准，原产地证明书的种类，原产地证明书的申领程序，原产地证明书的使用。
- **技能点：** 申领原产地证，填制一般原产地证，填制普惠制FORM A原产地证，填制中国—东盟自贸区FORM E产地证。

知识准备

货物的原产地是指货物生产的国家（地区），就是货物的“国籍”。各个国家通常都以立法的形式制定出鉴别货物“国籍”的规则，以此来认定货物的原产地，这种鉴别货物国籍的规则就是原产地规则。

对进口国来说，只要确定了进口货物的原产地，就确定了其依照本国贸易政策所适用的关税和非关税待遇，也可以就此限制某些国家或地区产品的进口，因此原产地规则是各个国家在货物贸易中进行贸易保护的重要工具。

原产地规则包括原产地标准、直接运输原则和证明文件等。直接运输原则通常出现在优惠原产地规则中。

一、原产地认定标准

原产地证认定标准指一国根据国家法令或国际协定确定的原则制定并实施的，以确定货物的生产或制造国家或地区的具体规定。

原产地认定标准包括完全获得标准和实质性改变标准两种情况。

1．完全获得标准

完全获得标准即完全在一个国家（地区）获得的产品，不含任何进口的和产地不明的原材料和部件，以获得产品的国家（地区）为原产国，这一标准称为“完全获得标准”。

可视为完全获得产品的情况有：在该国土地、领水或海床开采的矿产品；在该国收获或采集的植物产品；在该国出生和饲养的活动物及其动物产品；在该国狩猎或捕捞所得产品；在该国海上捕捞所得产品或该国船只在海上得到的其他产品及其加工所得产品；在该国拥有单独开发权的领水外的海洋积土或底土开采的产品；在该国收集并只适用于原材料回收的、在制造或加工过程中得到的废碎料及废旧物品；在该国完全使用上述产品生产而制得的货物。

2．实质性改变标准

由两个或两个以上国家（地区）加工、制造的产品，以最后完成实质性加工的国家为原产国，这一标准称为“实质性改变标准”。

实质性改变标准包括税则归类改变标准、从价百分比标准、加工工序标准和混合标准等。

税则归类改变标准是指在某一国家（地区）对非该国（地区）原材料进行加工、制造后，所得货物在《协调制度》中的某位数级税目归类发生了变化。

从价百分比标准是指在某一国家（地区）对非该国（地区）原材料进行加工、制造后的增值部分超过了所得货物价值的一定比例。

加工工序标准是指在某一国家（地区）进行的加工工序，赋予制造、加工后所得货物基本特征的主要工序。

混合标准是指将上述两种或两种以上标准结合起来制定货物的原产地标准。

另外，在国际通行的原产地规则中，除了原产地标准外，还包括一些补充或辅助规则，以确保原产地规则的完整性。

二、原产地证明书的概念

原产地证明书（CERTIFICATE OF ORIGIN）是根据相关原产地规则签发的，证明货物生产地或制造地的书面文件。

按用途不同，原产地证明书可分为优惠性原产地证书和非优惠性原产地证书。优惠性原产地证书中记载的货物，可享受进口国（地区）海关的优惠关税待遇，非优惠性原产地证书中的货物，只能按正常关税进口。

按签发机构的不同，原产地证明书又有官方产地证明书和民间产地证明书之分。我国海关总署授权各直属海关代表中国的官方机构签发原产地证明书，中国国际贸易促进委员会或国际商会（简称为“贸促会”）及其地方分会则代表中国的民间机构签发原产地证明书。

原产地证明书能够证明货物的经济国籍，是决定货物在进口国享受何种关税待遇的重要证明文件，也是进口国海关进行贸易统计和采取数量控制的主要依据，具有特定的法律效力和经济作用，在国际贸易领域被形象地称为货物的“经济护照”。

在当前的国际贸易中，进口商要求提供原产地证明书，已成为国际惯例。

三、我国签发的原产地证明书

截至2020年年底，我国签发的各类原产地证书共4个类别25种，具体包括：一般原产地证明书1种、普惠制原产地证明书1种、优惠贸易协定原产地证明书16种、专用原产地证明书7种。

1. 一般原产地证明书

一般原产地证明书（CERTIFICATE OF ORIGIN）是证明货物在中国境内获得或经过加工制造、并发生了实质性改变的证明文件。

我国签发的一般原产地证明书，为英文证书，由国家指定机构统一印制，一套证书包括一份正本和三份副本，正本印有浅蓝色扭索型花纹和长城标记，由海关或贸促会负责签发，是出口货物享受正常关税（最惠国）待遇的有效证件。

2. 普惠制原产地证明书

普惠制原产地证明书（申报与证明联合）格式A［GENERALIZED SYSTEM OF PREFERENCES CERTIFICATE OF ORIGIN（COMBINED DECLARATION AND CERTIFICATE）

FORM A］（简称为“GSP FORM A产地证”或“FORM A产地证”），是普惠制受惠国向给惠国出口原产货物时，享受普惠制关税优惠待遇的官方证明文件。

普惠制是发达国家对发展中国家出口制成品和半制成品（包括某些初级产品）时，所给予的普遍的、非歧视的、非互惠的一种关税优惠制度。提供普惠制待遇的国家为给惠国，享受普惠制待遇的国家为受惠国。

由于普惠制实行毕业制度，近年来随着中国制造水平的提高，中国产品相继从普惠制受惠国及其受惠产品的名单中毕业，享受普惠制待遇的产品范围也越来越少。截至2020年年底，仅有俄罗斯、白俄罗斯、哈萨克斯坦、乌克兰、挪威等少数国家向中国提供普惠制优惠待遇，企业向这些国家出口，可以申请FORM A产地证。

FORM A产地证相当于一种有价证券，其格式由联合国贸易和发展会议统一规定，使用文种为英文或法文，一套证书包括一份正本和两份副本，正本印有绿色扭索型花纹，由海关总署授权各直属海关负责签发，是出口货物享受普惠制优惠关税的证明文件。

3．优惠贸易协定原产地证书

优惠贸易协定原产地证明书是根据优惠贸易协定原产地规则签发的，证明货物为优惠贸易协定成员国（地区）加工或生产制造的证明文件。我国原产的货物出口到缔约国（地区）时，国外客户享受关税减免待遇的必要凭证。

随着区域经济一体化的发展和中国对外开放的进一步扩大，与中国签署双边或多边自由贸易协定的国家（地区）越来越多，按照协定，出口成员国（地区）出口关税减让表内的产品，只要凭规定格式的产地证即可在进口成员国（地区）的海关享受到相应的关税优惠减免等措施。截至2020年年底，中国已经与巴基斯坦、智利、新西兰、新加坡、瑞士、澳大利亚、秘鲁、哥斯达黎加、东盟等26个国家和地区相继签署了19个自由贸易协定，企业出口货物到这些国家（地区），均可按进口商要求，向当地海关或贸促会申请签发相应的优惠贸易协定原产地证明书。

在各种优惠贸易协定原产地证明书中，中国—东盟自贸区关税优惠原产地证明书（申报与证明联合）格式E［ASEAN-CHINA FREE TRADE AREA PREFERENTIAL TARIFF CERTIFICATE OF ORIGIN（COMBINED DECLARATION AND CERTIFICATE）FORM E］（简称为“FORM E产地证”）是使用频率较高的一种原产地证明书，这主要得益于中国与东盟10个成员国（文莱、柬埔寨、印度尼西亚、老挝、马来西亚、缅甸、菲律宾、新加坡、泰国、越南）之间贸易额的稳步增长。

FORM E产地证为官方证书，有统一的格式，由各直属海关负责签发，一套证书包括一份正本和两份副本，使用国际标准白色A4纸印刷，所用文字为英文。

4．专用原产地证明书

专用原产地证明书是根据政治和贸易的特殊需要，针对某一特殊行业的特定产品规定的原产地证明书，包括金伯利进程证书、烟草真实性证书、输欧盟农产品原产地证书、加工装配证书、转口证书等。

（1）金伯利进程证书是指在实施金伯利进程证书制度成员国之间使用的，用于证明进出口毛坯钻石合法来源地的官方证明文件。

（2）烟草真实性证书是欧盟对品目号24.01项下部分烟草享受普惠制关税优惠待遇时要求提供的凭证。

（3）输欧盟农产品原产地证书是欧盟为进口特定农产品，如葡萄、葡萄酒、奶酪等而专门设计的，可以享受特定关税优惠待遇的证书。例如，输欧盟托考伊葡萄酒原产地证书、输欧盟奶酪制品证书。

（4）加工装配证书是指出口货物在中国进行加工装配，但不符合中国的原产地标准，不能取得中国的原产地证书时，由签证机构根据申请签发的，证明加工、装配地为中国的一种证明文件。

（5）转口证书是指经中国转口的非原产货物，由签证机构根据申请出具的，证明货物系他国原产、经中国转口的一种证明文件。

四、原产地证明书的申领程序

原产地证明书可以以书面方式申领，也可以在网上进行。在网上申领产地证是当前企业普遍采用的方式。企业申领原产地证，应由专职的产地证申领员负责。申领员需经过签证机构培训、考试后取得产地证申领员证书。

1．产地证的一般申领程序

企业向签证机构申领产地证，需按以下程序进行：

（1）办理备案登记。需要申请签发原产地证明书的单位，首先，要到其工商注册地的产地证签证机构办理备案登记手续，取得注册登记号、中国电子口岸IC卡等。然后，登录原产地证申报系统，进行新用户注册。注册成功后，登录系统，填写企业基本信息，上传营业执照、对外贸易经营者登记表、企业公章、中英文印章印模等电子文档资料，进行网上备案信息维护。

我国的原产地申报系统，有中国国际贸易单一窗口网站、互联网+海关门户网站、中国国际贸易促进委员会原产地申报系统网络平台以及其他网上申报系统等。

（2）申请签证。企业申请签证，需填写原产地证书申请书。一般原产地证书申请书如样单1-7-1所示。

申请签证的单位，应在货物报关出运之前最少3天，登录原产地证申领系统，对照合同、信用证条款，根据商业发票、装箱单等单据，如实填写原产地申请书及其原产地证明书，上传相关资料交签证机构审核。

出口货物如果含有进口成分，企业必须提供《产品成本明细单》，如属来料加工、进料加工方式生产，还必须提供加工合同、进口合同等。

（3）签证机构审核。签证机构在收到企业的原产地证书申请书后，即对申请资料进行表面审核，对符合要求的原产地证书申请，1个工作日之内即可办理证书的签发。

签证机构在审核过程中，可根据具体情况，针对性或随机对个别申报产品进行实地或送样等方式的签证调查，以确认产品的原材料、生产和加工工序等是否符合相关的原产地规则，然后决定是否签发相应的原产地证明书。

样单1-7-1　一般原产地证书申请书

一般原产地证书/加工装配证书
申请书

申请单位（盖章）　　　　　　　　　　　　　　　　　　　　　　　证书号：

注 册 号：

申请人郑重声明：

本人是正式被授权代表出口单位办理和签署本申请书的。

本申请书及一般原产地证明书所列内容正确无误；如发现弄虚作假，冒充产地证所列货物，擅改证书，自愿接受签证机关的处罚并负法律责任。现将有关情况申报如下：

<table>
<tr><td colspan="2">企业名称</td><td colspan="2"></td><td>发票号</td><td></td></tr>
<tr><td colspan="2">商品名称</td><td colspan="2"></td><td>HS税目号（以8位数码计）</td><td></td></tr>
<tr><td colspan="2">商品（FOB）总值（以美元计）</td><td colspan="2"></td><td>最终目的港及所在国家</td><td></td></tr>
<tr><td colspan="2">拟出运日期（以提单日期为准）</td><td colspan="2"></td><td>转口国(地区)</td><td></td></tr>
<tr><td colspan="6">贸易方式和企业性质（请在适处划“√”）</td></tr>
<tr><td colspan="2">一般贸易C</td><td colspan="2">灵活贸易L</td><td colspan="2">其他贸易方式Q</td></tr>
<tr><td>国营企业</td><td>三资企业</td><td>国营企业</td><td>三资企业</td><td>国营企业</td><td>三资企业</td></tr>
<tr><td colspan="2">毛重、包装数量或其他数量</td><td colspan="4"></td></tr>
<tr><td>原产地标准：
（划“√”）</td><td colspan="5">1. 本项商品完全国产，未使用任何进口原材料。________________
2. 本项商品含进口成分。________________
（含进口成分的商品，须提交“含进口成分产品加工工序成本明细表”。）</td></tr>
<tr><td colspan="6">现提交中国出口商业发票副本一份，一般原产地证书/加工装配证书一正三副，以及其他附件______份，请给予审核签证。
申请人说明：

申请人：　　　　　　（签名）
电话：
日期：　　　年　　月　　日</td></tr>
</table>

（4）领取证书。产地证申领员在收到签证机构审核通过的回执后，即可领取原产地证明书。

原产地证明书的领取，有自助打印和现场领取两种方式。目前，FORM A产地证、FORM E产地证等，需要申领员去现场领取，其他产地证，则可以自助打印。

凡是自助打印的原产地证明书，申领人需使用彩色打印机、借助原产地证书自助打印系统方能打印。

要去现场领取的原产地证明书，申领人需提前到海关或贸促会窗口领取空白的原产地证，使用针式打印机，在空白原产地证上套打产地证的内容，并签字、加盖企业中英文印章，送交签证机构盖章。

2．产地证的后发、重发和更改

一般情况下，原产地证明书应该在货物装运之前签发，但在个别情况下，由于发生不可抗力事件或出现非主观故意的情况，导致企业在装运出口后才申请到原产地证书，这种原产地证书称为“后发证书”。后发证书，签证机构会在证书上加盖“ISSUED RETROSPECTIVELY（后发）”英文印章，并要求企业提交运输单据。

如果已签发的原产地证明书发生遗失、破损或被盗等意外，导致不能正常使用，企业可以到签证机构申请重新办理，这样的原产地证明书称为“重发证书”。重发证书，签证机构会在产地证上加盖“DUPLICATE（复本）”英文印章，同时加注“THIS CERTIFICATE IS IN REPLACEMENT OF CETIFICATE OF ORIGINAL NO. ××× DATED ××× WHICH CANCELLED（此证为复本，某年某月某日所签发的第×××号证书作废）”等内容。

如果已签发的原产地证书内容发生变更，企业可以向签证机构申请进行更改。更改产地证，签证机构可以重发一份新证，也可以在已签发的原产地证书上手签更改内容，但需要签注更正章。

五、几种常用原产地证明书的内容及制作要求

（一）一般原产地证明书的内容及制作要求

一般原产地证明书（参见样单1-7-2）除证书号码由签证机构统一编发外，其余内容均由产地证申领员填写，其内容及缮制要求如下。

1．出口商（EXPORTER）

按实际填写出口商的公司名称及详细地址。信用证项下一般为受益人。

2．收货人（CONSIGNEE）

一般为进口商，或者信用证规定的运输单据的收货人。如果信用证规定的运输单据收货人为指示式抬头，则原产地证明的收货人可以为信用证的申请人或运输单据的被通知人。

本栏填收货人的名称及详细地址。

若合同或信用证要求此栏空白，则可以填“TO ORDER”或“TO WHOM IT MAY CONCERN”。

3．运输方式和路线（MEANS OF TRANSPORT AND ROUTE）

本栏应按实际填写。运输路线应填写合同或信用证规定的启运地、目的地和转运地，并应与运输单据所列内容一致。例如，FROM SHANGHAI TO OSLO VIA HONGKONG BY SEA。

4．目的地国家或地区（COUNTRY/REGION OF DESTINATION）

填货物最终运抵的目的地所在国家或地区，一般与最终收货人或最终目的地的国家或地区一致，不填中间商所在的国家。

5．供签证机构使用（FOR CERTIFYING AUTHORITY USE ONLY）

在正常情况下签发的产地证，本栏应空白不填；如为后发证书、补发证书，本栏由签证机构加盖“ISSUED RETROSPECTIVELY”“DUPLICATE”等英文印章和批注。

贸促会或国际商会签发的产地证，通常在本栏会加盖方形印章，注明“CHINA COUNCIL FOR THE PROMOTION OF INTERNATIONAL TRADE IS CHINA CHAMBER OF INTERNATIONAL COMMERCE”字样，即中国国际贸易促进委员会就是中国国际商会。

6．运输标志（MARKS AND NUMBERS）

应与商业发票一致，并符合信用证或合同规定。当唛头过多此栏不够填写时，可占用第7、8、9、10栏的空白处；如无运输标志，则填“NO MARKS”或“N/M”。

7．品名、包装种类和件数（DESCRIPTION OF GOODS, NUMBER AND KIND OF PACKAGES）

应按商业发票和装箱单填写，商品名称要具体详细，并注明规格型号；包装种类和件数应用数字和文字两种表示方法，如货物是散装，用IN BULK表示。

本栏内容填完后要在下一行加上“***”等表示结束的符号，以防伪造或添加。若信用证中要求产地证中显示信用证号，可加注在此栏结束符号下方。

8．商品编号（H.S. CODE）

按报关单中的8位数商品编码填写，不能留空。

9．数量（QUANTITY）

按商业发票和装箱单填写。以重量计算的商品填重量，但要注明毛重或净重，并注意与第7栏所列的货物一一对应。

10．发票号码及日期（NUMBER AND DATE OF INVOICE）

按商业发票的同类内容，分两行填写。为避免月份、日期的误解，月份一律用英文缩写表示，如INVOICE NO.：234-1A；INVOICE DATE：OCT.20，2020。

11．出口商声明（DECLARATION BY THE EXPORTER）

填写申报地点、申报日期，加盖企业中英文对照章，并由授权签字人签字。注意本栏日期不得早于第10栏的发票日期，不得晚于提单日期。声明的地点应为出口商所在地的城市名称。

12．证明（CERTIFICATION）

填写签证机构的地点和签证日期，加盖贸促会或海关的产地证签证章并由专人签字。注意签证日期不得早于申报日期，不得晚于提单日期。

样单1-7-2 一般原产地证明书

ORIGINAL

1. Exporter NANJING RUIYI INTERNATIONAL TRADING CO., LTD CHANGFA CENTER, 17TH FLOOR OF B BUILDING, 300 ZHONGSHAN EAST ROAD, NANJING, CHINA	Certificate No. C20MA1Y8DHN51082 **CERTIFICATE OF ORIGIN OF THE PEOPLE' S REPUBLIC OF CHINA**
2. Consignee BELCAM INC. 27 MONTGOMERY STREET ROUSES POINT NY 12979 UNITED STATES	
3. Means of transport and route FROM YANTIAN, CHINA TO UNITED STATES VIA MONTREAL, CANADA BY SEA	5. For certifying authority use only ISSUED RETROSPECTIVELY
4. Country / region of destination UNITED STATES	Verification:origin.customs.gov.cn

6. Marks and numbers	7. Number and kind of packages;description of goods	8. H.S.Code	9. Quantity	10. Number and date of invoices
	TWENTY FIVE (25) CTNS OF MANICURE SET	82.14	5000PCS	RAY-31226E-20 NOV. 25, 2020
	TWENTY (20) CTNS OF MANICURE SET *** *** *** *** ***	82.14	20000PCS	
FRONT AND SIDE MARK, 4 SIDES PRINTING PO #: ITEM #: NUMBER OF PIECES : COUNTRY OF ORIGIN :CHINA				

11. Declaration by the exporter 0000088012193 The undersigned hereby declares that the above details and statements are correct, that all the goods were produced in China and that they comply with the Rules of Origin of the People's Republic of China. NANJING RUIYI INTERNATIONAL TRADING CO.,LTD 南京锐意国际贸易有限公司 徐丽娟 Nanjing, China, DEC. 15, 2020 Place and date, signature and stamp of authorized signatory	12. Certification It is hereby certified that the declaration by the exporter is correct. NANJING CUSTOMS 中华人民共和国 南京 ORIGIN 海关 THE PEOPLE'S REPUBLIC OF CHINA 徐金 Nanjing, China, DEC. 15, 2020 Place and date, signature and stamp of certifying authority

203251004017584

（二）FORM A产地证的内容及制作要求

FORM A产地证（参见样单1-7-3）除证书号码由签证机构统一编发之外，其余均由出口商填写，其内容及填制要求如下。

1. 出口商的名称、地址、国别

即GOODS CONSIGNED FROM（EXPORTER'S BUSINESS NAME，ADDRESS，COUNTRY）。本栏填出口商的全称和详细地址，包括街道、门牌号码和国别等。

2. 收货人的名称、地址、国别

即GOODS CONSIGNED TO（CONSIGNEE'S NAME，ADDRESS，COUNTRY）。本栏填给惠国最终收货人的名称和详细地址，并注明国别。若收货人不明确，则填商业发票的抬头人或提单的被通知人，不能填写中间商的名称和地址。

3. 运输方式及运输路线

即MEANS OF TRANSPORT AND ROUTE（AS FAR AS KNOWN）。本栏填信用证或合同规定的运输方式和路线。若中途需要转运，还应注明转运地。例如，FROM XIAMEN TO HAMBURG VIA HONGKONG BY SEA。如有可能，应尽可能注明装运日期和承载运输工具名称。

4. 供官方使用栏

即FOR OFFICIAL USE。本栏供发证机构根据需要作批注用，出口企业制单时不必填写。

一般签证机构不接受货物发运后递交的产地证申请，故本栏仅在补发证书时填写，并加盖"ISSUED RETROSPECTIVELY"红色印章，或在副本证书上注明"本证为×年×月×日签发第×号证书的副本，原证书作废（THIS CERTIFICATE IS IN REPLACEMENT OF CETIFICATE OF ORIGINAL NO. ×DATED×WHICH CANCELLED）"。

5. 项目号

即ITEM NUMBER。同一批出口货物有不同品种的，可按不同品种归类后，用阿拉伯数字按顺序编号后填入此栏。如只有一种商品，此栏用"1"表示，或省略不填。

6. 运输标志及号码

即MARKS AND NUMBERS。本栏按发票上的唛头填写，若货物无唛头，则填"NO MARKS"或"N/M"。若唛头过多，此栏不够填写，可填写在第7、8、9、10栏的空白处，如还不够填写，则另加附页，标注产地证的证书号，由检验检疫机构授权签证人手签，并加盖签证章。

7. 包装种类及件数、货物描述

即NUMBER AND KIND OF PACKAGES；DESCRIPTION OF GOODS。本栏的包装种类及件数按商业发票和装箱单填写，应有数字和文字两种表示方法，货物描述应详细、具体，不得笼统，但商标、牌号、货号等可不填。此栏内容缮制完毕后应在次行加上表示结束的符号"***"，以防被添加其他货物。

样单1-7-3 普惠制产地证书FORM A格式

ORIGINAL

1. Goods consigned from (Exporter's business name, address, country)

Reference No.

GENERALIZED SYSTEM OF PREFERENCES

CERTIFICATE OF ORIGIN

(Combined declaration and certificate)

FORM A

Issued in THE PEOPLE'S REPUBLIC OF CHINA
(country)

See Notes overleaf

2. Goods consigned to (Consignee's name, address, country)

3. Means of transport and route (as far as known)

4. For official use

5. Item number	6. Marks and numbers of packages	7. Number and kind of packages; description of goods	8. Origin criterion (see Notes overleaf)	9. Gross weight or other quantity	10. Number and date of invoices

11. Certification

It is hereby certified, on the basis of control carried out, that the declaration by the exporter is correct.

……………………………………………………

Place and date, signature and stamp of certifying authority

12. Declaration by the exporter

The undersigned hereby declares that the above details and statements are correct; that all the goods were produced in CHINA
(country)

and that they comply with the origin requirements specified for those goods in the Generalized System of Preferences for goods exported to

……………………………………………………

(importing country)

……………………………………………………

Place and date, signature of authorized signatory

8．原产地标准

即ORIGIN CRITERION（SEE NOTES OVERLEAF）。本栏是普惠制产地证书的核心，是国外海关审核的重点项目，必须按规定如实填写，尤其是含有进口成分的商品，更应认真仔细。其填制要求分两种情况：

（1）商品不含进口成分，完全由中国企业自己生产，不论出口到哪个国家，本栏均填字母“P”。

（2）商品含有进口成分，但在中国进行了充分制作或加工，输往不同的国家时，其填写要求也不同。出口到挪威，填“W”和商品的H.S.税目号的前四位；出口至俄罗斯、白俄罗斯、哈萨克斯坦、乌克兰等，进口成分价值不得超过商品离岸价的50%，填“Y”，并加注该商品进口成分的价值占商品离岸价的百分比。

9．毛重或其他数量

即GROSS WEIGHT OR OTHER QUANTITY。本栏填写出口货物的量值及商品计量单位，以重量计量的商品填毛重，若无毛重则填净重，但要注明“N.W.”。如计量单位是台、打、匹等，则除毛重外再加×台、×打、×匹等。

10．发票号码及日期

即NUMBER AND DATE OF INVOICES。按实际发票号及日期填写。日期的月份要求用英文填写，以免误解。

11．证明

即CERTIFICATION。本栏由签证机构填写，包括签证机构的地点、签证日期，海关授权签字人的签名、海关普惠制产地证专用签证章。本栏的日期不得早于第10栏的发票日期和第12栏的申请日期。

12．出口商声明

即DECLARATION BY THE EXPORTER。填写进口国国别、申请地点、申请日期，加盖企业在签证机构注册的中英文对照公章，并由专人签字。注意进口国的国别应与第2栏收货人所在国的国别一致，申请日期应晚于发票日期，并早于提单日期。

（三）FORM E产地证的内容及制作要求

FORM E产地证（参见样单1-7-4）的证书号码由签证机构编发，其余内容由产地证申领员填写。证书各栏的内容及填制要求如下。

1．出口商名称、地址、国家

即PRODUCTS CONSIGNED FROM（EXPORTER'S BUSINESS NAME, ADDRESS, COUNTRY）。此栏应填在中国境内注册的出口商或生产商的名称、地址和国名。如果此栏填写了生产商，则证书第11栏应由生产商做出声明，同时在证书第7栏标注出口商的名称和地址。

2．收货人的名称、地址、国家

即PRODUCTS CONSIGNED TO（CONSIGNEE'S NAME, ADDRESS, COUNTRY）。此栏应填中国—东盟自贸区成员国最终收货人的名称、地址和国名，应是信用证上规定的提单通知

样单1-7-4 中国—东盟自由贸易区原产地证书FORM E格式

Original

1. Products consigned from (Exporter's business name, address, country)

2. Products consigned to (Consignee's name, address, country)

3. Means of transport and route (as far as known)

Departure date DEC. 21, 2020

Vessel's name / Aircraft etc. KMTC SINGAPORE/2014S

Port of Discharge HOCHIMINH VIETNAM

FROM SHENZHEN, CHINA TO HOCHIMINH CITY, VIETNAM BY SEA

Reference No. E20585663554F529 (PAGE 1 OF 2)

ASEAN-CHINA FREE TRADE AREA
PREFERENTIAL TARIFF
CERTIFICATE OF ORIGIN
(Combined Declaration and Certificate)

FORM E

Issued in THE PEOPLE'S REPUBLIC OF CHINA
(Country)

See Overleaf Notes

4. For Official Use

☐ Preferential Treatment Given

☐ Preferential Treatment Not Given (Please state reason/s)

Verification: origin.customs.gov.cn

Signature of Authorised Signatory of the Importing Party

5. Item Number	6. Marks and numbers on packages	7. Number and type of packages, description of products (including quantity where appropriate and HS number in six digit code)	8. Origin criteria (see Overleaf Notes)	9. Gross weight or net weight or other quantity, and value (FOB) only when RVC criterion is applied	10. Number, date of invoices
		NINETY ONE (91) CTNS OF MANICURE IMPLEMENT			17789088 DEC. 16, 2020
1		FORTY NINE (49) CTNS OF TWEEZERS H.S. CODE 8203.20	"PE"	130.20KGS G.W.	
2		FORTY TWO (42) CTNS OF CLIPPER H.S. CODE 8214.20 *** *** *** *** *** *** THIRD-PARTY OPERATOR: PACIFIC WORLD CORPORATION —USA 100 TECHNOLOGY, SUITE 200 IRVINE, CA 92618, UNITED STATES	"PE"	240.80KGS G.W.	
	PO# 9-20 TRIM PACIFIC WORLD CORP ITEM# DESC: QTY: CARTON NUMBER____OF____				

11. Declaration by the exporter

The undersigned hereby declares that the above details and statement are correct; that all the products were produced in

CHINA
(Country)

and that they comply with the origin requirements specified for these products in the Rules of Origin for the ACFTA for the products exported to

VIET NAM
(Importing Country)

Huangpu, China, DEC. 21, 2020

Place and date, signature of authorised signatory

12. Certification

It is hereby certified, on the basis of control carried out, that the declaration by the exporter is correct.

HUANGPU CUSTOMS 中华人民共和国 黄埔 ORIGIN 海关 THE PEOPLE'S REPUBLIC OF CHINA

0000088145065

Huangpu, China, DEC. 21, 2020

Place and date, signature and stamp of certifying authority

13.
☐ Issued Retroactively ☐ Exhibition
☐ Movement Certificate ☑ Third Party Invoicing

2030098221

人或特别声明的收货人。中国香港特别行政区、台湾地区的中间商除外。

3．运输方式及路线（就所知而言）

即MEANS OF TRANSPORT AND ROUTE（AS FAR AS KNOWN）。本栏包括DEPARTURE DATE、VESSEL'S NAME/AIRCRAFT ETC.及PORT OF DISCHARGE三部分，即离港日期、运输工具及卸货口岸。出口商应如实填写。例如，

DEPARTURE DATE（离港日期）：JAN 22，2020

VESSEL'S NAME/ AIRCRAFT ETC.（船名/飞机等）：HEUNG A SINGAPORE V.123

PORT OF DISCHARGE（卸货口岸）：BANGKOK，THAILAND

4．供官方使用

即FOR OFFICIAL USE。分两种情况：一是根据中国—东盟自由贸易区优惠关税协议给予优惠待遇，二是不给予优惠待遇，并要求注明原因。

此栏无须出口商填写，在货物到达目的地后由进口国海关进行相应的标注，并由授权签字人签字。

5．商品项号

即ITEM NUMBER。申请签证商品，如果有不同品种，则按不同品种分别按顺序编号"1""2""3"……，以此类推，项数不限。如果项数过多，证书可以有续页，但是续页应与首页有相同的格式、签名、印章和编号。

单项商品出口，此栏填"1"。

6．唛头及包装件数

即MARKS AND NUMBERS OF PACKAGES。此栏应按货物外包装上的实际唛头，填写完整的图案文字标记及包装件数，并与发票相符，唛头中不得出现中国以外的地区或国家制造的字样，也不能出现香港、澳门、台湾原产地字样。

如果唛头过多，此栏不够填写，可填在第7、8、9、10栏结束符以下的空白处。

如果货物没有唛头，应填打"N/M"或"NO MARKS"字样，不得留空不填。

7．包装件数及类别、产品描述

即NUMBER AND TYPE OF PACKAGES，DESCRIPTION OF PRODUCTS（INCLUDING QUANTITY WHERE APPROPRIATE AND HS NUMBER IN SIX DIGIT CODE）。具体填写要求如下：

（1）包装件数及类别。应具体填明货物的包装种类（如CASE，ARTON，BAG等），不能只填"PACKAGE"。如果无包装，应填明货物出运时的状态，如"NUDE CARGO"（裸装货）、"IN BULK"（散装）、"HANGING GARMENTS"（挂装）等。包装数量必须用英文数字描述后再用括号加上阿拉伯数字同时表示。

（2）产品描述。产品描述应详细、具体，包括货名、数量及6位数的HS编码。不能笼统填写"MACHINE""GARMENTS""FABRIC"等，商品的商标、牌名（BRAND）及货号（ARTICLE NUMBER）可以不填。如果信用证中品名笼统或拼写错误，必须在括号内加注具体描述或正确品名。

本栏内容填完后，应在末行加上截止线，以防止加填伪造内容。如果信用证要求填写合同、信用证号码等，可加打在此栏截止线下方，并以“REMARKS”作为开头。

8．原产地标准

即ORIGIN CRITERIA（SEE NOTES OVERLEAF）。FORM E产地证的原产地标准有5个，具体填写要求如下：

（1）WO标准。适用于在中国完全获得或生产的产品，如水果、鱼类、初级矿产品等。符合此标准的出口产品，本栏填“WO”。

（2）PE标准。适用于在中国生产的，只使用中国、东盟原产材料的产品，一般用于工业品及加工制成品，如钢铁制品、服装、纺织品等。符合此标准的出口产品，本栏填“PE”。

（3）RVC标准。适用于在中国生产的，含有非中国、东盟原产材料的产品，中国—东盟自贸区的价值成分应大于40%。符合此标准的出口产品，本栏填“RVC”及中国—东盟自贸区累计价值成分的百分比。

（4）CTH标准。适用于在中国生产的，含有非中国、东盟原产材料的产品，非原产材料的4位品目发生了改变，且产品属于《中华人民共和国进出口税则》第25、26、28、29（29.01、29.02除外）、31（31.05除外）、39（39.01、39.02、39.03、39.07、39.08除外）、42~49、57~59、61、62、64、66~71、73~83、86、88、91~97章的范围之内。符合此标准的出口产品，本栏填“CTH”。

（5）PSR标准。适用于符合特定原产地标准，并被列入产品特定原产地规则清单（即PSR清单）的产品。符合此标准的出口产品，本栏填“PSR”。

9．毛重或净重或其他数量，以及当适用区域价值成分时的FOB货值

即GROSS WEIGHT OR NET WEIGHT OR OTHER QUANTITY AND VALUE（FOB）ONLY WHEN RVC CRITERION IS APPLIED。可以填毛重或净重，但要注明是G. W. 或者N. W.。

只有当产品适用于RVC标准或者适用于PSR清单的RVC标准时，才要求填写FOB货值。

10．发票号码及日期

即NUMBER AND DATE OF INVOICES。本栏应按实际填写，注意：发票日期不能迟于出货日期和申报日期。

11．出口商声明

即DECLARATION BY THE EXPORTER。填写出口国、进口国、申请地点、申请日期，加盖申报单位在签证机构注册的印章，并由产地证申领员进行手签。

注意：

（1）进口国必须是中国—东盟自贸区的成员国，且必须与第3栏目的港的国别一致。

（2）申报日期不得早于发票日期，不迟于出运日期（后发证书除外）。

12．证明

即CERTIFICATION。此栏填打签证机构的签证地点和签证日期。签证机构授权签证人员经审核后在此栏手签，并加盖签证局印章。

注意：

（1）证书的正本和两份副本均需加盖签证印章。

（2）证书上签证日期不得早于发票日期和申报日期，不迟于货物的出运日期（后发证书除外）。

（3）如系重发证书，此栏需加打“CERTIFIED TRUE COPY”。

13. 其他说明

共有4个选项，分别为“ISSUED RETROACTIVELY（后发）”“EXHIBITION（展览品）”、“MOVEMENT CERTIFICATE（流动证明）”和“THIRD PARTY INVOICING（第三方发票）”。

如果签证日期超过船开后3天，则勾选第一选项“ISSUED RETROACTIVELY”，即后发证书；如果产地证所涉及的货物用于展览，则勾选第二选项“EXHIBITION”；如果出口中间方根据第一个出口方所签发的原始产地证（FORM E）再签发一个产地证，证明所涉产品的原产地资格，则勾选第三选项“MOVEMENT CERTIFICATE”；如果使用第三方发票申请产地证，则勾选第四选项“THIRD PARTY INVOICING”，同时在第7栏“品名和件数描述”下面空白处注明第三方发票出具人的公司名称及所在国家等信息，此时，第10栏也应显示第三方发票的号码和日期。

第三方发票是指出口方提供给进口方的发票，是中国大陆和东盟成员国之外的第三方国家或地区的商人所开具的。

六、《ISBP 745》对原产地证明书的规定

1. 基本要求和功能体现

《ISBP 745》第L1条和第L2条的规定，如果信用证要求提交特定格式的原产地证书，如普惠制原产地证书表格A，则出口方只可提交该特定格式的单据。但是，如果信用证对原产地证书的格式未作要求，则出口商提交的单据只要看似与所开发票的货物相关，并能证实货物的原产地，经过签署，即可满足要求。

2. 原产地证明书的出具人

《ISBP 745》第L3条规定，原产地证明书必须由信用证规定的实体出具。如果信用证未规定出具人名称，则原产地证明书可由任何实体出具。同时还规定，行业协会、经济协会、海关和贸易部门等类似机构出具的原产地证明书可以代替商会出具的产地证，商会出具的产地证可以代替受益人、出口商或制造商出具的产地证。

由此可见，海关签发的产地证效力最高，其次为商会/贸促会签发的产地证、出口商签发的产地证，生产制造商签发的产地证效力最低。

3. 原产地证明书的内容

《ISBP 745》第L4条规定，原产地证明书必须看似与所开发票的货物相关联，关联的方式可以是信用证规定的，或其他规定单据的，或产地证附件中显示的货物描述，这种货物描述可以用统称，但不得与信用证相矛盾。

《ISBP 745》第L5条、L6条规定，原产地证书中显示的收货人，不得与运输单据相矛盾，但是，当运输单据的收货人为指示性抬头或信用证的开证行时，产地证上的收货人可以为信用证受益人之外的任何具名实体。产地证的发货人或出口商，可以是受益人，也可以是托运人之外的任何人。

《ISBP 745》第L7条规定，如果信用证规定了货物的原产地，但未要求提交原产地证书，则信用证规定单据所援引的原产地不得与规定的原产地相矛盾。

《ISBP 745》还规定，只要发货人或出口商不是受益人，产地证上显示的发票号码、发票日期、运输路线就可以与规定单据上的相应内容不同。

▪ 任务操作

本项目信用证中，单据条款第2条规定：02-CERTIFICATE OF ORIGIN IN 1 ORIGINAL LEGALIZED BY THE LOCAL CHAMBER UNDER KACTOS’ ORDER NUMBER CERTIFYING THE ORIGIN OF THE GOODS IS CHINA。该条款要求一般原产地证，一份正本由本地商会出具，证明KACTOS公司订单号项下货物的原产地是中国。

中国国际贸易促进委员会（简称“贸促会”）和中国国际商会是同一家机构，在全国各地均有分支机构，申领商会的产地证，一般加盖贸促会的印章，产地证上同时注明“CHINA COUNCIL FOR THE PROMOTION OF INTERNATIONAL TRADE IS CHINACHAMBER OF INTERNATIONAL COMMERCE（中国国际贸易促进委员会即中国国际商会）”。江苏汇鸿鸣骏公司所在地的商会，为江苏省国际商会，其业务受江苏省贸促会指导，公司的产地证授权签字人朱文涛，于2020年5月17日向江苏贸促会提出签发一般原产地证书的申请，贸促会根据要求，签发的一般原产地证书如样单1-7-5所示。

样单1-7-5　一般原产地证书

ORIGINAL

1. Exporter HIGH HOPE INTERNATIONAL GROUP JIANGSU MINGJUN IMP AND EXP CORD LTD 87 BAIXIA ROAD,NANJING CHINA	Serial No. CCPIT300 1501280527 Certificate No. 15C3201C0172/00073R INTERNATIONAL CHAMBER OF COMMERCE ICC CERTIFICATE OF ORIGIN Accredited Chamber CN1300101 WORLD CHAMBERS FEDERATION CERTIFICATE OF ORIGIN OF THE PEOPLE' S REPUBLIC OF CHINA
2. Consignee KOCTAS YAPI MARKETLERI TICARET A.S. TASDELEN SILE OTOBANI 11.KM ALEMDAR SAPAGI SIRRI CELIK BULVARI 34788 UMRANIYE ISTANBUL TURKEY	
3. Means of transport and route FROM NINGBO ,CHINA TO IZMIT TURKEY BY VESSEL	5. For certifying authority use only CHINA COUNCIL FOR THE PROMOTION OF INTERNATIONAL TRADE IS CHINA CHAMBER OF INTERNATIONAL COMMERCE VERIFY URL:HTTP://WWW.CO-CCPIT.ORG/
4. Country / region of destination TURKEY	

6. Marks and numbers	7. Number and kind of packages; description of goods	8. H.S.Code	9. Quantity	10. Number and date of invoices
KACTOS IZMIT TURKEY 5600006443 NO.1-125	PORTABLE TOOLS PP 1010w car polisher(SKU CODE 2000012576) TOTAL SAY ONE HUNDRED AND TWENTY FIVE(125)CTNS ONLY. UNDER KOCTAS' ORDER NUMBER:5600006443 KOCTAS' SKU CODE : 2000012576 THE ORIGIN OF THE GOODS IS CHINA L/C NUMBER:5503833100815 ******	84672910	1875KGS	HHMJ150409 APR.20,2020

11. Declaration by the exporter The undersigned hereby declares that the above details and statements are correct, that all the goods were produced in China and that they comply with the Rules of Origin of the People's Republic of China. 江苏汇鸿鸣骏进出口有限公司 HIGH HOPE INT'L GROUP JIANGSU MINGJUN IMP & EXP CORP. LTD. 朱文涛 NAN JNG CHINA, MAY, 18, 2020 Place and date, signature and stamp of authorized signatory	12. Certification It is hereby certified that the declaration by the exporter is correct. 中国国际贸易促进委员会 单据证明专用章（苏） CHINA COUNCIL FOR THE PROMOTION OF INTERNATIONAL TRADE (JIANGSU) ADDRESS:2F SKRT BUILDING,50 ZHONGHUA ROAD,NANJING,210001 FAX:025-[illegible]5467 TEL:025-[illegible]56815 NAN JNG CHINA, MAY, 18, 2020 Place and date, signature and stamp of certifying authority

page 1 of 1

■ 任务检测

1．根据“任务5办理货物出境报检手续”任务检测所提供信用证及相关资料，填制普惠制原产地证明书一份。注意：该批货物完全由中国企业自己生产。

<table>
<tr><td colspan="3">1. goods consigned from (Exporter's name, address, country)</td><td colspan="3" rowspan="2">Reference No.

GENERALIZED SYSTEM OF PREFERENCES
CERTIFICATE ORIGIN
(combined declaration and certificate)
FORM A
Issued in THE PEOPLE'S REPUBLIC OF CHINA
(COUNTRY)

see notes. overleaf</td></tr>
<tr><td colspan="3">2. goods consigned to (Consignee's name, address, country)</td></tr>
<tr><td colspan="3">3. Means of transport and route(as far as known)</td><td colspan="3">4. For official use</td></tr>
<tr><td>5. Item number</td><td>6. Marks and numbers</td><td>7. Number and kind of packages; description of goods</td><td>8. Origin criterion (see notes overleaf)</td><td>9. Gross weight or other Quantity</td><td>10. Number and date of invoices</td></tr>
<tr><td colspan="3">11. Certification
It is hereby certified, on the basis of control out, that the declaration by the exporter is correct.

……………………………………………………
Place and date, signature and stamp of certifying authority</td><td colspan="3">12. Declaration by the exporter
The undersigned hereby declares that the above details and statements are correct; that all the goods were produced in CHINA and that they comply with the origin requirements specified for those goods in the generalized system of preferences for goods exported to

……………………………………………………
(importing country)

……………………………………………………
Place and date, signature and stamp of certifying authority</td></tr>
</table>

2．根据下列信用证及相关资料，填制中国—东盟自贸区原产地证明书一份。

信用证如下所示：

SEQUENCE OF TOTAL　　27:　1/1

FORM OF DOC. CREDIT　　40A: IRREVOCABLE

DOC.CREDIT NUMBER　　20:　GYFDS-345678091

DATE OF ISSUE 31C: 20/10/15
EXPIRY 31D: DATE 20/11/30 PLACE CHINA
APPLICANT 50: LINDA INTERNATIONAL COMPANY.NO.
1000/237 LIBERTY PLAZA SUKHUMVIT 55 KLONGTONNUA,
WATTANA, BANGKOK 1001, THAILAND.
BENEFICIARY 59: YAMINGYUAN I/E., LTD.
NO. 12 JINGJI RD., HANGZHOU, P.R. CHINA
AMOUNT 32B: CURRENCY USD AMOUNT 146.160,00
AVAILABLE WITH/BY 41D: ANY BANK IN CHINA BY NEGOTIATION
DRAFT AT ... 42C: AT SIGHT
DRAWEE 42A: KRUNGSRI BANK, BANGKOK BRANCH
PARTIAL SHIPMENTS 43P: NOT ALLOWED
TRANSSHIPMENTS 43T: NOT ALLOWED
LOADING IN CHARGE 44A: SHANGHAI
FOR TRANSPORT TO 44B: THAILAND
LATEST DATE O SHIP 44C: 20/11/15
DESCRIPTION OF GOODS 45A: SHOES
7200PAIRS, USD20.30/PAIR, FOBSHANGHAI, CHINA
PACKED IN CARTONS, 18PAIRS/CTN
AS PER S/C NO. YAMY3206-6
DOCUMENTS REQUIRED 46A:
+FULL SET (3/3) CLEAN ON BOARD OCEAN BILLS OF LADING MADE OUT TO ORDER OF SHIPPER MARKED ‘FREIGHT COLLECT’ AND NOTIFY APPLICANT.
+SIGNED COMMERCIAL INVOICE IN TRIPLICATE INDICATING S/C NO.
+PACKING LIST IN TRIPLICATE.
+CERTIFICATE OF ORIGIN FORM E.
ADDITIONAL COND. 47A:
+A HANDING FEE OF USD50.00 WLLL BE DEDUCTED IF DISCREPANCY DOCOMENTS PRESENTED.
+INSURANCE TO BE EFFECTED BY BUYER.
+ALL DOCUMENS MUST BE IN ENGLISH.
DETAILS OF CHARGES 71B: ALL BANKING CHARGES OUTSIDE THE ISSUING BANK ARE FOR BENEFICIARY’S ACCOUNT
PRESENTATION PERIOD 48: DOCUMENTS TO BE PRESENTED WITHIN 15 DAYS AFTER THE DATE OF SHIPENT, BUT WITHIN THE VALIDITY OF THE CREDIT.

该批货物完全由中国自己生产，信用证项下的发票号码为YAMA-YF-161107，发票日期为

2020年10月28日，货物拟于2020年11月8日装运出口，毛重10230KGS，单证员杨大发于2020年11月1日向杭州海关申请办理产地证。

<table>
<tr><td colspan="3">1. Products consigned from(Exporter's business name, address, country)</td><td colspan="3" rowspan="2">Reference No.

ASEAN-CHINA FREE TRADE AREA
PREFERENTIAL TARIFF
CERTIFICATE OF ORIGIN
(Combined Declaration and Certificate)
FORM E
Issued in THE PEOPLE'S REPUBLIC OF CHINA
(Country)
See Overleaf Notes.</td></tr>
<tr><td colspan="3">2. Products consigned to (Consignee's name, address, country)</td></tr>
<tr><td colspan="3">3. Means of transport and route (as far as known)
Departure date
Vessel's name/Aircraft etc.
Port of discharge</td><td colspan="3">4.For official use
☐ Preferential Treatment Given
☐ Preferential Treatment Not Given(Please state reasons)

Signature of Authorized Signature of the Importing Party</td></tr>
<tr><td>5. Item number</td><td>6. Marks and numbers of packages</td><td>7. Number and type of packages, description of products (including quantity where appropriate and HS number in six digit code)</td><td>8. Origin criteria (See Overleaf Notes)</td><td>9. Gross weight or net weight or other quantity and value(FOB) only when RVC criterion is applied</td><td>10. Number and date of invoices</td></tr>
<tr><td></td><td></td><td></td><td></td><td></td><td></td></tr>
<tr><td colspan="3">11. Declaration by the exporter
The undersigned hereby declares that the above details and statement are correc that all the products were produced in
CHINA
……………………………………………………
(country)
and that they comply with the origin requirements specified for those products in the rules of Origin for the ACFTA for the products exported to

……………………………………………………
(importing country)

……………………………………………………
Place and date, signature of authorized signatory</td><td colspan="3" rowspan="2">12. Certification
It is hereby certified, on the basis of control carried out, that the Declaration by the exporter is correct.

……………………………………………………
Place and date, signature and stamp of certifying authority</td></tr>
<tr><td colspan="3">13.
☐Issued Retroactively ☐Exhibition
☐Movement Certificate ☐Certificate Third Party Invoicing</td></tr>
</table>

习题作业

一、选择题

1. 我国一般原产地证书的官方发证机构是（　）。

A．贸促会　B．海关　C．制造商　D．出口商

2. 惠普制地产证中的Origin criterion（原产地标准）一栏，应根据货物原料进口成分的比例填制，“P”表示（　）。

A．含进口成分　B．无进口成分

C．进口成分要在40%以下　D．进口成分在40%以上

3. 优惠贸易协定原产地证项下的货物，可以在进口国享受（　）待遇。

A．普惠制关税　B．最惠国关税　C．正常关税　D．优惠关税

4. 如果信用证中没有特别规定，原产地证书可以由（　）出具。

A．海关　B．贸促会　C．生产商　D．出口商

5. 出口企业申请办理原产地证明书时，应提交的文件有（　）。

A．原产地证明申请书　B．提单

C．原产地证明书　D．报关单

6. 根据我国规定，出口企业向签证机构申请办理一般原产地证书的最迟时间是（　）。

A．货物出运后3天　B．货物出运前3天

C．货物出运后5天　D．货物出运前5天

7. 下列单据中，出单日期最早的是（　）。

A．原产地证书　B．产地证申请书

C．提单　D．装运通知

8. 一般原产地证书的第5栏“FOR CERTIFYING AUTHORITY USE ONLY（供签证机构使用）”中如果加盖了“ISSUED RETROSPECTIVELY”英文印章，说明该产地证为（　）。

A．后发证书　B．补发证书　C．副本证书　D．正常证书

9. 普惠制产地证的第2栏“GOODS CONSIGNED TO”栏应填（　）。

A．合同的买方　B．与提单一致　C．真正的买主　D．信用证申请人

10. 中国某企业生产了一批钢铁产品拟出口到越南，欲申请中国—东盟自贸区原产地证书FORM E格式，经查，该产品的原材料中含有从澳大利亚进口的铁矿石，铁矿石的价值成分含量为30%，产品未列入PSR清单，则第产地证8栏中，应填写（　）。

A．“wo”　B．“PE”　C．“RVC”　D．“CTH”

二、判断正误题

1.（ ）普惠制产地证书格式A上必须详细填写本批货物最终目的地，给惠国收货人的名称、地址、国别。如果有中间商，还应该详细填写中间商的名称、地址、国别。

2.（ ）进口布料剪裁缝制为服装后再出口至俄罗斯，因为布料是进口的，所以不能申请办理普惠制产地证格式A。

3.（ ）中国—东盟自贸区产地证书的原产地标准栏应按货物原料进口成分的实际情况分别按比例填制。

4.（ ）原产地证的签证日期不得早于发票日期和申报日期，但应早于货物的出运日期。

5.（ ）普惠制产地证书表格A是证明有关商品的原产地为该受惠国的专门证书，是海关凭以减免关税的证件，因此它是有价值的。

6.（ ）一般原产地证明书的第3栏（MEANS OF TRANSPORT AND ROUTE）必须填报运输方式、运输工具、装运港和目的港，但不需要填报中转港的名称。

7.（ ）凡是在网上申请的原产地证，企业都可以自助打印，无须去签证机构领取。

8.（ ）出口货物如果需要一般原产地证书，企业只能向海关申请，向贸促会申请将不予受理。

9.（ ）普惠制是发达国家给予发展中国家商品出口中的关税优惠待遇，因此我国商品出口到发达国家，均可申请普惠制产地证。

10.（ ）如果信用证要求运输单据做成指示式抬头，则原产地证明书显示的收货人也必须与提单收货人一致。

11.（ ）如果信用证要求原产地证明，则出口商提交经过签署、注明日期的证明货物原产地的单据即可满足要求。

12.（ ）信用证项下，原产地证明中的货物描述必须与发票的货物描述一致，不得使用统称。

13.（ ）信用证要求受益人、出口商或厂商出具原产地证明书，则商会出具的产地证不能被接受。

14.（ ）原产地证书中使用“*********”的目的是防止出口商进行添加。

15.（ ）企业如果在货物装船后申领产地证，签证机构不予签发。

任务8　审核保险单据

■ **知识点：**保险条款与险别，保险单据，保险单上的被保险人，保险金额。
■ **技能点：**办理出口货运险，审核保险单。

■ 知识准备

出口货物在长途运送和装卸过程中，有可能因自然灾害、意外事故或其他外来因素而导致受损，货主为了在货物受损后能获得经济补偿，通常在货物出运前，都要向保险公司办理有关货物的运输保险手续，以便当被保险货物遭受到承保责任范围内的损失时，能够得到保险公司的补偿。保险单据就是被保险人索赔和保险公司理赔的依据。

在以CIF、CIP术语成交的合同中，办理保险是卖方的基本义务之一，因此保险单据就成为卖方向买方提供的出口结汇单据。

一、我国进出口业务中的保险条款与险别

1．中国保险条款

中国保险条款（CHINA INSURANCE CLAUSE, CIC）是中国人民保险公司（PICC）根据我国保险工作实际，参照国际保险市场的习惯做法，按照伦敦协会货物险条款制定的货物运输保险条款，包括海洋、陆上、航空和邮包运输险条款及其附加条款。

中国保险条款的货物运输险分为基本险和附加险两大类，基本险可以单独投保，附加险不能单独投保。其中，基本险有平安险（FPA）、水渍险（WPA）和一切险（ALL RISKS）三种，平安险的承保范围最小，水渍险次之，一切险的承保范围最大。根据货物特点和实际情况，货主还可选择加保附加险，附加险又有一般附加险和特殊附加险之分，战争险和罢工险属于特殊附加险，一般附加险包含在了一切险的承保范围之内。

目前我国出口业务中，一般多选用保险公司承保责任范围较大的一切险。

2．伦敦保险协会货物险条款

伦敦保险协会货物险条款（INSTITUTE CARGO CLAUSE，ICC）是英国制定，经多次修改后形成的。

伦敦保险协会货物险条款共包括6种险别，分别是：ICC（A）险、ICC（B）险、ICC（C）险、协会货物战争险条款（INSTITUTE WAR CLAUSE—CARGO）、协会货物罢工险条款（INSTITUTE STRIKES CLAUSE—CARGO）、恶意损害险条款（MALICIOUS DAMAGE CLAUSE）。除恶意损害险条款不能单独投保外，其他险别均可单独投保。从承保范围来看，ICC（A）险大致相当于中国的一切险，ICC（B）险大致相当于中国的水渍险，ICC（C）险大致相当于中国的平安险。

我国出口业务中，如果进口商要求办理ICC险，保险公司可按伦敦协会货物险条款进行承保。

二、保险单据的种类

目前，我国进出口业务中使用的保险单据主要有以下几种。

1. 保险单

保险单（INSURANCE POLICY）是保险人根据被保险人的要求，表示已接受承保责任而出具的一种独立文件。它既有正面内容，又有背面条款，是一种正规的保险单据，俗称“大保单”，是目前我国出口贸易中最常使用的保险单据。这种保险单可以通过背书将被保险利益进行转让。

2. 保险凭证

保险凭证（INSURANCE CERTIFICATE）是一种简化了的保险单，它仅有正面内容，没有背面条款，俗称“小保单”。保险凭证与保险单具有同等的法律效力，但是，保险单可以代替保险凭证，而保险凭证不能代替保险单使用。

近年来，随着单据格式的规范化，保险凭证这种保险单据已经很少使用。

3. 预约保险单

预约保险单（OPEN COVER）又称开口保单，是保险人与被保险人为了简化保险手续，预先订立的在特定期限内有效的进出口货物运输保险单。凡预约保险单项下的进出口货物，一经起运，保险公司即自动承保，但要求被保险人在每批货物发运后应立即向保险公司发出“保险声明书”或“装运通知”。

预约保险单简化了逐批投保的手续，减少了投保人因漏保或迟保而造成的损失。这种做法适用于经常有进出口业务的企业进行投保。

信用证项下，银行可以接受保险单代替预约保险项下的保险证明书或声明书。

4. 暂保单

暂保单（COVER NOTE）又称临时保单，是保险公司在正式的保险单签发之前出具给被保险人的临时保险凭证，它的内容比较简单，仅载明了被保险人、承保险别和保险标的，待正式的保险单出具后，暂保单即失效。

信用证方式下，暂保单不被银行接受。

5. 保险批单

保险批单（ENDORSEMENT）是保险公司出具保险单后，投保人对原保险事项进行了补充或更改，此时，保险公司可根据投保人的申请，另外出具一份补充性书面凭证，注明更改或补充的内容。

保险单一经批改，保险公司即按批改后的内容承担责任。

保险批单作为原保险单不可分割的一部分，原则上需黏贴在保险单上，并加盖保险公司骑缝章。

三、出口货运险的投保程序

1. 出口商投保

出口商办好运输手续，取得了“配舱回单”，确定了装运日期和装载运输工具后，即可向保险公司办理出口货物运输保险的投保手续。

出口商办理保险投保，首先应选择一家合适的保险公司，按合同或信用证约定的投保加成率、保险条款和险别，填写“出口货物运输保险投保单（参见样单1-8-1）”，并提供商业发票、装箱单。

投保单是出口商向保险公司提出投保的书面申请，其主要内容包括被保险人的公司名称、被保险货物的品名、标记、数量及包装、运输工具名称、开航日期及起讫地点、保险金额、投保险别、投保日期等，并由出口商签章。

2. 保险公司受理并计费

保险公司收到出口商递交的投保单后，即根据投保要求，确定投保险别所适用的保险费率，计算保险金额和保险费，并向出口商收取相应保险费。其中，

$$保险金额=发票的CIF金额\times(1+投保加成率)$$

$$保险费=保险金额\times保险费率$$

保险公司受理保险，并收取保险费后，出口商与保险公司的保险合同即生效，出口商为保险合同的被保险人。

3. 保险公司出具并签发保险单

保险合同生效后，保险公司即按投保单出具国际货物运输保险单，交出口商审核确认，出口商审核无误，保险公司即予以签发。

四、保险单的内容及制作要求

保险单据由保险公司自行设计。各个保险公司都有固定格式的保险单据，单据上印有保险公司名称及保险单据名称。国际货物运输保险单的内容及制作要求如下。

1. 被保险人

被保险人（INSURED），即有权按照保险合同向保险人获得赔偿的人。

被保险人应按合同或信用证规定填写。如果合同或信用证未对被保险人作规定，此时，投保人即为被保险人，通常为合同的出口商，或信用证的受益人。

由于按CIF、CIP术语成交的合同，出口商是为进口商利益办理保险，属代办性质，因此当保险单载明的被保险人为出口商时，保险单必须进行背书，以使权益转让给进口商，否则银行不予接受。

保险单的背书可以是空白背书，也可以是记名背书。如果信用证要求空白背书形式的保险单，则被保险人可以填为“TO BEARER”，反之亦然。

2. 赔款偿付地点

赔款偿付地点（CLAIM PAYABLE AT）包含两部分，即赔付地点和赔付货币的币种，填

样单1-8-1 投保单

中国太平洋财产保险股份有限公司
CHINA PACIFIC PROPERTY INSURANCE CO., LTD.

货 物 运 输 保 险 投 保 单
APPLICATION FOR TRANSPORTATION INSURANCE

投保人
Applicant

被保险人
Insured：

行业性质（Business）

合同号（Contract No.）

发票号
（Invoice No.）

信用证号
（L/C No.）

提单号
（B/L No.）

兹有下列列物品向是中太平洋财产保险股份有限公司投保（Insurance is required on the following commodity）

标记 marks & Nos.	包装及数量 Packing & quantity	保险货物项目（中、英文） Description of Goods (Both in Chinese & in English)	1. 发票金额Invoice Value 2. 加成Invoice Value Plus 3. 保险金额Amount Insured 4. 费率Rate of Premium 5. 保险费Premium 6. 币种Currency 7. 免赔率/额Deductible
货物类别	货物特性（请划√）	□易燃　□易爆　□易碎　□易腐易蛀 □易挥发　□易锈　□一般货物	
运输方式 per conveyance S.S.	航行区域	装载运输工具名称	航（班）次
起运日期 Sailing on/about	赔款偿付地： Claims Payable at:	理赔代理地：	
航行路线：自（起运地） Rout: From	经（转运地） Via	到达（目的地） To (destination):	
承保险别 Conditions	主险：		
	附加险：		
特别约定（Special Coverage）：			
投保人兹声明：上述所填各项均属事实，同意按本投保单所列内容和货物运输保险条款及其附加险条款以及特别约定向贵公司投保货物运输保险。投保人对货物运输保险条款及其附加保险条款的内容，其中特别是责任免除条款和被保险人义务条款的内容已向投保人做出了明确说明，投保人确认对上述所有条款内容及特别约定已完全了解，同意以此订立保险合同。保险合同自保险单签发之日起成立。			

投保人地址：
Applicant Add.：

投保人签章
Applicant Signature

电话：
Tel No.：

传真：
Fax No.：

联系人：
Correspondent：

投保日期Contract Date：　　年　　月　　日

制规范为："赔款地" + "IN" + "货币币种"。

赔款偿付地点应按信用证规定，如果信用证未规定，偿付地通常为目的港所在地；赔款偿付货币应与合同或信用证币种一致。例如，在奥斯陆用欧元进行赔付时，本栏表示为：OSLO IN EUR。

3. 发票或提单号

发票或提单号（INVOICE NO. OR B/L NO.）按实际填写，在出口业务中，一般填写商业发票的号码。

4. 运输工具、起运日期

即保险单上的"PER CONVEYANCE S.S."（运输工具）和"SLG.ON OR ABT."（起运日期）栏。

在出口业务中，保险的办理早于货物的装船日期，因此保险公司在出具保单时，具体的运输工具及起运日期还不能最终确定，为了与运输单据保持一致，运输工具和起运日期这两栏均填"AS PER B/L"或"BY RAILWAY""BY AIR"等。也有的保险单在运输工具栏事先盖有"保险更正章"，此种情况下，保险公司在出具保险单时将本栏空白，待出口方汇齐了全套单据后，由单证工作人员对照提单将船名手写在本栏。

5. 起讫地点

即保险公司承保的起讫地点（FROM...TO...）。保险单上的起讫地点决定了保险公司承保的范围起讫，即风险区间，该风险区间至少应涵盖从货物的发运地开始到最终目的地为止。

本栏的填写应与提单记载一致，填写货物实际装运的港口即装运港（地）和目的港（地），如货物需转运，必须注明中转港名称。当货物转运内陆时，应注明卸货港名称。

6. 保险金额

保险金额（AMOUNT INSURED、TOTAL AMOUNT INSURED）即货物发生全损时保险公司应该赔付的总金额，应为发票金额加上投保加成后的金额。《UCP 600》规定，保险单据必须表明保险金额，并以与信用证相同的货币表示。

保险金额应包括大、小写两部分，并保留整数位。

保险公司能够接受的投保加成率一般为10%～30%，在信用证方式下，保险的投保加成率应按信用证规定，如果信用证未规定，出口商只按最低10%的投保加成率办理保险。

如果从信用证或单据可以得知，发票金额仅是货物总价值的一部分，保险金额也必须以货物的总价值为基础来计算。例如，发票金额已经扣除佣金（或折扣或预付款等），则应取扣佣前的毛额计算加成来办理投保。

7. 保险货物项目、标记、数量及包装

保险货物项目、标记、数量及包装（DESCRIPTION, MARKS, QUANTITY & PACKING OF GOODS）栏，按发票、装箱单相关内容填写。其中，商品描述可用商品的大类名称，数量及包装只填总数量和总包装件数。若为散装货，则应先注明"IN BULK"，再填重量。

8. 承保险别

承保险别（CONDITIONS）是保险单的核心，应包括保险险别、所适用的保险条款文本

及日期、承保责任起讫等，即保险条款中的“COVERING”及其之后的内容。其中，保险险别和所适用的保险条款通常按合同或信用证规定，若合同或信用证未规定保险条款，出口商只按最低险别的保险进行投保，若合同或信用证规定的保险险别和适用的保险条款有冲突，则保险险别服从保险条款。例如，信用证规定：INSURANCE POLICY......COVERING INSTITUTE CARGO CLAUSE ALL RISKS，则出口商应按协会货物险条款投保ICC（A）险，而不是按中国保险条款办理一切险。

保险公司的承保责任起讫为“仓至仓（W/W）”条款，即保险人的承保责任从被保险货物运离保险单所载明的起运地发货人仓库开始，直至该项货物被运抵保险单所载明的目的地收货人仓库为止。如果保险单上未载明仓至仓条款，则保险公司的承保责任仅从装运港开始，到目的港为止。

保险单上的承保险别，可以按如下格式填写：COVERING ALL RISKS AND WAR RISKS AS PER OCEAN MARINE CARGO CLAUSES（1/1/1981）（WAREHOUSE TO WAREHOUSE CLAUSE IS INCLUDED）AND OCEAN MARINE CARGO WAR RISKS CLAUSES（1/1/1981）OF THE PEOPLE’S INSURANCE COMPANY OF CHINA.

9．保险单号和保险勘查代理人

保险单号（POLICY NO.）由保险公司自行编发。

保险勘查代理人（SURVEY BY）是当被保险货物发生损失时，接受被保险人的通知进行勘查、赔款的人，一般为保险公司在货物进口地的代理人。本栏由保险公司指定，通常应注明勘查代理人的名称、详细地址和联系方式，以便发生损失时方便收货人通知其进行勘查定损。

10．保险费及费率

保险费及费率（RATE）由保险公司和被保险人自行商量确定，保险公司对不同的被保险人可能有不同的收费标准，故保单上一般已事先印好“AS ARRANGED”字样，无须填写。

但当信用证要求标明保费及费率时，则应填上具体费率及金额。若信用证规定“INSURANCE POLICY... MARKED PREMIUM PREPAID”时，还应在“AS ARRANGED”前加打“PREPAID”字样，或直接将“AS ARRANGED”划掉，加打“PREPAID”字样。注意，一旦作了上述修改，应在此处加盖保险更正章。

11．签单日期

保险单的签发日期（DATE）必须早于运输单据的签发日期，这样才能证明货物是在装运前办理的投保手续。

《UCP 600》规定，银行不接受签发日期晚于提单日期的保险单。

12．正本份数

保险单的任何正本均可以向保险公司索赔，当其中一份被使用，其他各份正本自动失效。因此，保险单据上应明确注明保险单的正本份数（NO.S OF ORIGINAL）。《UCP 600》规定：如果保险单据表明其是以多份正本出具，所有正本均须提交。

13．保险公司签章

保险单经投保人审核、确认后，保险公司即加盖“保险专用章”并签字，此时保险单正式生效，因此保险单据上应该有保险公司的签章（SIGNATURE）。

按《UCP 600》规定，保险单据必须由保险公司或承保人或其代理出具并签署，否则无效。

14. 其他

保险单据可以援引任何除外条款，也可以注明受免赔率或免赔额（减除额）约束，除非信用证另有约定。

例如，当信用证的有关内容如下时，

DOC.CREDIT NUMBER	20:	30-0001-683316
APPLICANT	50:	AAABBB CO., LTD. 1-27, 8-CHOME, NIHONBASHI, CHUO-KU, KAZAKHSTAN,
BENEFICIARY	59:	HIGH HOPE INTERNATIONAL GROUP JIANGSU MINGJUN IMP AND EXP CORP. LTD. 87 BAIXIA ROAD, NANJING CHINA
CURRENCY CODE, AMOUNT	32B:	USD109646.00
PARTIAL SHIPMENTS	43P:	NOT ALLOWED
TRANSSHIPMENTS	43T:	NOT ALLOWED
LOADING IN CHARGE	44A:	SHANGHAI
FOR TRANSPORT TO	44B:	KAZAKHSTAN
LATEST DATE O SHIP	44C:	20/06/30
DESCRIPTION OF GOODS	45A:	ELECTRIC DRILL 4000PCS USD27.4115/PC TRADE TERMS: CIF KAZAKHSTAN ALL DETAILS ARE AS PER S/C NO. 107JB558

DOCUMENTS REQUIRED 46A: INSURANCE POLICY OR CERTIFICATE ENDORSED IN BLANK FOR 110 PCT OF INVOICE VALUE, COVERING OVERLAND TRANSPORTATION ALL RISKS AND WAR RISKS CLAUSES (BY TRAIN). WAREHOUSE TO WARHOUSE CLAUSES SHOULD BE IN CLUDED。

此种情况下，信用证要求提交保险单或保险证明，空白背书，按发票值的110%投保陆运一切险和战争险，包含仓至仓条款。出口企业可以出具如样单1-8-2的保险单。

■ 任务操作

本项目的贸易术语为FOB NINGBO，该术语的货物运输保险由进口商负责，无须出口商办理，因此受益人无须办理保险。

如果信用证为CIF术语，则信用证46A项下通常会规定诸如这样的条款：INSURANCE POLICY OR CERTIFICATE IN THREE COPIES BLANK ENDORSED FOR 110 PCT OF

样单1-8-2 保险单

PICC 中国人民财产保险股份有限公司
PICC PROPERTY AND CASUALTY COMPANY LIMITED

总公司设于北京 Head Office Beijing　　一九四九年创立 Established in 1949

货物运输保险单 CARGO TRANSPORTATION INSURANCE POLICY

Invoice No.:HHMJ150755　　保险单号 POLICY NO. PYIE201532010000009089

被保险人:
INSURED: HIGH HOPE INT'L GROUP JIANGSU MINGJUN IMP & EXP CORP.LTD.
NO.87 BAIXIA ROAD,NANJING,P.R.CHINA

中国人民财产保险股份有限公司（以下简称本公司）根据被保险人要求，以被保险人向本公司缴付约定的保险费为对价，按照本保险单列明条款承保下述货物运输保险，特订立本保险单。

THIS POLICY OF INSURANCE WITNESSES THAT PICC PROPERTY AND CASUALTY COMPANY LIMITED (HEREINAFTER CALLED "THE COMPANY") AT THE REQUEST OF THE INSURED AND IN CONSIDERATION OF THE AGREED PREMIUM PAID TO THE COMPANY BY THE INSURED, UNDERTAKES TO INSURE THE UNDERMENTIONED GOODS IN TRANSPORTATION SUBJECT TO THE CONDITIONS OF THIS POLICY AS PER THE CLAUSES PRINTED BELOW

标记 MARKS & NOS.	包装及数量 QUANTITY	保险货物项目 GOODS	保险金额 AMOUNT INSURED
AS PER INVOICE NO.HHMJ150755	1128 CTNS	Electric Drill ROTARY SANDER 150W 1/3 sheet sander Rotary hammer PAINT BRUSH rotor stator reduction gear	USD120611.00

ORIGINAL

总保险金额:
TOTAL AMOUNT INSURED: US DOLLARS ONE HUNDRED AND TWENTY THOUSAND SIX HUNDRED AND ELEVEN ONLY

保费:
PREMIUM: AS ARRANGED　启运日期: DATE OF COMMENCEMENT: AS PER RAILWAY BILL　装载运输工具: PER CONVEYANCE: TRAIN

自:
FROM: SHANGHAI　至: TO: KAZAKHSTAN

承保险别:
CONDITIONS: COVERING OVERLAND TRANSPORTATION ALL RISKS AS PER OVERLAND TRANSPORTATION CARGO INSURANCE CLAUSES (TRAIN, TRUCK) (2009) OF THE PICC PROPERTY AND CASUALTY COMPANY LIMITED. INCLUDING WAR RISKS AS PER OVERLAND TRANSPORTATION CARGO WAR RISKS CLAUSES (BY TRAIN) (2009) OF THE PICC PROPERTY AND CASUALTY COMPANY LIMITED. FROM WAREHOUSE TO WAREHOUSE

所保货物如发生保险单项下可能引起索赔的损失，应立即通知本公司或下述代理人查勘。如有索赔，应向本公司提交正本保险单（本保险单共有 ＿＿ 份正本）及有关文件。如一份正本已用于索赔，其余正本自动失效。

IN THE EVENT OF LOSS OR DAMAGE WHICH MAY RESULT IN A CLAIM UNDER THIS POLICY, IMMEDIATE NOTICE MUST BE GIVEN TO THE COMPANY OR AGENT AS MENTIONED. CLAIMS, IF ANY, ONE OF THE ORIGINAL POLICY WHICH HAS BEEN ISSUED IN ＿＿ ORIGINAL(S) TOGETHER WITH THE RELEVANT DOCUMENTS SHALL BE SURRENDERED TO THE COMPANY. IF ONE OF THE ORIGINAL POLICY HAS BEEN ACCOMPLISHED, THE OTHERS TO BE VOID. two

EGIS LTD.
OFFICES 1,5 BLOCK NO 15/1
TIMIRYAZEV STREET 42 ALMATY 050057
PHONE: +7 727 274 40 25
AFTER HOURS: +7 327 2631373
FAX: +7 327 2695438
EMAIL: EGIS@MAIL.ONLINE.KZ

中国人民财产保险股份有限公司 南京市分公司
PICC PROPERTY AND CASUALTY COMPANY LIMITED Nanjing Branch

赔款偿付地点:
CLAIM PAYABLE AT KAZAKHSTAN[IN USD]

日期:
DATE: Jun.10,2020

LOU WEIMIN
Authorized Signature

地址:
ADD: ROOM 502, BUILDING 1, No.37 LONGPAN ROAD, NANJING, JIANGSU, CHINA　电话(TEL): 0086-25-95518　传真(FAX): 0086-25-68185174

邮编(POST CODE): 210016

网址(WEBSITE): www.epicc.com.cn

AEYIEA2008Z60

印刷号(PRINTED NUMBER): 32001500006861

INVOICE VALUE WITH CLAIMS PAYABLE AT DESTINATION IN CURRENCY OF DRAFT COVERING ICC (A), INSTITUTE WAR CLAUSES (CARGO), INSTITUTE STRIKES CLAUSES (CARGO), WAREHOUSE TO WARHOUSE CLAUSES IN CLUDED AND SHOWING NOS. OF ORIGINALS ISSUED。此时，出口商就需要在收到船公司的“托运单（配舱回单联）”后向保险公司办理出口货运险，取得保险单。

■ 任务检测

根据项目1“任务2　制作发票与包装单据”任务检测所提供信用证及相关资料，填制保险单一份。

中国平安保险股份有限公司
PING AN INSURANCE COMPANY OF CHINA，LTD.
货 物 运 输 保 险 单
CARGO TRANPORTATION INSURANCE POLICY

被保险人
Insured：________________________________

中国平安保险股份有限公司根据被保险人的要求及其所交付约定的保险费，按照本保险单背面所载条款与下列特款，承保下述货物运输保险，特立本保险单。

This Policy of Insurance witnesses that PING AN INSURANCE COMPANY OF CHINA，LTD.，at the request of the Insured and in consideration of the agreed premium paid by the Insured，undertakes to insure the undermentioned goods in transportation subject to the conditions of Policy as per the clauses printed overleaf and other special clauses attached hereon.

保单号
Policy No. ________________

赔款偿付地点
Claim Payable at ________________

或提单号
Invoice No. or B/L No. ________________

运输工具
per conveyance S.S. ________________

查勘代理人
Survey By：________________

起运日期
Slg. on or abt. ________
自
From ________
至
To ________

保险金额
Amount Insured ________________

保险货物项目、标记、数量及包装
Description, Marks, Quantity & Packing of Goods：

承保条件
Conditions：

签单日期
Date：________________

For and on behalf of
PING AN INSURANCE COMPANY OF CHINA，LTD.
authorized signature

习题作业

一、不定项选择题

1. 转让保险单时，如信用证未明确规定背书方式，应采用（　）的方式。

A. 空白背书　B. 记名背书　C. 记名指示背书　D. 不必背书

2. 以下关于保险单作用的正确选项是（　）。

A. 物权凭证　B. 索赔的依据　C. 保险合同的证明　D. 货物收据

3. 根据中国财产保险公司《海洋运输货物保险条款》，基本险有以下（　）。

A. 水渍险　B. 平安险　C. 战争险　D. 一切险

4. 以下关于保险凭证的正确叙述是（　）。

A. 俗称小保单，是一种简化的保险单

B. 既有正面内容，又有背面条款

C. 与保险单有同等效力

D. 在实务中，保险凭证可以代替保险单

5. 若信用证没有特别规定，（　）为保险单上的被保险人。

A. 申请人　B. 受益人　C. 开证行　D. 买方

6. 出口货物，合同如采用CIF条件，下面说法正确的是（　）。

A. 一般由进口商办理保险事宜

B. 出口商提供的单据中应有保险单

C. 保险单中的保险金额和险别应与合同或信用证相符。

D. 保单中应有“Freight Prepaid”字样

7. 中国保险条款中，属于一般附加险的有（　）。

A 淡水雨淋险　B. 短量险　C. 钩损险　D. 拒收险

8. 某可转让信用证总额为USD20000，禁止分批装运，保险单据要求的投保金额是发票额的110%。若第一受益人将其中的USD10000通过银行转让给第二受益人，则转让时应规定保险单据的投保比例为（　）。

A. 100%　B. 110%　C. 200%　D. 220%

9. 保险单中的开航日期一栏应填写本批货物运输单据的签发日期，如海运可填（　）。

A. AS PER L/C　B. AS PER S/C

C. AS PER B/L　D. AS PER INV. NO.

10. 除非信用证另有规定，保险单上的最低保险金额为（　）。

A. CIF金额　B. CIF另加成10%的金额

C．CIF另加20%的金额　　　　　　　D．买卖合同规定的保险金额

11．某信用证规定：最迟装运期为2020年4月15日，到期日为2020年4月30日，单据必须在提单日后15天内提交。如果提单的出单日期是2020年4月10日，则保险单的出单日期可以是（　）。

A．2020年4月10日　　　　　　　B．2020年4月10日或以前

C．2020年4月10日以前　　　　　D．2020年4月10日以后

二、判断正误题

1．（　）若信用证中要求提交保险单，则受益人既可以提交保险单也可以提交保险凭证。

2．（　）银行可以拒绝接受表明投保生效日期迟于装运日期的保险单。

3．（　）一切险的责任范围涵盖所有险别，包括偷窃、提货不着险及战争险。

4．（　）根据《UCP 600》的解释，即使保险单据表明其是以多份正本出具，受益人交单时也只需提交一份正本。

5．（　）除非信用证另有规定，保险单据必须使用与信用证相同的货币开立。

6．（　）如果信用证要求投保“ALL RISKS”时，则注明投保“ICC A”的保险单据将不被银行接受。

7．（　）保险单的赔付地点一般为装运港（地），如有特殊要求，可事先说明。

8．（　）国际货运保险的保险单一经开立是不得更改的，投保人如需补充或变更保险内容，只能申请重新开立。

9．（　）保险单的保险货物名称一栏应按发票品名填写，即使发票品种名称繁多，也不可填其统称。

10（　）按《UCP 600》的规定，银行可以接受预约保险单。

任务9 审核运输单据

- **知识点：**提单的分类，提单的抬头与背书，提单的内容，航空运单的内容。
- **技能点：**填制提单，审核提单，填制空运单。

知识准备

根据性质的不同，运输单据有物权证书和非物权证书之分，而物权证书是收货人凭以提货的有效凭据。在各种运输单据中，提单通常是具有物权证书性质的运输单据，而不可转让的海运单、航空运单、铁路运单、公路运单、快递收据、货运代理人收据等则不具有物权证书性质。

在我国的对外贸易运输中，海洋运输方式所占的比重最大，提单的使用也最为多见，因此提单的审核是出口商在获取运输单据后要做的一项重要工作，而对其他运输单据的审核则相对比较简单。

一、提单的内容及制作要求

提单由船公司或其代理根据托运单的内容出具，经托运人审核无误后予以签发，它的内容必须与合同、信用证规定相符，如果缮制错漏，则会影响收货人顺利收货。其内容及制作要求如下。

1. 承运人（CARRIER）

提单上必须表明以轮船公司身份注册的承运人，以防欺诈，否则银行不予接受。承运人的名称一般都已事先印好在提单上。

2. 托运人（SHIPPER）

托运人是指委托运输的人，在贸易活动中一般为合同的出口商，或信用证的受益人。如果买方或信用证要求，托运人也可以是进口商。托运人栏应有出口商的公司名称和地址，如果信用证中并未规定受益人的地址，也可以不加注地址。

3. 收货人（CONSIGNEE）

收货人也称为提单的抬头，提单的抬头可以有三种情况，即TO ORDER（不记名指示/空白抬头）、TO ORDER OF ××（记名指示）及××CO.（记名抬头）。

在提单条款中，收货人一般用“MADE OUT...”“CONSIGNED...”“CONSIGNEE IN NAME OF...”“ISSUED TO...”等来表述。例如，信用证提单条款规定“...MADE OUT TO ORDER...”，则收货人栏应填“TO ORDER”，若提单条款规定“...ISSUED TO SHIPPER’S ORDER”，则收货人栏应填“TO SHIPPER’S ORDER”。

如果信用证提单条款规定“...TO ORDER OF APPLICANT”或“...TO ORDER OF OUR

BANK”等，则应将“APPLICANT”“OUR BANK”等替换为申请人或开证行的名称。

如果提单为指示性抬头，则需要进行背书，背书的方式可以有空白背书和记名背书两种，具体背书的方式由买方在合同或信用证中进行规定。通常谁指示谁就是背书人。例如，收货人栏填为“TO THE ORDER OF ×××”的，由“TO THE ORDER OF ×××”中的“×××”进行背书，而空白抬头的提单则一律由托运人背书。

4. 被通知人（NOTIFY PARTY）

被通知人是货物到达目的港时船公司向其发送到货通知的人，其职责是及时地接受船方发出的到货通知并将该通知转告真实的收货人，故本栏要求填写详细的公司名称和地址。

被通知人无权提货。

被通知人由买方或其代理人确定，信用证方式下，按信用证规定填写，若信用证并未规定，应填信用证的申请人。记名提单的被通知人若与收货人一致，此栏也可以填写“SAME AS CONSIGNEE”。

5. 前程运输（PRE-CARRIAGE BY）、远洋船名及航次（OCEAN VESSEL VOV. NO）

如果货物需要转运，“PRE-CARRIAGE BY”栏内显示的为第一程船的船名；“OCEAN VESSEL VOV.NO”栏内显示的是第二程船的船名。

如果货物无须转运，“PRE-CARRIAGE BY”栏空白，“OCEAN VESSEL VOV.NO”栏显示承运船只的船名及航次。

6. 收货地点（PLACE OF RECEIPT）、装运港（PORT OF LOADING）、目的港（PORT OF DISCHARGE）、交货地点（PLACE OF DELIVERY）

收货地点是指船公司收取货物的地点，交货地点是指船公司向买方交付货物的地点。

一般情况下，尤其是港至港运输时，船公司的收货地即装运港，交货地即目的港，此时，“PLACE OF RECEIPT”栏和“PLACE OF DELIVERY”栏空白，“PORT OF LOADING”栏为信用证或合同规定的起运港，“PORT OF DISCHARGE”栏为信用证或合同规定的目的港，若有中转港，则在装运港后注明“W/T AT中转港”。

装运港和目的港栏应严格按合同或信用证规定的港口填写，并与相应的贸易术语相协调，即使合同或信用证规定的地点比较笼统。例如，中国主要港口、欧洲主要港口，本栏也应填写与之相对应的具名港口名称，不能用国名或地名代替，若遇港口重名，还应加注国名或地名。

若采用陆海联运，如货物从郑州由火车运到天津新港后，乘九江轮海运至马赛，再通过火车转运至巴黎，则在提单的“PRE-CARRIGE BY（前段运输）”栏内填“TRAIN”或“WAGON NO：××”“PLACE OF RECEIPT”栏填“ZHENGZHOU”“VESSEL”栏填“JIUJIANG”“PORT OF LOADING”栏填“XINGANG，TIANJIN”“PORT OF DISCHARGE”栏填“MARSILLES”“PLACE OF DELIVERY”栏填“PARIS”。

7. 标记及号码（MARKS & NOS.）、集装箱号（CONTAINER NO.）、集装箱件数（NOS. OF CONTAINERS）、封志号（SEAL NO.）

标记及号码即唛头，应与发票一致。

采用集装箱运输时，集装箱都加装有封志。集装箱号、集装箱件数、封志号应按实际加注在提单上。

集装箱号码一般和件数联系在一起，其第四位为大写字母“U”。如1 × 40’ COSU1230423表示货物装在一个40尺、号码为COSU1230423的集装箱里。

8. 包装种类与件数（NO.S AND KIND OF PACKAGES）

包装货物，应填单件运输包装的名称及件数，而不是商品的数量。例如，20万码漂白布，分别用粗坯布捆成200捆，此栏应填写“200 ROLLS”而不是“200000 YARDS”。如果出口货物有若干种，包装方式和材料完全不同，则应先填写每种货物的最大包装件数，然后合计总件数。例如，5个托盘的蘑菇和10个集装袋的大蒜，本栏应填“5 PALLETS AND 10 BAGS SAID TO 15PCS”。

散装货物，应填“IN BULK”，数量无须大写。

裸装货物，应注明件数。例如，一台机器或一辆汽车，填“1 UNIT”，100头猪则应填“100 HEADS”，并注明大写数量。

若货物采用托盘装运，还应同时注明托盘的数量。

9. 货物说明（DESCRIPTION OF GOODS）

只需填写货物的大类名称或统称，但注意不能与发票或其他单据的货物描述有冲突。例如，出口各种规格及颜色的布料，无须逐一列出布料的成分、规格及色彩，而只写“布料”。

但是，如果同时出口布料和拖鞋，则应分别填写“布料”和“拖鞋”，而不允许只填写其中一种数量较多或金额较大的商品。

到付，则应注明到付地点。

本项内容应按托运单和信用证的要求填写，并应与实际情况相符。

10. 毛重（GROSS WEIGHT）和尺码（MEASUREMENT）

按货物的实际毛重和体积，填写总毛重及总体积。应与发票、箱单一致。

若一次装运的货物有几种不同的包装材料或者是完全不同的货物，则应分别填写毛重，然后合计；尺码不仅包括各件货物尺码之和，还应包括件与件之间堆放时的合理空隙所占的体积，因此总尺码都大于货物的实际尺码数。

本栏要求重量用千克，尺码用立方米来表示。

11. 运费与附加费（FREIGHT & CHARGES）、缴付地点

应根据信用证或买卖合同的要求填写。

提单上一般不显示运费额，而只表明是“FREIGHT PREPAID（运费预付）”还是“FRIGHT COLLECT（运费到付）”。提单上若注明运费预付，同时应注明预付地点，若注明运费到付，则应同时注明到付地点。

通常以CIF、CFR术语出口时，卖方自付费用办理运输手续，属“运费预付”，以FOB术语出口时，买方办理运输，属“运费到付”。

12. 出具地点及日期（PLACE AND DATE OF ISSUE）

提单的出具地点一般在装运港所在地。出具日期即货物装船完毕的日期，一般将被视为发

运日期，也就是通常所说的出口日期。

提单的出具日期将被视为发运日期，除非提单中有专门的注明发运日期的装船批注。正常情况下，提单的出具日期应在规定的最迟装运期之前，要避免倒签提单和预借提单。

由于托运人一般是在收到信用证以后才发货，所以提单的出具日期也不应早于信用证的开立日期。若提单的出具日期早于信用证的开立日期，则这种提单被称为先期提单，只要信用证没有相反规定，银行不会拒绝接受先期提单。

13．正本提单份数（NOS. OF ORIGINAL B/L）

提单签发的份数，按航运惯例通常是正本提单一式两份至三份。每份具有同等效力，收货人凭其中任何一份提取货物后，其他几份自动失去效力，但副本提单的份数可视托运人的需要而定。不过，副本提单不能作为物权凭证也不能进行背书转让，只供有关作业参考。

除非信用证另有规定，签发的正本提单必须全套（FULL SET）提交。

14．提单的签发（SIGNATURE）

提单必须经过签发后才能生效，有权签发提单的人，可以是承运人，也可以是承运船只的船长，还可以是承运人或船长的代理人。按照《UCP 600》的规定，除快递收据和邮政收据之外，其他运输单据都应该被签署，并且需要表明签署人的身份，如果是由代理签署，还应表明该代理是代表谁进行签署的。

例如，承运人签字的提单，提单签发栏应表明：×××AS CARRIER，或THE CARRIER×××。承运代理人签字的提单，提单签发栏应表明：×××AS AGENT FOR AND/OR ON BEHALF OF THE CARRIER，或AS AGENT FOR AND/OR ON BEHALF OF THE CARRIER。船长签字的提单，提单签发栏应表明：×××AS MASTER或THE MASTER×××。

15．提单号码

在提单右上角，由承运人或其代理人自行编制。

16．提单上加注的各种批注

（1）海运提单必须是已装船提单，买方一般不接受收讫备运提单，因此提单上应加注“ON BOARD（已装船）”字样，有时还注明实际装船日期，如“SHIPPED ON BOARD ON APR.13,2020”，如果船名栏显示的为“INTENDED VESSEL”，则提单上应有已装船批注明确发运日期及实际船名。

（2）采用集装箱运输时，只要海关已对集装箱封箱，承运人即对箱内的内容和数量不负责任，此时承运人常常加注“SHIPPER’S LOAD & COUNT（托运人装载并计数）”“SAID BY SHIPPER TO CONTAIN（内容据托运人报称）”等，并同时注明集装箱的交接方式，如CY/CY，CFS/CY等。

（3）若货物装运在甲板上，如出口危险品、活牲畜等，在信用证允许的情况下，提单上会显示“THE GOODS ARE ON DECK”，有这种批注的提单为舱面提单，又称甲板货提单。

普通货物，提单上可以载有“THE GOODS MAY BE LOADED ON DECK”条款，但是不能载有“THE GOODS ARE OR WILL BE LOADED ON DECK”条款。

（4）当信用证有要求时，提单上会加注信用证号码、合同号码等内容；

（5）正本提单上，应注明“ORIGINAL”字样，副本提单一般都注明“COPY”或“NON-NEGOTIABLE”字样。

例如，当信用证有关内容如下时，该信用证项下的提单可以参见样单1-9-1所示。

DOC.CREDIT NUMBER	20:	30-0001-683316
APPLICANT	50:	HIRQSE HOKAI CO., LTD. 1-27, 8-CHOME, NIHONBASHI, CHUO-KU, TOKYO, JAPAN
BENEFICIARY	59:	STIG JIANGSU LIGHT AND TEXTILE IMP. AND EXP. CO., LTD. 98 NO. KIANYE ROAD, NANJING, CHINA
PARTIAL SHIPMENTS	43P:	NOT ALLOWED
TRANSSHIPMENTS	43T:	NOT ALLOWED
LOADING IN CHARGE	44A:	SHANGHAI
FOR TRANSPORT TO	44B:	NAGOYA
LATEST DATE O SHIP	44C:	20/10/15
DESCRIPTION OF GOODS	45A:	100% PERCENT COTTON TOWEL 2640PCS USD1.50/PC TRADE TERMS: CFR NAGOYA ALL DETAILS ARE AS PER S/C NO. 107JB558
DOCUMENTS REQUIRED	46A:	

+FULL SET (3/3) CLEAN ON BOARD OCEAN BILLS OF LADING MADE OUT TO ORDER, BLANK ENDORSED, MARKED ‘FREIGHT PREPAID’ AND NOTIFY APPLICANT.

二、提单的分类

1. 根据货物是否已装船分类

根据货物是否已装船，提单分为已装船提单（ON BOARD B/L）和备运提单（RECEIVED FOR SHIPMENT B/L）。

已装船提单是船公司将货物装在具名船舶之后签发的提单，提单上载明货物的装运日期和船名，并由承运人或其代理人签名。这种提单能确保收货人在目的地按时接货，使用较多。

备运提单，又称收妥备运提单，是承运人收到托运货物，在等待装船期间，向托运人签发的提单，提单上通常载有“INTENDED VESSEL”或类似的关于船名的限定语。备运提单上的船名只是预期的，并不确定，也没有肯定的装船日期，无法估计货物到达目的港的日期，因此进口商一般不愿接受。但是，如果备运提单经承运人加注“ON BOARD（已装船）”批注，并明确了发运日期和实际船名后，就变成了“已装船提单”，可以接受。

样单1-9-1　提单

shipper	B/L No. ZS0JPB010205
STIG JIANGSU LIGHT AND TEXTILE IMP. AND EXP. CO., LTD. 98 NO. JIANYE ROAD, NANJING, CHINA	**BILL OF LADING**
Consignee TO ORDER	RECEIVED by the carrier as specified below in apparent good order and condition unless otherwise stated, the goods shall be transported to such place as agreed, authorized or permitted herein and subject to all the terms and conditions whether written, typed, stamped, printed, or incorporated on the front and reverse side hereof. which the Merchant agrees to be bound by accepting this Bill of Lading, any local privileges and customs notwithstanding. The particulars given below as stated by the shipper, the weight, measure, quantity condition, contents and value of goods are unknown to the carrier. In WITNESS whereof one (1) original Bill of Lading has been signed if not otherwise stated below, the same being accomplished the other(s), if any, to be void, if required by the carrier one (1) original Bill of lading must be surrendered duly endorsed in exchange for the goods or delivery order.
Notify Party HIRQSE SHOKAI CO., LTD. 1-17, 8-CHOME, NIHONBASHI, CHUO-KU, TOKYO, JAPAN	F.E FLYING EAGLE SHIPPING CO., LTD. CARRIER:

Precarriage by*	Place of Receipt*
Vessel Voy.No. SITC QINGDAO V.549E	Port of Loading SHANGHAI
Port of Discharge NAGOYA	Place of Delivery* NAGOYA

PARTICULARS FURNISHED BY THE MERCHANT

Container No./Seal No. Marks&Numbers	No. of Containers or Packages	Description of Goods	Gross Weight	Measurement
H NAGOYA C/NO. 1-18 QF05C1565S	18 CARTONS	100 PERCENT COTON TOWEL L/C NO. 30-0001-683316	702.00KGS	5.50M3

APPLICANT'S SHANGHAI OFFICE REFERENCE NO. SC/5N1225

BENEFICIARY'S REFERENCE NO. 2005LTC1533A

APPLICANT'S REFEREMCE NO. NA05057

FREIGHT PREPAID

CLEAN ON BOARD

11 OCT 2005

GINKAI SHIPPING CO., LTD.
KANNAI BUSINESS BLDG. 7FL. TOKIWA-CHO 2-12,
NAKA-KU, YOKOHAMA, JAPAN
TEL: 045-640-3281
FAX: 045-640-3282

CFS/CFS

SHIPPER'S LOAD, COUNT & SEAL

ORIGINAL

TOTAL NUMBER OF CONTAINERS OR PACKAGES (IN WORD): SAY EIGHTEEN CARTONS ONLY.

Freight & Charges	Rate	Unit	Prepaid	Collect

Excess Value Declaration	Number of Original Bills of Lading: ONE
Prepaid at	Payable at
Place of issue: NANJING	
Date of issue: 11 OCT 2005	

FOR THE CARRIER

天津亚微货运代理有限公司南京分公司
TIANJIN MICROALLY FREIGHT & FORWARDING CO., LTD. NANJING BRANCH

NO. SFE 0002542

李暉

AS AGENT FOR THE CARRIER NAMED ABOVE

2. 根据提单上是否有不良批注分类

根据提单上是否有不良批注，提单分为清洁提单和不清洁提单。

清洁提单（CLEAN B/L），是指货物装船时表面状况良好，承运人或其代理在签发提单时未加任何声明货物、包装状况有缺陷的批注的提单。“CLEAN”字样不必显示在提单上，而提单上“CLEAN”字样的删除，也并非明确声明货物或包装状况有缺陷。

不清洁提单（UNCLEAN B/L），是指承运人或其代理在提单上加注货物、包装状况有缺陷的批语的提单。不清洁提单所载货物在送达目的地后的质量往往没有保障，所以买方只接受清洁提单。

如果提单上载有“PACKING IS NOT SUFFICIENT FOR THE SEA JOURNEY（包装无法满足海运航程）”或类似措辞，提单就属不清洁提单，而如果载有“PACKING MAY NOT BE SUFFICIENT FOR THE SEA JOURNEY（包装可能无法满足海运航程）”或类似措辞，提单就属于清洁提单。

3. 根据提单抬头的不同分类

根据提单抬头的不同，提单分为记名提单、不记名提单和指示提单。

记名提单（STRAIGHT B/L），也称收货人抬头提单，提单的“收货人”一栏内填写了特定的收货人名称。这种提单不能转让，只能由载明的收货人提货，可以避免因转让而带来的风险，但也失去了流通转让的便利，因此除非贵重物品，进口商一般不接受记名提单。

不记名提单（BEARER B/L或OPEN B/L），即提单的“收货人”栏内注明“TO BEARER”（持有人）或不填写任何内容的提单。这种提单可任意转让，谁持有提单，谁就可以提货，风险较大，在实际业务中很少使用。

指示提单（ORDER B/L），又分为记名指示提单和不记名指示提单两种，记名指示提单的“收货人”栏内注明“TO ORDER OF ×××（凭×××的指示）”或“TO ××× ORDER”字样，不记名指示提单的“收货人”栏内注明“TO ORDER（凭指示）”字样。指示提单通过背书后可以转让，在实际业务中使用最多。

4. 根据提单签发人的不同分类

根据提单签发人的不同，提单分为船公司提单、货代提单。

船公司提单（MASTER B/L），也称为船东提单，由船公司签发，提单的签发人栏显示有“AS CARRIER”字样。货代提单（HOUSE B/L）由货代签发，提单的签发人栏显示有“AS AGENT FOR THE CARRIER”字样。

按照《UCP 600》的规定，无论提单由谁签发，都应该表明提单签发人的身份。

提单是物权证书，大部分船公司一般只凭自己签发的提单放货。因此，提单持有人凭船公司提单可以直接提货，而货代提单并不能直接提货，往往还会产生无单放货的现象，对出口商控制货权不利。另外，当提单的签发人不履行交货义务，或者发生货物灭失时，资质高的船公司签发的提单，货主通常都能得到足够的赔偿，而资质相对较低的货代签发的提单，物权保证也相对较差，可能会因为各种原因导致船公司不放货，因此买方更愿意接受船公司提单。

5．根据货物在运输过程中是否转船分类

根据货物在运输途中是否转运，提单分为直达提单、转运提单和国际多式联运提单。

直达提单（DIRECT B/L），是指货物自装运港装船后，不经换船直接驶到卸货港卸货而使用的提单。

转运提单（THROUGH B/L），或称联运提单，是指经海运和其他运输方式联合运输（如海—海、海—陆、海—空、海—河）货物时所签发的提单。联运提单包括全程运输，但承运人仅对第一程运输负责。联运提单若以“海—海”方式运输时，也称转船提单（TRANSSHIPMENT B/L），提单上通常列明一程船和二程船，“PORT OF DISCHARGE”后注明“VIA × ×”。

多式联运提单（MULTIMODAL TRANSPORT B/L），是由国际多式联运经营人或其代理签发的，证明多式联运合同和货物已经由多式联运经营人接管和承运，并保证交付货物的提单。

按《UCP 600》的规定，转运是指在规定的发送、接管或者货运地点到最终目的地的运输过程中，将货物从某一运输工具上卸下并装上另一运输工具的行为。

以集装箱运输时，《UCP 600》规定，即使信用证禁止转动，提单也可以表明货物将要或可能被转运，只要全程运输由同一提单涵盖。

6．根据船舶运营方式的不同分类

根据船舶运营方式的不同，提单分为班轮提单和租船合同提单。

班轮提单（LINER B/L），是指在班轮运输中，由班轮公司或其代理人所签发的提单。这种提单的正面必须表明承运人名称。

租船合同提单（CHARTER PARTY B/L），是指提单表面表明了其受租船合同约束的提单。这种提单的正面一般不表明承运人名称，通常有“IT IS SUBJECT TO A CHARTER PARTY（根据× ×租船合同出立）”等字样的批注，在使用时往往要提供租船合同副本，但在信用证项下，即使要求提供租船合同，银行也并不审核该租船合同。

7．根据提单有无背面条款分类

根据提单是否有背面条款，提单分为全式提单和略式提单。

全式提单（LONG FORM B/L），也称繁式提单，是既有正面内容，又有背面条款的提单。背面条款是承运人单方面规定的有关承运人和托运人权利、义务的条款，在实际业务中应用较广，但是银行审单时，并不审核提单的背面条款。

略式提单（SHORT FORM B/L），也称简式提单，是仅有正面内容，没有背面条款的提单。租船合同项下所签发的提单通常是简式提单。

全式提单和略式提单的作用相同。

8．根据提单表现形式的不同分类

根据提单的表现形式不同，提单分为纸质提单和电子提单。

通常情况下，船公司都签发纸质提单，并凭纸质提单的正本放货，收货人提货时，需要出示正本纸质提单，提单持有人转让货物，需通过纸质提单的背书来实现。

随着电子商务的发展，一些航运公司开始使用EDI系统，通过特定的计算机程序对海运途中的货物支配权进行转让，这种特定的计算机程序即为电子提单，从而取代签发纸质提单。电子提单可以快速、准确地实现货权的转移，防止货物的冒领和误交，尤其方便近洋运输的货物提取。但是，电子提单还在起步阶段，它在全球的普及还有很多问题需要解决。

电子提单与提单的“电放”不同，电放即电报放货，是指正本提单未到收货人手中，或根据托运人要求，承运人在装港收回正本提单，或不签发正本提单，而以电传、传真形式通知卸港代理将货交给收货人的一种特殊放货方式。

9. 几种特殊的提单

特殊提单一般是指不按法律法规或贸易惯例规定而出具的提单。在实际业务中，特殊提单对发货人收款都有一定影响，主要有以下几种：

（1）预借提单。若信用证规定的装运期或交单结汇日期已到，而货物仍未装船或未装船完毕，托运人为了及时交单结汇，往往要求承运人预先签发已装船提单，这种提单称为预借提单（ADVANCED B/L）。

（2）倒签提单。若货物在规定的装运日期过后才装上船，托运人要求承运人按规定的装运日期倒填正常日期的提单，这种提单称为倒签提单（ANTI-DATE B/L）。

（3）过期提单。过期提单（STALE B/L）是指超过信用证规定的交单期或超过提单日期21天之后才到银行议付的提单，或签发日期晚于规定的装运期的提单。过期提单银行可以不接受。

预借提单和倒签提单都侵犯了收货人的合法权益，应杜绝使用。

（4）舱面货提单。舱面货提单（ON DECK B/L）是指货物装载于船舶的露天甲板上，并在提单上记载“ON DECK”字样的提单，也称甲板货提单。装载于甲板上的货物，遇到的风险可能比舱内货的风险大，因此舱面货提单通常不被买方所接受。

按照《UCP 600》的规定，运输单据不得表明货物装于或者将要装于舱面（THE GOODS ARE OR WILL BE LOADED ON DECK）。但是，声明货物可能（MAY BE）被装于舱面的运输单据条款可以接受。

三、航空运单的内容及填制要求

航空运单上都印有开立该运单的航空公司名称、标志及地址，有的航空货运单的右上部还印有“NOTNEGOTIABLE”字样，表示航空运单是不可以转让的。不同的航空公司都有自己独特的航空运单格式，但由于各航空公司所使用的格式大多借鉴国际航空运输协会（IATA）所推荐的标准格式，因此其差别并不大。

航空运单（参见样单1-9-2）的内容及填制要求如下。

1. 运单号码（AIR WAY BILL NO.）

运单号码，在运单的左上、右上、左下或右下角处，由11位数字组成，其中前三位数字表示航空公司的数字代号，第三位和第四位数字之间空一格，如129 4237 8011。

样单1-9-2　航空运单

Set your tabulator stops here　STAPLE DOCUMENTS ABOVE PERFORATION　Line-up here

784-24017766　　784-24017766

Shipper's Name and Address　Shipper's Account Number
SINOTECH LOGISTICS CO.,LTD
FLOOR 27TH,BLOCK A,WORLD TRADE PLAZA,FUHONG RD,
FUTIAN DISTRICT,SHENZHEN,CHINA. 518033

Not Negotiable
Air Waybill
Issued by
中国南方航空股份有限公司
CHINA SOUTHERN AIRLINES CO.,LTD.
中国 广州 白云机场
BAIYUN AIRPORT GUANGZHOU CHINA
邮政编码 POST CODE:510405

Copies 1, 2 and 3 of this Air Waybill are originals and have the same validity.

Consignee's Name and Address　Consignee's Account Number
OM FREIGHT FORWARDERS PVT. LTD.
101, JAYANT APARTMENT, A-WING, OPP.
SAHAR AIR CARGO COMPLEX, ANDHERI (E),
MUMBAI 400 0099 .
TEL : +91-2226817019 / 268173
GST NO 27AAACO0663J1ZG

It is agreed that the goods described herein are accepted in apparent good order and condition (except as noted) for carriage SUBJECT TO THE CONDITIONS OF CONTRACT ON THE REVERSE HEREOF. ALL GOODS MAY BE CARRIED BY ANY OTHER MEANS INCLUDING ROAD OR ANY OTHER CARRIER UNLESS SPECIFIC CONTRARY INSTRUCTIONS ARE GIVEN HEREON BY THE SHIPPER, AND SHIPPER AGREES THAT THE SHIPMENT MAY BE CARRIED VIA INTERMEDIATE STOPPING PLACES WHICH THE CARRIER DEEMS APPROPRIATE. THE SHIPPER'S ATTENTION IS DRAWN TO THE NOTICE CONCERNING CARRIER'S LIMITATION OF LIABILITY. Shipper may increase such limitation of liability by declaring a higher value for carriage and paying a supplemental charge if required.

Issuing Carrier's Agent Name and City
GOJ/SHA

Accounting Information/Also Notify
FREIGHT PREPAID
CZCD18151SHAZG　　GOJ/SHA
VALID ON CZ FLIGHT ONLY

Agent's IATA Code	Account No.
	8322142

Airport of Departure (Addr. of first Carrier) and requested Routing
SHANGHAI

Reference Number　Optional Shipping Information

To	By First Carrier (Routing and Destination)	to	by	to	by	Currency	CHGS Code	WT/VAL PPD	WT/VAL COLL	Other PPD	Other COLL	Declared Value for Carriage	Declared Value for Customs
CAN	CZ	DEL	CZ			CNY				P		NVD	AS PER INV.

Airport of Destination	Requested Flight/Date	Amount of Insurance	INSURANCE – If Carrier offers insurance, and such insurance is requested in accordance with the conditions thereof, indicate amount to be insured in figures in box marked 'Amount of insurance.'
NEW DELHI	CZ 3504 28 MAR.2018	NIL	

HANDLING INFORMATION
NOTIFY PARTY: SAME AS CONSIGNEE

SCI

(For USA only) These commodities, technology or software were exported from the United States in accordance with the Export Administration Regulations. Diversion contrary to USA law prohibited.

No. of Pieces RCP	Gross Weight	kg lb	Rate Class / Commodity Item No.	Chargeable Weight	Rate / Charge	Total	Nature and Quantity of Goods (incl. Dimensions or Volume)
128	2174	K	Q	2174	24.02	52219.48	CONSOLIDATION CARGO AS PER ATTACHED MANIFEST 63*30*30*100 64*30*29*28 VOL:7.24CBM
MARKS: N/M							
128	2174					52219.48	

Prepaid	Weight Charge	Collect	Other Charges
52219.48			AWC: 50 CGC: 20 MYC: 8696
	Valuation Charge		
	Tax		
8766	Total other Charges Due Agent		
	Total other Charges Due Carrier		

Shipper certifies that the particulars on the face hereof are correct and that INSOFAR AS ANY PART OF THE CONSIGNMENT CONTAINS DANGEROUS GOODS, SUCH PART IS PROPERLY DESCRIBED BY NAME AND IS IN PROPER CONDITION FOR CARRIAGE BY AIR ACCORDING TO THE APPLICABLE DANGEROUS GOODS REGULATIONS.

GOJ/SHA
Signature of Shipper or his Agent

Total prepaid	Total collect
60985.48	

Currency Conversion Rates	cc charges in Dest. Currency

2018/3/27　　SHANGHAI CHINA
Executed on (Date) at (Place) Signature of Issuing Carrier or its Agent

For Carriers Use only at Destination　Charges at Destination　Total Collect Charges

2．托运人名称、地址及电话（SHIPPER'S NAME、ADDRESS & TEL NO.）

填托运人的名称和地址。名称要求为全称，地址应详细，并注明国家名称，必要时填入托运人的电话号码及传真号码。

3．收货人姓名、地址、电话号码（CONSIGNEE'S NAME、ADDRESS & TEL NO.）

填收货人名称的全称和详细地址，并标注国家名，必要时填入收货人的电话号码及传真号码。

由于航空运单不是物权凭证，因此一般做成记名抬头，不应做成指示性抬头，如“TO ORDER”或“TO ORDER OF × ×”。但有时信用证也要求空运单做成银行指示或发货人指示或空白抬头，此时，航空运单既可以做成指示性也可以做成记名性，而且即使受益人提交的单据是记名抬头，银行也不认为单证不符。

4．开立运单的承运人代理的名称及城市、IATA代码（ISSUING CARRIER AGENT NAME & CITY、AGENT'S IATA CODE）

填开立本运单的航空公司代理人的名称、所在城市及其IATA机场代码。若运单由航空公司开立，则本栏内容空白不填。

IATA代码是国际航空运输协会编制的，用于代表世界各个城市机场的代码，由三位英文大写字母组成，如SHA代表上海虹桥机场，NRT代表日本成田机场，LHR代表伦敦希斯罗机场。

5．始发站（AIRPORT OF DEPARTURE）

填始发站机场名称或规范的IATA三字代码，不得自行编制。

6．到达站（AIRPORT OF DESTINATION）

填写目的站机场名称或规范的IATA三字代码。

7．运输路线及其各目的站（ROUTING AND DESTINATION）

包括第一承运人（BY FIRST CARRIER）、第一目的地（TO）、第二承运人等（BY SECOND CARRIER）等。分别填第一承运人及其目的地机场、第二承运人及其目的地机场等的IATA三字代码，依此类推。

本栏由航空公司安排舱位后使用。一般在第一承运人栏填写第一程航班号。例如，填写“MU8”表示第一程运输由中国东方航空MU8号航班承运。

8．财务说明（ACCOUNTING INFORMATION）

一般填写运费支付方式：预付（FREIGHT PREPAID）或到付（FREIGHT COLLECT）。

9．货币（CURRENCY）

填始发站所在国家的货币代号，按国际ISO标准组织颁发的标准填写。例如，人民币CNY，美元USD，港元HKD。

10．运费和杂费（WT/VAL AND OTHER）

预付在PPD下方空白处打×或PP，到付在COLL下方打×或CC。

11．供运输用声明价值（DECLARED VALUE FOR CARRIAGE、DECLARED VALUE FOR CUSTOMS）

填写托运人向承运人办理货物声明价值的金额，若未办理，此栏必须打上“NVD”字样。

12. 处理事项（HANDLING INFORMATION）

一般填收货人之外的另行通知人的名称、地址、国家、电话、传真号码等，以及货运单的随机文件，如“COMMERCIAL INVOICE AND PACKING LIST、GSP FORM A”和其他事项。

13. 保险金额（AMOUNT OF INSURANCE）

承运人向托运人提供代办货物保险时，打上货物的投保金额。中国民航不代理国际货物运输险，此栏必须打上“×”或“NIL”字样。

14. 包装件数（NO. OF PIECES）

按实际的货物包装件数填写。

15. 毛重（GROSS WEIGHT）

按实际填写，计量单位K表示千克，L表示磅。

16. 运价种类（RATE CLASS）

填写所采用的货物运价种类的代号，如R、Q等。

17. 商品品名代号（COMMODITY ITEM NO）

在使用指定商品运价时，打印指定商品品名代号；在使用等级货物运价时，打印附加或附减的比例；如果是集装箱货物，打印集装箱货物运价等级。

18. 计费重量（CHARGEABLE WEIGHT）

航空公司以货物的物理重量和“体积重量”中较大者计收运费，IATA确定的航空货运货物的体积重量（kg）= 货物的体积［长（cm）×宽（cm）×高（cm）］/6000。

本栏填物理重量和体积重量中较大重量的数字。

19. 货物品名和数量（NATURE & QUANTITY OF GOODS（INCL. DIMENSIONS OR VOLUME））

与发票内容一致。

20. 托运人或其代理签署（SIGNATURE OF SHIPPER OR HIS AGENT）

由托运人或其代理签字、盖章后，运单正式生效。

21. 开立日期及地点（EXECUTED ON（DATE、PLACE））

填写航空运单的开立时间及地点，时间按年、月、日顺序填写。

如果信用证上没有特别规定签发日期（DATE OF ISSUE）和发运日期（或称装运日期，DATE OF SHIPMENT），空运单的签发日就被视为发运日，而且发运日不能迟于信用证规定的最迟装运日期。如果信用证要求一个实际的发运日，应在空运单表面明确批注这一日期，而且这个日期被视作签发日期。

应该注意，空运单的“承运人专用”栏中有时会出现日期，这个日期不能作为发运日的批注。如果信用证未要求实际的发运日，而空运单上既显示了签发日又显示了实际的发运日，这时应把签发日作为装运日。例如，信用证规定的最迟装运日期是10月30日，而空运单的签发日是10月30日，所标注的实际发运日是10月31日，这张空运单可以被接受，不属于晚装运。

空运单上与航班号和航班日期相关的信息将不被用来确定发运日期。

22. 开具运单的承运人或其代理签署（SIGNATURE OF ISSUING CARRIER OR ITS AGENT）

空运单必须由承运人或代表他们的具名代理人签发或证实，其表示方法可参见海运提单中的相关内容。

23. 批注

（1）表明“THE GOODS HAVE BEEN ACCEPTED FOR CARRIAGE”，或“SHIPPED ON BOARD”。

（2）若合同或信用证对装运的航班有限制，如“ISRAELI FLAG AIRLINER PROHIBITED”，可在运单上表明。

（3）表明“THE GOODS WILL OR MAY BE TRANSHIPPED”，但要求全程运输由同一运输单据涵盖，或表明“TRANSHIPPED WILL OR MAY TAKE PLACE”，即使信用证禁止转运。

（4）合同或信用证要求加注的合同号、信用证号等。

■ 任务操作

本项目中，信用证单据条款第5条规定：05-1ORIGINAL AND 1 COPY FORWARDER'S CARGO RECEIPT (FCR) ISSUED TO THE APPLICANT'S FULL NAME AND ADDRESS MARKED FREIGHT PAYABLE AT DESTINATION INDICATING CARGO RECEIPT DATE, SAILING DATE, VESSEL NAME, VOYAGE DETAILS, PORT OF LOADING AND DISCHARGE AND NOIFY TO THE APPLICANT'S FULL NAME AND ADDRESS AND INDICATING NAME, ADDRESS AND PHONE NUMBGER OF FORWARDING AGENT IN TURKEY ALSO KACTOS' 10 DIGIT PURCHASE ORDER NUMBERS.TRANSHIPMENT DETAILS, IF EFFECTED, I.E. PORT OF TRANSHIPMENT, NAME OF VESSEL FOR EACH VOYAGE SEPARETELY, MUST BE INDICATED ON THE FCR.

IF MORE THAN ONE VESSEL NAME INDICATED ON FCR, QUANTITY OF THE GOODS SHIPPED ON EACH VOYAGE MUST BE INDICATED ON FCR SEPARETELY。该条款要求货运代理人收据，即FCR，一份正本一份副本，开立给申请人，写明其名称和地址，标明“FREIGHT PAYABLE AT DESTINATION”，指明收货日期、开航日期、船名、详细航次、装运港、卸货港，通知人为申请人的全名和地址，指出土耳其货运代理人的名称、地址和电话号码以及KACTOS的10位数订单号，如果发生了转运，转运的细节例如转运港、分开运输轮船的船名和航次号都必须在FCR上指明。如果FCR上的船名多于一个，则每个分别进行运输的轮船的FCR上必须指明所装运的货物数量。

本项目的贸易术语为FOB NINGBO，应由买方办理租船订舱手续，出口商只需将本批次需要发运的货物，按照买方货代的指示，及时运到指定的运输工具上即可，货代在装运后向江苏鸣骏公司出具的货运代理人收据如样单1-9-3、样单1-9-4所示。江苏鸣骏公司的单证工作人员只需对照信用证条款，对该货运代理人收据进行审核，确保其内容与信用证规定相符。

样单1-9-3　货运代理人收据①

FORWARDER'S CARGO RECEIPT

SHIPPER HIGH HOPE INTERNATIONAL GROUP JIANGSU MINGJUN IMP AND EXP CORP LTD 87 BAIXIA ROAD,NANJING,CHINA	RECEIPT NO. NPO0587903 (01) PORT AND COUNTRY OF ORIGIN: NINGBO,CHINA DATE OF RECEIPT OF CARGO: 17 MAY., 2020
CONSIGNEE KACTOS NAPI MARKETLERI TICARET A.S. TASDELEN SILE OTOBANI 09 KM ALEMDAR SAPAGI SIRRI CELIK BULVARI 88 UMRANIYE ISTANBUL	**THIS IS NOT A DOCUMENT OF TITLE** DAMCO 24th Floor, TianAn Center, 338 Nanjing Road West, Shanghai 200003, PRC PHONE: (86) 21 2306 2033 FAX: (86) 21 6318 1931
NOTIFY PARTY KACTOS NAPI MARKETLERI TICARET A.S. TASDELEN SILE OTOBANI 09 KM ALEMDAR SAPAGI SIRRI CELIK BULVARI 88 UMRANIYE ISTANBUL	This forwarder's cargo receipt is to be issued upon presentation of the corresponding dock receipt. This document is issued only to aid the shipper in seeking negotiation on the relevant letter of credit. This documents does not grant any title to the goods described. Cargo will be containerized and shipped under ocean Bill(s) of Lading, to be issued by the carrier, and subject to the terms and conditions thereof. Goods are received subject to delay or the carrier's inability to carry due to any reason whatsoever. Damco is acting as agent only. D/R NO. EXPORT LICENCE NO.

VESSEL & VOYAGE (intended)	SAILING DATE		
ZIM SAO PAOLO 41W	26 MAY., 2020		
PLACE OF RECEIPT	**PORT OF LOADING**	**PORT OF DISCHARGE**	**PLACE OF DELIVERY**
NINGBO,CHINA	NINGBO,CHINA	IZMIT KORFEZI,TURKEY	IZMIT KORFEZI,TURKEY

MARKS & NUMBERS	NUMBER AND KIND OF PACKAGES	DESCRIPTION OF GOODS	GROSS WEIGHT	MEASUREMENT
			Kgs:	Cbm:
		*** AS PER ATTACHMENT ***		

ORIGINAL

** Total: 125 CARTONS 1875.000 4.210

TOTAL: ONE HUNDRED TWENTY FIVE CARTONS ONLY

FREIGHT COLLECT

IN ACCORDANCE WITH INSTRUCTIONS FROM THE BUYER WE HAVE RECEIVED THE FOLLOWING DOCUMENTS ON: 22 MAY., 2020

	ORIGINAL	COPY
1. CERT. OF ORIGIN	0	1
2. COMMERCIAL INVOICE	0	1
3. PACKING LIST	0	1

The above documents plus Bill of Lading will be dispatched to consignee or other designated parties.

RECEIVED THE GOODS DESCRIBED ABOVE, IN APPARENT GOOD ORDER AND CONDITION UNLESS OTHERWISE NOTED. THE GOODS ARE TO BE DELIVERED TO THE CONSIGNEE AT THE PLACE OF DELIVERY AND THE CONSIGNEE NEED NOT SURRENDER ANY ORIGINAL OF THE FORWARDER'S CARGO RECEIPT WHEN THEY TAKE CARGO DELIVERY. THE CONSIGNEE HAS THE IRREVOCABLE RIGHT TO DISPOSE OF THE GOODS ONCE THE GOODS ARE RECEIVED BY DAMCO FROM THE SHIPPER.
IN WITNESS WHEREOF (THREE 3) FORWARDER'S CARGO RECEIPT(S) ALL OF THIS DATE HAVE BEEN ISSUED. ALL TRANSACTIONS ARE SUBJECT TO DAMCO'S STANDARD TRADING CONDITIONS, AVAILABLE ON WWW.DAMCO.COM OR ON REQUEST.

FOR
Damco China Limited

AUTHORIZED SIGNATURE

DATE: 02 JUN., 2020

样单1-9-4 货运代理人收据②

Attachment No.: 1 *** DAMCO CHINA LIMITED NINGBO BRANCH- ***

*** FORWARDER'S CARGO RECEIPT ***

Receipt No.: NPO0587903 (01)

Vessel: ZIM SAO PAOLO 41W

Place of Delivery: IZMIT KORFEZI, TURKEY

Marks & Nos.:	Packages:	Description:	Kgs:	Cbm:
Shipping PO number :5600006443 Dimensions : Volume : Weight : Inner Qty: Vendor Item Number : Koctas SKU number : Item description : EAN : Case Number : Made in P.R.China Importer: Koctas Yapi Marketleri Tic A.S	125 CARTONS	PORTABLE TOOLS PP 1010w car polisher(SKU CODE 2000012576) KACTOS' 10 DIGIT PURCHASE ORDER NUMBERS 5600006443 THE ISSUING BANK'S LC NUMBER:5503833100815 FREIGHT PAYABLE AT DESTINATION FORWARDING AGENT IN TURKEY: DAMCO WLUSLARASI TASIMACILIK UE LOJISTIK A.S. MERUTIYET MAHALLEST 19 MAYIS CADDESI NO:3 GOLDEN PLAZA KAT: 4 NO.7 SISLI/ISTANBUL TEL:90-2122163250 FAX:90-212216550	1875.000	4.210
** Total:	125 CARTONS		1875.000	4.210

---*** END OF FCR ***---

ORIGINAL

■ 任务检测

根据项目1“任务2 制作发票与包装单据”任务检测所提供的信用证及相关资料，审核下列提单，指出存在的问题并改正。

SHIPPER: HONGTAI ELECTRIA CO., LTD. SHUNDE, GUANGDONG, CHINA 528301	B/L NO.: GMSY15111521
CONSIGNEE: TO ORDER	COSCO BILL OF LADING
NOTIFY: LUCERNA TRADING CO., LTD. 20 FLOOR INTERNATIONAL BLDG. 125-KA, NAMDAEMINOON ROAD, 75011 PARIS FRANCE	

PRE CARRIAGE BY	PORT OF RECEIPT YANTIAN, CHINA	PORT OF LOADING SHUNDE, GUANGDONG
OCEAN VESSEL / VOYAGE NO. DONGFENG V.5615W	PORT OF DISCHARGE MARSEILLES, FRANCE	PLACE OF DELIVERY MARSEILLES, FRANCE

MKS& NOS. CONTAINER NO. AND SEAL NO.	NOS AND KIND OF PKGS	DESCRIPTION OF GOODS	GROSS WEIGHT	MEASUREMENT
LUCERNA MARSEILLES NO.1-560 1×40' CY/CY MLCU4578618/C423776	600CNTS	ELECTRIC HAIR DRYER VOLTAGE: A220-240V, POWER: 2000W L/C NO.: NBM-12015678 ON BOARD FREIGHT PREPAID	1500KGS	12.33CBM

TOTAL NO. OF CONTAINERS
OR PACKAGES (IN WORDS): SAY SIX HUNDRED AND ONE CARTONS ONLY

OVERSEA OFFICE OR DESTINATION PORT AGENT	NO. S OF ORIGINAL B/Ls THREE（3）	FREIGHT PAYBALE AT MARSEILLES, FRANCE
	ON BOARD DATE 2020-06-16	PLACE & DATE OF ISSUE MARSEILLES, 2020-06-16
	SIGNED BY: COSCO AS AGENT FOR THE CARRIER	

习题作业

一、选择题

1. 收货人一栏显示“TO ORDER”字样的提单为指示提单，这种提单（　）。

A．不可转让　　B．经背书，可以转让

C．不经过背书即可转让　　D．可以由持有人提货

2. 审核提单应注意（　）。

A．提单应为全套，并注明承运人名称，经承运人签发

B．提单上的文字不能有更改

C．提单的日期不得迟于信用证上规定的最迟装运日期

D．提单的被通知人必须为信用证的申请人

3. 某公司出口一批货物，信用证规定最迟装运期为2020年4月6日，该批货物于2020年4月7日装运，船公司按实际装运日期签发提单，则该提单为（　）。

A．顺签提单　　B．倒签提单　　C．过期提单　　D．预借提单

4. 某公司出口一批货物，信用证规定最迟装运期为2020年4月6日，该批货物于2020年4月7日装运，要求船公司签发2020年4月6日的已装船提单，则该提单称为（　）。

A．顺签提单　　B．倒签提单　　C．过期提单　　D．预借提单

5. 海运提单的日期应理解为（　）。

A．签订运输合同的日期　　B．货物开始装船的日期

C．货物装船过程中的任何一天　　D．货物装船完毕的日期

6. 根据《UCP 600》，无须注明承运人名称及身份的运输单据是（　）。

A．海运提单　　B．航空运单　　C．公路运单　　D．租船合同提单

7. 信用证要求港至港海运提单，若受益人提交的提单为备运提单，且该提单上注明的收货地与起运港不同，应该（　）。

A．另外批注“ON BOARD”及装船日期　　B．无须任何批注

C．另外批注装货港口和船名　　D．A和C缺一不可

8. 根据《UCP 600》，除非信用证另有规定，银行不接受的提单是（　）。

A．转运提单　　B．第三方托运人提单

C．多式联运提单　　D．注明货装舱面的提单

9. 根据《UCP 600》，以下关于空运单的正确选项是（　）。

A．在任何情况下，空运单的签发日期都被视为发运日期

B．如信用证未要求，若空运单上另外批注了飞行日期，则以批注飞行日期为装运日期

C．如信用证要求注明实际发运日期，则空运单上专项批注的实际发运日期被视为装运日期

D．如信用证要求注明实际出运日期，则空运单“仅供承运人使用”的方格内所标注的航班号和起飞日期将被视为发运日期的专项批注，无须再另行批注实际发运日期

10．以下构成不清洁提单的批注为（　　）。

A．IRONSTRAP LOOSE OR MISSING　B．SHIPPER'S LOAD COUNT AND SEAL

C．PACKED IN USED CASKS　D．FREIGHT TO COLLECT

11．信用证规定：SHIPMENT DURING MAR．/APR．/MAY IN THREE EQUAL MONTHLY LOTS。因生产原因，3月份未能装运，出口商拟于4月装运3、4两个月的货。按《UCP 600》，（　　）。

A．3月的货不能装运，只能装4、5两个月的货

B．3月的货不能装运，4、5两个月的货也不能装运

C．3月的货在4月装运，分成两批，做两套单据

D．只有5月份的货能安全收汇

12．信用证规定：装货港NEW YORK，卸货港NANJING，不允许转运，要求提交全套海运提单。提单显示PORT OF LOADING: NEW YORK ON BOARD OCEAN VESSEL FREEDOM V.123 AT NEW YORK, PORT OF DISCHARGE: NANJING ON BOARD OCEAN VESSEL YANGZIJIANG V. 345 AT NANJING FOR TRANSPORTATION TO PLACE OF PINAL: WUHU 。以下有关提单的陈述中，正确的是（　　）。

A．提单可以接受，因为在整个航程中未发生转运

B．提单可以接受，因为在信用证规定的装运港及卸货港间未发生转运

C．提单有不符点，因为在整个航程中发生了转运

D．提单有不符点，因为最终目的地与信用证不符

13．信用证条款为SHIPMENT FROM: NANJING, FOR TRANSPORTATION TO WELLINGTON，DOCUMENTS REQUIRED: FULL SET OF CLEAN ON BOARD OCEAN B/L MADE OUT TO ORDER OF SHIPPER BLANK ENDORSED NOTIFYING APPLICANT MARKED FREIGHT COLLECT. 信用证未对提单作任何其他规定。提单显示INTENDED OCEAN VESSEL: GLORIA V. 123，则提单上显示的正确的装船批注是（　　）。

A．PORT OF LOADING: NANJING，PORT OF DISCHARGE: WELLINGTON

B．ON BOARD VESSEL: GLORIA V. 123，DATE: APRIL 30, 2020

C．ON BOARD DATE: APRIL 30, 2020

D．FREIGHT: FREIGHT COLLECT

14．以下提单上的装船日期批注中，符合UCP 600规定，能被开证行接受的是（　　）。

A．GOODS DELIVERED TO SHIPPING COMPANY FOR SHIPMENT ON MAY 28, 2020

B．GOODS SHALL BE SHIPPED ON BOARD ON JUNE 1st, 2020

C．GOODS SHIPPED ON BOARD ON JUNE 3rd, 2020

D．GOODS SHALL BE SHIPPED ON JUNE 4th, 2020

15．信用证条款APPLICANT: XYZ COMPANY, BERLIN，'BENEFICIARY: ABC COMPANY, NANJING, SHIPMENT FORM: NANJING, FOR TRANSPORTATION TO: HAMBURG, DOCUMENTS REQUIRED: FULL SET OF CLEAN ON BOARD OCEAN B/L MADE OUT TO ORDER OF SHIPPER BLANK ADDITIONAL CONDITIONS: THIRD PARTY TRANSPORT DOCUMENTS NOT ACCEPTABLE．信用证未对提单条款作任何其他规定。则以下提单各栏所显示的内容中，错误的是（　）。

A．SHIPPER: XYZ COMPANY, BERLIN　　B．PORT OF LOADING: NANJING

C．PORT OF DISCHARGE: HAMBURG　　D．PLACE OF RECEIPT: BERLIN

16．信用证条款为SHIPMENT FROM: NANJING, FOR TRANSPORTATION TO: LONDON, LC AMO9UNT: CIF LONDON USD10,000.00, DOCUMENTS REQUIRED: FUL SET CEALN ON BOARD COEAN B/L MADE OUT TO ORDER OF SHHIPPER BLANK ENDORSED. ADDITIONAL CONDITIONS: FREIGHT TO BE PREPAID AND INSURANCE TO BE PROCURED BY BENEFICIARY．信用证未对提单作任何其他规定。则以下提单各栏所显示的内容中，错误的是（　）。

A．CONSIGNEE: TO ORDER OF SHIPPER

B．FREIGHT: FREIGHT TO BE PREPAID

C．PORT OF DISCHARGE: LONDON

D．PORT OF LOADING: NANJING

17．信用证条款为SHIPMENT FROM: NANJING, FOR TRANSPORTATION TO: TAMPA, TRANSHIPMENT: ALLOWED, DOCUMENTS REQUIRED: FULL SET OF CLEAN ON BOARD OCEAN B/L MADE OUT TO ORDER OF SHIPPER BLANK ENDORSED NOTIFYING APPLICANT MARKED FREIGHT COLLECT．信用证未对提单作任何其他规定。则以下提单各栏所显示的内容中，错误的是（　）。

A．PLACE OF RECEIPT: NANJING

B．PORT OF LOADING SHANGHAI

C．PORT OF DISCHARGE: TAMPA

D．PLACE OF FINAL DESTINATION: ORLANDO

18．根据《UCP 600》，空运单上必须表明的语句是（　）。

A．GOODS HAVE BEEN RECEIVED FOR CARRIAGE

B．GOODS HAVE BEEN RECRIVED FOR SHIPMENT

C．GOODS HAVE BEEN ACCEPTED FOR CARRIAGE

D．GOODS WILL BE RECEIVED FOR DISPATCH

19．根据《UCP 600》规定，提单中标注以下（　）内容可以被接受。

A．显示SHIPMENT ON DECK

B．显示THE GOODS MAY BE CARRIED ON DECK

C．显示FOUR CARTONS ARE BROKEN

D．显示PACKAGE IS NOT SUFFICIENT FOR THE SEA JOURNEY

20．信用证规定货物从南京运至纽约，提交正本提单，禁止转运。提单显示：PORT OF LOADING: NANJING，OCEAN VESSEL: FREEDOM v.123, PORT OF DISCHARGE: NEW YORK, CONTAINERED GARCO HAS BEEN TRANSSHIPPED TO VESSEL EVERGREEN V. 345 AT HONGKONG PORT EN ROUTE TO NEW YORK THE CARRIER RESERVES THE RIGHT TO TRANSHIPMENT，根据《UCP 600》，以下关于提单陈述正确的是（ ）。

A．提单可以接受

B．提单有不符合点，因为货物使用了集装箱方式

C．提单有不符合点，因为提单上有转运语气

D．提单有不符合点，因为在海运航程中发生了转运

二、判断正误题

1.（ ）承运人在提单上加注任何批注均构成不清洁提单。

2.（ ）空白抬头提单是指提单“收货人”一栏不填写任何内容的提单，谁持有该提单谁就有权提货。

3.（ ）一张空运单只能用于填写一个托运人在同一时间、同一地点托运的，由承运人承运的、运往同一目的站、同一收货人的一件或多件货物。

4.（ ）在航空运输中，收货人提货是凭航空公司的提货通知单。

5.（ ）港到港海运提单一般为“收妥待运提单”，而国际多式联运提单属于“已装船”提单。

6.（ ）出口货物采用集中托运方式进行运输时，总运单上记载的发货人和收货人分别为集中托运商和其目的港的分拨代理商，货物是所有托运人的货物总件数、总体积和总重量。

7.（ ）海洋运输单据都是物权凭证，可背书转让，而其他运输单据，则为非物权凭证，不得转让。

8.（ ）承运人或船长的任何签字或证实，必须表明“承运人”或“船长”的身份。

9.（ ）全套提单可以只有一份正本或一份以上正本，如信用证要求提交全套正本提单时，只要提单上注明的正本份数全部提交即可。

10.（ ）根据《UCP 600》的解释，运输单据不得表明货物装于或者将装于舱面，但是声明货物可能被装于舱面的运输单据条款可以被接受。

任务10　发送装运通知

- **知识点：**装运通知及其作用，装运通知的内容。
- **技能点：**制作和发送装运通知。

知识准备

在货物出运后向进口商发送装运通知，是出口商的义务之一。从结汇的角度来看，只要合同或信用证要求了装运通知,它就是结汇单据。

一、装运通知概述

装运通知（SHIPPING ADVICE），也称装船通知，是发货人在货物装船并取得提单后，向买方或其指定的人发出的有关货物装运情况的说明，以便买方或其指定的人安排拖车和租订仓库，做好接货准备。

按照《INCOTERMS 2020》的规定，以FOB或CFR等术语成交的合同，进口商需要自行办理货物的运输保险手续，为了让保险公司了解货物以及货物的装运情况，以便及时承保货物，进口商也需要装运通知，如果因为出口商的原因而使进口商不能及时投保，则由此产生的所有损失，都应由出口商负责。

因此，出口商发送装运通知是国际贸易惯例。

在合同或信用证有明确要求时，装运通知是结汇单据。

二、装运通知的发送要求

按惯例，装运通知应以快捷方式及时发送。

这里的“快捷方式”，可以包括电传（TELEX）、传真（FAX）、电子邮件（E-MAIL）等通信方式。如果合同或信用证指定了发送方式，出口商应按指定方式发送装运通知。

“及时”，按惯例一般是在货物装船之后的3个工作日之内。如果合同或信用证规定了发送时间，出口商应按规定时间发送。

三、装运通知的内容及制作要求

装运通知没有固定格式，由出口商自行设计（参见样单1-10-1），以A4纸打印，其内容通常包括以下要点。

1．出口商名称

出口商发送装运通知，一般使用印有自己名称的文头纸，以表明自己发送人的身份。

样单1-10-1 装运通知

PEARL OF GUOGUANG

江苏国光之珠进出口有限公司

JIANGSU PEARL OF GUOGUANG IMP & EXP CORP. LTD.

5-307,1 North Yangshan Rd. Xianlin Campus City, Nanjing China 210046, Telex: 12345 Fax: 86-25-85864127

SHIPPING ADVICE

TO:

ALABABA TRADING S.A. DATE: 2020.05.20
50, SANCHES AVINIDA, MADRID, SPAIN
FAX: 34-3-87654232, TELEX: 54321

RE：DC NO.: BDAA-8780641， INV. NO.: PGG-16Y-18

WE HEREBY INFORM YOU THAT THE GOODS ABOVE MENTIONED DC HAVE BEEN SHIPPED, THE DETAILS IS AS FOLLOWS:

NAME OF GOODS: MOLYBDENUM POWDER
GOODS VALUE: USD76240.00
QUANTITY: 2000 KGS
PACKAGES: 40DRUMS
B/L NO.: LTAP6879
CONTRACT NO. 08GGZ027
NAME OF VESSEL: NEWFENG V.0412
PORT OF LOADING: SHANGHAI
PORT OF DISCHARGE: BARCELONA
SHIPPENT DATE: MAY.19, 2020
MARKS:

ALABABA
08GGZ027
BARCELONA
NO.1-40

江苏国光之珠进出口有限公司
JIANGSU PEARL OF GUOGUANG IMP & EXP CORP. LTD.
杨楠 YANG-Nan

2. 单据名称

装运通知的名称有多种，如SHIPPING ADVICE、SHIPPING STATEMENT、SHIPMENT DETAILS、INSURANCE DECLARATION等。

装运通知的名称，应以合同或信用证的要求为准。若合同或信用证没有要求，出口商可以使用以上任何名称作为单据名称。

3. 单据的抬头

装运通知的抬头，应按合同或信用证规定，可能是进口商，也可能是进口商指定的保险公司。若以保险公司为单据抬头，装运通知中应同时表明“预保险合同号”，即“COVER NOTE NO.”。

若合同或信用证没有要求，装运通知的抬头可以使用统称，如TO WHOM IT MAY CONCERN或TO MESSERS。

4. 制单日期

制单日期即制作或发送装运通知的日期。此日期应在提单日期之后的3天之内，信用证项下应符合信用证的规定。

5. 货物情况

货物情况包括唛头、货物名称、货物数量、包装种类及件数、货物总值，以及货物对应的合同号、信用证号等。

货物情况应与商业发票的内容一致，不能相互矛盾。

6. 运输及装运情况

运输及装运情况包括装运港、目的港、中转港，以及装载货物的运输工具、集装箱号码、预计开船日期（ETD）、预计到达日期（ETA），以及所对应的运输单据号码、日期等。

运输及装运情况应与运输单据所记载的内容一致，不得互相矛盾。

7. 其他

其他内容包括合同或信用证规定的其他需要加注的内容及出口商的签章。若合同或信用证没有要求，装运通知可不必签署。

▪ 任务操作

本项目信用证中，单据条款第6条规定：“06-COPY OF BENEFICIARY'S FAX MESSAGE SENT WITHIN FIVE WORKING DAYS AFTER SAILING DATE TO APPLICANT'S FAX NO.+90-215-444 42 21 OR +90-215-444 42 22 OR +90-215-444 42 23 TO OUR BANK FAX NO. +90-212-430 17 14 INDICATING FOLLOWING DETAILS FOR INSURANCE PURPOSES: DATE AND PLACE OF CARGO RECEIPT, SAILING DATER, LOADED QUANTITY, DESRIPTION, FOB VALUE, NET AND GROSS WEIGHT OF THE GOODS, VESSEL NAME, FCR NO. PLACE OF DISCHARGE, ESTIMATED TIME OF ARRIVAL OF THE GOODS, OUR BANK'S L/C REFERENCE, NAME AND ADDRESS OF THE FORWARDING AGENT IN TURKEY.”该条款

要求受益人传真的副本，传真在货物发运后的5个工作日之内，向申请人和开证行发送，申请人的传真号码为+90-215-444 42 21 、+90-215-444 42 22 或 +90-215-444 42 23，开证行的传真号码为+90-212-430 17 14，传真的目的是为办理保险，应该指明下述细节：收货的时间及日期、发运日期、装运数量、货物描述、FOB值、货物的毛重和净重、船名、FCR的号码、卸货地、预计到达日期、开证行的信用证号码、土耳其货运代理的名称和地址。

从传真的内容和作用分析，它就是一份装运通知，在信用证未指明所要求单据的份数时，受益人只需提交一份该种单据即算完成交单义务。江苏鸣骏公司的单证员于2020年5月29日制作了装运通知，并按信用证给出的传真号分别传真给了申请人和开证行。该装运通知如样单1-10-2所示。

■ 任务检测

根据下列资料，制作装运通知一份。

DOC.CREDIT NUMBER	*20:	NBM-04007678
DATE OF ISSUE	31C:	20/02/08
EXPIRY	*31D:	DATE 20/04/30 PLACE CHINA
APPLICANT	*50:	CHEMNI BROWN AND SONS CO. LTD. 2116 N W 21 STREET MIAMI, FL33142, U.S.A.
BENEFICIARY	*59:	JIANGSU NANGONGYUAN TRADING CO. 1 YANGSHAN NORTH ROAD, NANJING, CHINA
AMOUNT	*32B:	CURRENCY USD AMOUNT 82800.00
POS./NEG. TOL. (%)	39A:	05/05
AVAILABLE WITH/BY	*41D:	ABC BANK JIANGSU BRANCH BY NEGOTIATION
DRAFT AT...	42C:	DRAFT AT SIGHT FOR FULL INVOICE VALUE
DRAWEE NEW YORK	42A:	REPUBLIC NATIONAL BANK OF MIAMI
PARTIAL SHIPMENTS	43P:	ALLOWED
TRANSSHIPMENTS	43T:	ALLOWED
LOADING IN CHARGE	44E:	SHANGHAI
FOR TRANSPORT TO	44F:	MIAMI, FL
LATEST DATE O SHIP.	44C:	20/04/15
DESCRIPTION OF GOODS	45A:	FISHING BOOTS 8000PAIRS, USD12.00/PAIR, CIF MIAMI FL. PACKING: 12PAIRS PER CARTON

样单1-10-2　装运通知

江苏汇鸿鸣骏进出口有限公司
HIGH HOPE INTERNATIONAL GROUP
JIANGSU MINGJUN IMP AND EXP CORP. LTD.
87 Baixia Road, Nanjing China

BENEFICIARY'S FAX MESSAGE

DATE: MAY 29, 2020

WE, THE BENEFICIARY, ADVISE THE APPLICANT FOLLOWING DETAILS ON FAX NO. +90-215-444 42 21 FOR INSURANCE PURPOSES:

DATE OF CARGO RECEIPT	17 MAY, 2020
PLACE OF CARGO RECEIPT	NINGBO, CHINA
SAILING DATER	26 MAY, 2020
LOADED QUANTITY	500PCS IN 125 CTNS
DESRIPTION	PORTABLE TOOLS PP 1010W CAR POLISHER(SZKU CODE 2000012567)
FOB VALUE OF THE GOODS	USD10980.00
NET WEIGHT OF THE GOODS	1625.00KGS
GROSS WEIGHT OF THE GOODS	1875.00KGS
VESSEL NAME	ZIM SAO PAOLO 41W
FCR NO.	NPO0587903
PLACE OF DISCHARGE	IZMIT KORFEZI, TURKEY
ESTIMATED TIME OF ARRIVAL OF THE GOODS	26 JUN, 2020
ISSUING BANK'S L/C NO.	5503833100815
NAME AND ADDRESS OF THE FORWARDING AGENT IN TURKEY	DAMCO WLUSLARASI TASIMACILIK UE LOIISTIK A. S. MERUTIYET MAHALIEST 19 MAYIS CADDESI NO. 3 GOLDENT PLAZA KAT 4 NO.7 SISLI/ISTANBUL TEL: 90-2122163250　FAX: 90-212216550

L/C NO.: 5503833100815

江苏汇鸿鸣骏进出口有限公司
HIGH HOPE INT'L GROUP
JIANGSU MINGJUN IMP & EXP CORP. LTD.

DOCUMENTS REQUIRED　46A:

…

+BENEFICIARY'S CERTIFIED COPY OF TELEX DISPATCHED TO THE ACCOUNTEE WITHIN 3 DAYS AFTER SHIPMENT ADVISING NUMBER AND DATE OF B/L，QUANTITY AND VALUE OF SHIPMENT，NAME OF VESSEL，SAILING DATE AND ESTIMATED TIME OF ARRIVAL.

…

注意，该批商品的有关资料如下：

INV.NO．AND DATE: NGY448-23 , MAR.20, 2020

DATE OF SHIPMENT: APR.10, 2020

B/L NO.: FKK9078533

MEASUREMENT：40cm × 50cm × 80cm/CTN

GW. : 23KGS/CTN

NW. : 18KGS/CTN

NAME OF VESSEL: DONGFRNEG V.003

习题作业

一、选择题

1．出口商向进口商发送装运通知，目的是让进口商（　　）。

A．了解货物的情况　　B．办理租船订舱手续

C．办理信用证开证手续　　D．做好接货和付款准备

2．出口商发送装运通知，通常在（　　）时间。

A．装运后5个工作日内　　B．装运前3个工作日内

C．装运后3个工作日内　　D．装运前3个工作日内

3．如果信用证规定：SHIPPING ADVICE MUST BE SENT TO CREDIT & COMMERCIAL INSURANCE CO., LTD. NO. NO. 123 MILANO STREET, GENOVA, ITALY BY REGISTERED AIRMAIL IMMEDIATELY AFTER SHIPMENT, ADVISING FULL DETAILED SHIPPING PARTICULARS... 则出口商的装运通知需要发送给（　　）。

A．进口商　　B．申请人

C．收货人　　D．保险公司

4. 如果信用证规定：SHIPPING ADVICE IN FULL DETAILS INCLUDING SHIPPING MARKS，CARTON NUMBERS, VESSEL NAME，B/L NUMBER，VALUE AND QUANTITY OF GOODS MUST BE SENT TO CONSIGNEE，APPLICANT AND NOTIFY PARTY. 则出口商的装运通知不必发送给（ ）。

A. 通知人　　B. 申请人　　C. 收货人　　D. 保险公司

5. 采用以下（ ）术语成交时，进口商需要凭出口商发送的装运通知去办理保险。

A. CIF　　B. FOB　　C. CFR　　D. CIP

二、判断正误题

1.（ ）装运通知必须以电传形式发送。

2.（ ）信用证需要时，出口商必须发送装运通知，并向银行交单，因此装运通知是结汇单据。

3.（ ）只有国外买方有需要时，出口商才会发送装运通知，以便买方做好租借仓库和付款的准备。

4.（ ）装运通知是在装运后发送的，因此其日期一定会晚于提单日期。

5.（ ）装运通知可以用装箱单来代替。

任务11 制作各种出口证明

- **知识点：** 出口商证明，船公司证明。
- **技能点：** 制作各种出口证明。

▪ 知识准备

在国际贸易中，有时进口商还会要求出口商提供与货物的包装、运输等有关的单据，用以对履约情况进行补充说明，这些单据就是各种出口证明。

在国际贸易业务中，进口商有时会要求出口商提供各种各样的证明文件，用以补充说明出口商的履约情况，或者方便自己办理进口手续和销售货物。这些证明有的由出口商自行缮制，有的则需要由出口商向第三方单位申请。

一、出口证明的类别

1. 出口商证明

出口商证明是由出口商出具的证明文件，为了证实某种情况，或者证明自己已经按要求办理了某件事情，达到了进口商或进口国的有关规定。

在信用证支付方式下，出口商就是信用证的受益人，此时，出口商证明也称为受益人证明（BENEFIAIARY'S CERTIFICATE）。

出口商证明通常是证明货物的品质、包装、装运等符合某种要求。例如，向新西兰、澳大利亚、美国、加拿大等对进口货物使用木质包装材料有严格要求的国家出口时，如果需要使用木质材料进行包装，除要求木质包装材料必须无虫、无菌，并经过熏蒸处理之外，还要求出口商另外再出具木质包装声明（PACKING DECLARATION），否则货物不准入境。即使未使用木质包装材料，出口商也需出具证明，证明其包装材料为非木质包装材料。

2. 船公司证明

船公司证明是出口商应进口商的要求，请船公司或其代理出具的，证明有关货物运输情况的单据。如证明货物所装运轮船的国籍、等级、运输路线等。船公司证明可以是承运人、船长、船东或租船人，也可以是表明作为上述任何一方代理人身份的其他实体。

船公司证明主要有：

（1）黑名单证明。为保障本国贸易商的利益，很多国家都对从事国际贸易运输的船舶进行跟踪，并将存在不良安全记录和安全隐患的船只列入黑名单，实行“黑名单”记录，不允许这些进入黑名单的船舶进行运输，或者不允许本国企业与这些船舶发生业务关系。黑名单证明则是为了证明载货船只未被列入黑名单的单据。

（2）航程证明与船籍证明。航程证明（ITINERARY CERTIFICATE）是证明载货船舶在航行过程中所停靠港口的单据。船籍证明是证明载货船舶所在国籍的单据。

航程证明通常与船籍证明合为一体。红海和波斯湾地区的阿拉伯国家，在进口时常常要求证明载货船舶在航行途中所经过的港口或航行路线以及船籍等。例如，要求承运船只非以色列籍，航行过程中不得停靠以色列港口，不得悬挂以色列国旗等。

（3）船龄以及船级证明。船龄是指船舶自建造完毕时起计算的使用年限。船龄可以表明船舶的现有状况，是租船人接受船舶、确定租船运费或租金的重要依据，也是保险公司确定保险费率要考虑的重要因素。一般船龄在15年以上的船为超龄船，许多保险公司对15年以上的船舶不予承保，以保证货物运输的安全。

船级是表示船舶技术状态的一种指标。船舶入级可保证航行安全，便于租船人和托运人选择适当的船只，便于保险公司决定船、货的保险费用。各国船级社均绘制了不同的船级符号。例如，英国劳埃德船级社（LR）的船级符号为100A，美国船级社（AB）的船级符号为A1，挪威船级社（DNV）的船级符号为1A1。要求装货船只为100A的船，就表示该船的船体和机器设备是根据劳氏规范和规定建造，船舶的装备如船锚、锚链和绳索等处于良好和有效状态。

船龄证明是证明载货船舶船龄情况的单据。船级证明是证明载货船舶符合一定的船级标准的单据。印度、孟加拉、巴基斯坦以及阿拉伯国家的信用证，常常要求船龄和船级证明。

（4）运费证明。运费证明是承运人签发给托运人的，有关货物运费收讫的凭证。在以CFR和CIF条件成交的信用证中，买方有时会要求提供有关运输费用方面的数据。

如果信用证要求提供船公司运费账单，则应事先向船公司或其代理言明，并将船公司收账的运费账单复印即可。

运费证明的英文表述通常有：FREIGTH INVOICE、FREIGHT ACCOUNT、FREIGHT VOUCHER等。

3．邮寄证明

邮寄证明是出口商通过快递公司邮寄货物或单据给进口商或其指定人之后，快递公司出具的邮寄或快递收据。有时，快递收据不足以证明有关情况，还需出口商另外再出具证明，证实自己已按规定寄送了某种单据或货物。

因此，邮寄证明可能是快递收据，也可能是出口商证明，还有可能是快递收据和出口商证明的结合。例如，当信用证规定为“COURIERS RECEIPT TOGETHER WITH THE BENEFICIARY'S SIGNED LETTER CERTIFYING THAT THE FULL SET OF ORIGINAL DOCUMENTS HAS BEEN SENT TO ×× CO. BY AIRMAIL/DHL/SPEED POST 3 DAYS AFTER B/L DATE”时，受益人除了出具由其本公司出具的书面寄单证明外，还要随附信用证指定的快递公司出具邮寄（POST RECEIPT）或快递收据（SPEED POST RECEIPT）。

4．其他证明

除了上述提及的各种证明之外，有时出口商还可能需要获取其他相关的证明，如贸促会或国际商会出具的商事证明，银行出具的借记通知单（DEBIT NOTE）、扣佣通知书，生产商出具的生产过程证明等。

如果进口商要求了这类证明，出口商必须按进口商的要求向相应机构申请。

其中，贸促会或国际商会出具的商事证明，一般是证明出口商所出具单据上的印章是否真实，或内容是否正确，它必须同时附有出口商的单据才有效，具体可参见样单1-11-1。

样单1-11-1　贸促会证明

中国国际贸易促进委员会

China Council for the Promotion of International Trade
China Chamber of International Commerce

证 明 书

CERTIFICATE

号码 No. 083201A0/00165

兹证明：在所附出口声明上的南京佰德工贸有限公司的印章属实。

THIS IS TO CERTIFY THAT: the seal of (NANJING) BETE INDUSTRY & TRADING CO.,LTD. on the annexed EXPORT DECLARATION is genuine.

China Council for the Promotion of International Trade

授权签字：

Authorized Signature: Bai Weili

日期：2020 年02 月27 日

(Date:FEB. 27, 2020)

二、出口证明的内容及缮制要求

出口证明大多没有固定的格式，也没有固定的内容。实际业务中，出口证明的获取分三种情况：第一种情况是由出口商自行制作并签署，如出口商证明；第二种情况是由出口商制作并打印，然后委托第三方如货代公司或船公司进行签署；第三种情况是由出口商直接向第三方申请，如贸促会证明。无论属于哪一种情况，出口证明的内容一般都应包括如下方面。

1．单据名称

通常情况下，单据名称应符合合同或信用证要求。

2．单据抬头

单据抬头一般与商业发票一致，也可以使用统称，如“TO WHOM IT MAY CONCERN”。

3．出具日期

应为证明实际开具的日期，并应与所证明的内容相吻合，不能互相矛盾。

按照《ISBP 745》的要求，出口证明是否需要注明日期，要取决于所要求的证明的类型、其所要求的措辞和单据中显示的措辞。例如，信用证要求提交由承运人或其代理出具的证明，标明船龄不超过25年，如果证明显示了船舶的建造日期，且该日期在装运日期之前未超过25年，此时无须显示出具日期。如果证明使用了信用证规定的措辞，此时则需显示出具日期，以证实到该出具日期为止船龄未超过25年。

4．参考号码

出口证明一般是应合同或信用证要求出具的，使用参考号码可以表明本单据的出立依据，也将本单据与其他单据有机地联系起来。参考号码可以是信用证号、合同号或发票号、提单号等。

5．证明的内容

证明的内容应是合同或信用证要求的内容。出口商可以按照信用证条款原样照抄，个别情况下只对所用的时态和语气进行调整。而在证明的开头，通常使用套用的格式，如“THIS IS CERTIFY THAT...”或“WE HEREBY CERTIFY THAT...”。

例如，信用证单据条款规定为“BENEFICIARY’S CERTIFICATE MUST CERTIFY THAT THE GOODS HAS BEEN PACKED IN CARTON/ NEW IRON DRUM”，如果货物实际使用的包装为纸箱而非新铁桶，则该证明的内容应是：WE HEREBY CERTIFY THAT THE GOODS HAS BEEN PACKAED IN CARTON。

6．盖章和签字

按照《ISBP 745》的要求，如果信用证要求证明书（CERTIFICATE）、证明（CERTIFICATION）、申明（DECLARATION）或声明（STATEMENT），则该单据就必须经过签署。

因此，出口证明必须经签署，并加盖出具机构的公章和授权签字人的签名，必要时还需进行手签。

例如，信用证条款规定：BENEFICIARY’S CERTIFICATE MUST CERTIFY THAT CABLE COPY OF SHIPPING ADVICE DISPATCHED TO THE APPLICANT IMMEDIATELY AFTER

SHIPMENT。此时，出口商需要出具受益人证明，如果该批货物的提单日期为2020年4月15日，信用证的受益人为江苏二比三公司（JIANGSU ABC CORP. LTD.），则受益人证明如样单1-11-2所示。

样单1-11-2　受益人证明

江苏二比三公司

JIANGSU ABC CORP. LTD.

NO. 91 SUZHOU ROAD, NANJING, JIANGSU，CHINA

BENEFICIARY'S CERTIFICATE

TO: MESSERS　　DATE: APR 16, 2020

PLACE: NANJING，

CHINA

RE: L/C NO.***　S/C NO.***

WE HEREBY CERTIFY THAT CABLE COPY OF SHIPPING ADVICE DISPATCHED TO THE APPLICANT IMMEDIATELY AFTER SHIPMENT.

江苏二比三公司

JIANGSU ABC CORP. LTD.

李四

如果信用证规定：BENEFICIARY'S CERTIFICATE MUST CERTIFY THAT 2 COPIES COMMERCIAL INVOICE AND 1 COPY BILL OF LADING HAVE BEEN SENT TO EFC CO. LTD.

BY REGISTERED AIRMAIL。此时，出口商需出具的受益人证明实则为寄单证明，具体如样单1-11-3所示。

如果信用证规定：CERTIFICATE MUST CERTIFY THAT S.S. ...FLYING THE PEOPLE'S REPUBLIC OF CHINA FLAG, WILL NOT CALL AT ANY ISRAELI PORTS DURING THIS PRESENT。

VOYAGE, AND SHE IS NOT BLACK LISTED BY THE ARAB COUNTRIES，则受益人需请船公司或货代出具航程和黑名单联合的证明，具体可参见样单1-11-4所示。

样单1-11-3 寄单证明

江苏二比三公司

JIANGSU ABC CORP. LTD.

NO. 91 SUZHOU ROAD, NANJING, JIANGSU，CHINA

BENEFICIARY'S CERTIFICATE

TO: MESSERS　　DATE: APR 16, 2020

FAX NO.: 0039-036-3368010　　PLACE: NANJING, CHINA

RE: L/C NO.*** S/C NO.***

WE HEREBY CERTIFY THAT WE HAVE SENT THE FOLLOWING DOCUMENTS TO MESSERS ××× CO., LTD. BY REGISTERED AIRMAIL：

1. TWO COPIES COMMERCIAL INVOICE
2. ONE COPIES BILL OF LADING.

江苏二比三公司

JIANGSU ABC CORP. LTD.

李四

样单1-11-4 航程证明

ITINERARY CERTIFICATE

DATE: APR 16, 2020

TO：WHOME IT MAY CONCERN　　PLACE: NANJING

RE：S.S. ...

THIS IS CERTIFY THAT S.S. ...IS FLYING THE PEOPLE'S REPUBLIC OF CHINA FLAG, WILL NOT CALL AT ANY ISRAELI PORTS DURING THIS PRESENT VOYAGE, AND SHE IS NOT BLACK LISTED BY THE ARAB COUNTRIES.

JIANGSU JINCHENG SHIPPING CO., LTD.

王二

▪ 任务操作

本项目信用证中，单据条款第7条规定："07-BENEFICIARY'S WRITTEN DECLARATION STATING THAT COMMERCIAL INVOICE, PACKING LIST, CERTIFICATE OF ORIGIN OR GSP CERTIFICATE OF ORIGIN FORM A HAVE BEEN SENT TO APPLICANT'S FAX NO. +90-215-444 42 21 OR 22 OR 23 OR SENT BY E-MAIL TO KACTOS.ITHALAT (AT) KACTOS. COM.TR WITHIN 5 DAYS AFTER SAILING DATE." 该条款要求受益人出具的书面声明，声明商业发票、装箱单、原产地证明书或普惠制FORM A产地证明书已经在发运日期之后5天内通过传真号+90-215-444 42 21、22、23发送给了申请人，或者通过EAMAIL发送给了KACTOS.ITHALAT (AT) KACTOS. COM.TR。

根据信用证的要求，江苏汇鸿鸣骏公司的单证员整理了商业发票、装箱单和原产地证明书各一份，通过传真号+90-215-444 42 21发送给了申请人，并于2020年5月29日制作了相应的受益人声明，具体参见样单1-11-5。

样单1-11-5　受益人声明

江苏汇鸿鸣骏进出口有限公司

HIGH HOPE INTERNATIONAL GROUP

JIANGSU MINGJUN IMP AND EXP CORP. LTD.

87 Baixia Road, Nanjing China

BENEFICIARY'S DECLARATION

TO RHOM IT MAY CONCERN　　DATE: MAY 29, 2020

WE STATING THAT COMMERCIAL INVOICE, PACKING LIST, CERTIFICATE OF ORIGIN HAVE BEEN SENT TO APPLICANT'S FAX NO. +90-215-444 42 21 WITHIN 5 DAYS AFTER SAILING DATE.

L/C NO.: 5503833100815

江苏汇鸿鸣骏进出口有限公司
HIGH HOPE INT'L GROUP
JIANGSU MINGJUN IMP & EXP CORP. LTD.

■ 任务检测

根据下列资料，制作受益人证明一份。

DOC.CREDIT NUMBER	*20:	NBM-04007678
DATE OF ISSUE	31C:	20/02/08
EXPIRY	*31D:	DATE 20/04/30 PLACE CHINA
APPLICANT	*50:	CHEMNI BROWN AND SONS CO. LTD. 2116 N W 21 STREET MIAMI, FL33142, U.S.A.
BENEFICIARY	*59:	JIANGSU NANGONGYUAN TRADING CO. 1 YANGSHAN NORTH ROAD, NANJING, CHINA
AMOUNT	*32B:	CURRENCY USD AMOUNT 82800.00
POS./NEG. TOL. (%)	39A:	05/05
AVAILABLE WITH/BY	*41D:	ABC BANK JIANGSU BRANCH BY NEGOTIATION
DRAFT AT...	42C:	DRAFT AT SIGHT FOR FULL INVOICE VALUE
DRAWEE NEW YORK	42A:	REPUBLIC NATIONAL BANK OF MIAMI
PARTIAL SHIPMENTS	43P:	ALLOWED
TRANSSHIPMENTS	43T:	ALLOWED
LOADING IN CHARGE	44E:	SHANGHAI
FOR TRANSPORT TO	44F:	MIAMI, FL
LATEST DATE O SHIP.	44C:	20/04/15
DESCRIPTION OF GOODS	45A:	FISHING BOOTS 8000PAIRS, USD12.00/PAIR, CIF MIAMI FL. PACKING: 12PAIRS PER CARTON
DOCUMENTS REQUIRED	46A:	… +BENEFICIARY'S STATMENT IN TWO COPIES THAT STATE THREE SETS OF EACH NON-NEGOTIABLE BILL OF LADING HAVE BEEN AIRMAILED DIRECT TO THE BUYER IMMEDIATELY AFTER SHIPMENT. …

注意，该批商品的有关资料分别为：INV. NO.: NGY448-23，INV. DATE MAR.20, 2020，DATE OF SHIPMENT: APR.10, 2020，B/L NO.: FKK9078533。

习题作业

判断正误题

1.（　）出口证明的时间必须在装运通知之后。

2.（　）很多国家都不允许进入黑名单的船舶进行运输，或者不允许本国企业与黑名单船舶发生业务关系。

3.（　）出口商证明可以不经签署。

4.（　）受益人证明是证明受益人已按规定发送了装运通知的证明。

5.（　）邮寄证明是由受益人出具的，证明出口商已按规定寄送过样品的证明。

任务12 出具汇票

■ **知识点：** 汇票到期日的计算，汇票的金额，汇票付款期的表示方法，商业汇票的内容。
■ **技能点：** 制作商业汇票。

■ 知识准备

在进出口业务中，买卖双方通常以非现金方式结算货款，以保证货款收付的方便和安全，此时，资金单据就成为买卖双方债权债务划分的凭证。目前国际贸易中使用的资金单据（FINANCIAL DOCUMENTS）主要有汇票、支票、本票等，在这些资金单据中，又以汇票的使用为主。

一、汇票的概念

根据《中华人民共和国票据法》的规定，汇票（BILL OF EXCHANGE，DRAFT，简称BILL或EXCHANGE）是出票人签发的，委托付款人在见票时或者在指定日期无条件支付确定的金额给收款人或者持票人的票据。

作为一种票据，各国对汇票的项目、内容都有一定的规定和立法，要求汇票必须具备法定的形式、载明必要的法定事项，才具有票据的效力。因此，汇票是一种要式的有价证券，它的使用不仅应符合有关当事人的国内立法及相关的国际贸易惯例，同时，还需符合信用证和合同的相关规定。

根据出票人的不同，汇票分为银行汇票和商业汇票两种。银行汇票一般不附带货运单据，为光票，结汇方式为顺汇；商业汇票一般都附带有货运单据，为跟单汇票，结汇方式为逆汇。国际贸易中使用的汇票，通常由出口商出具，为商业汇票。

二、国际贸易中使用的汇票

汇款、托收和信用证是国际贸易中常用的货款结算方式，这三种结算方式都可能使用到汇票。

汇款中的电汇和信汇方式，不需要出口商出具汇票，仅票汇（D/D）方式才使用汇票，而且票汇方式下使用的是银行即期汇票，通常由汇款人向银行购买，然后自行寄给收款人，收款人持票向银行取款。

托收和信用证方式下，均需使用汇票，通常都由出口商出具，属商业汇票。根据付款的不同，既有即期汇票也有远期汇票，连同单据一起交进口商或银行，进口商或银行审核单据无误后即根据汇票支付款项。

作为支付命令，托收和信用证项下的汇票，出口商通常都签发一套，一套一式两份，两份汇票具有同等的法律效力，分别注明“FIRST OF EXCHANGE（第一份）”和“SECOND OF EXCHANGE（第二份）”字样，但付款人仅对其中的一份付款或承兑，即先到先付，后到无效。因此，第一份汇票上写明“SECOND OF EXCHANGE BEING UNPAID（付一不付二）”，第二份汇票上写明“FIRST OF EXCHANGE BEING UNPAID（付二不付一）”字样。

按《ISBP 745》的规定，汇票可以进行修正和变更，但修正和变更必须经出票人证实，否则修正和变更无效。

三、汇票到期日的计算

根据付款期的不同，汇票有即期汇票和远期汇票之分。汇票到期日的计算可以有以下几种。

1．即期汇票

即期汇票，无须计算到期日，付款人见票就付。

2．在某一特定日期付款的汇票

如果汇票为2020年12月6日付款，汇票的票期表述为：AT DEC. 6 2020 SIGHT。这种汇票的付款人是按汇票记载的日期付款。如果汇票的票期表述为：××× DAYS FROM ××× DATE和××× DAYS AFTER ××× DATE，则汇票到期日的计算，应从汇票记载的付款期的次日起起算。例如，从3月1日起10天付款，汇票到期日应为3月11日。

3．见票后×××天付款的汇票

见票后×××天付款的汇票，汇票的票期表述为：××× DAYS AFTER SIGHT，这种汇票，以付款人收到单据后的第×××天为汇票的到期日，付款人必须在此日期前付款。如果付款人先拒付，后又同意接受单据，以付款人承兑汇票后的第×××天为最晚汇票到期日。

4．出票后×××天付款（或提单日后×××天付款）的汇票

（1）表述方法。如果提单日期为2020年12月15日，合同规定汇票的票期为提单日后60天，则汇票的票期可以用以下任意一种方式表明：60 DAYS AFTER B/L DATE 15 DEC 2020（提单日2020年12月15日后60天）；或60 DAYS AFTER 15 DEC 2020（2020年12月15日后60天）；或60 DAYS AFTER B/L DATE（提单日后60天），并在汇票表面其他地方表明“B/L DATE 15 DEC 2020”；或13 FEB 2021（2021年2月13日），也就是提单日后60天；或60 DAYS DATE（当出票日期与提单日期相同时）。

（2）提单日期的认定。通常，装船日应视为提单日期，无论装船日早于或晚于提单的签发日。

如果汇票项下的提单上有多个装船批注，且所有装船批注均显示货物是从一个地理区域或地区装运，则以最早的装船批注日期为提单日期，并计算汇票到期日。例如，信用证规定在欧洲港口装运，提单显示货物于8月16日在都柏林装上A船，于8月18日在鹿特丹装上B船，汇票为“提单日后60天付款”，则汇票到期日应为8月16日起的60天，即10月15日。

如果一张汇票项下提交了不止一套提单，则最晚的提单日将被用于计算汇票的到期日。例

如，提单A显示货物于8月16日装船，提单B显示货物于8月18日装船，汇票为“提单日后60天付款”，则汇票到期日应为8月18日之后的60天，即10月17日。

5. 远期汇票到期日的迟延

汇票到期，付款人应立即以能被使用的款项付款，但是，如果汇票的到期日适逢银行休息日，则应顺延至汇票到期日后的第一个银行工作日进行付款，除非合同或信用证另有规定。

四、商业汇票的内容及制作要求

按照《中华人民共和国票据法》，若汇票上未记载下列事项之一的，汇票无效，这些事项包括：表明“汇票”字样，无条件支付的委托，确定的金额，付款人名称，收款人名称，出票日期，出票人签章。

我国出口企业使用的汇票，可以由银行提供，也可以由企业自行印制，虽然其格式不尽相同，但内容基本一致，其填制要求如下。

1. 出票条款

出票条款又称出票依据，即开立本汇票的根据，包括DRAWN UNDER、L/C NO和DATED三项。

信用证项下的汇票，出票条款应根据信用证的内容进行填写，“DRAWN UNDER”栏填开证行名称，“L/C NO.”栏填信用证号码，“DATED”栏填信用证的开立日期。

托收项下的汇票，仅在“DRAWN UNDER”栏填“FOR COLLECTION”，或填“CONTRACT NO. ×××AGAINST SHIPMENT OF×××（QUANTITY）OF×××（COMMODITY）FOR COLLECTION”“L/C NO.”栏和“DATED”栏均空白不填。

2. 年息

年息“PAYABLE WITH INTEREST@…% PER ANNUAL”栏由银行填写，用以结算企业与银行间的利息费用，出口商出票时无须填写。

3. 出票地点及出票日期

出票地点和出票日期是汇票的重要项目之一，当汇票产生法律纠纷时，出票地点通常为提起诉讼的地点，而出票日期则直接关系到汇票的提示、承兑、付款等票据行为。

汇票的出票地点通常已事先印好，无须填写，应为出口商所在地。

汇票的出票日期由银行填写，用英文表述，应为出口商向银行交单的日期，该日期应晚于所有跟单单据的签发日期。

信用证项下，汇票的出票日期必须符合信用证规定的交单期限，而且还必须在信用证有效期之前，如果信用证没有规定交单期，按《UCP 600》的规定，受益人应在运输单据日期之后的21天之内交单。例如，信用证规定：“PRESENTATION PERIOD 48: DOCUMENTS TO BE PRESENTED WITHIN 15 DAYS AFTER THE DATE OF SHIPMENT BUT WITHIN THE EXPIRY DATE OF THIS CREDIT”，如果该信用证项下的提单日期为2020年12月6日，信用证有效期为2020年12月25日，则汇票的出票日期应为2020年12月6日至2020年12月21日之间的任何一天。

4. 号码

号码“NO.”，即汇票号码。跟单汇票，通常以汇票项下的商业发票号码为汇票号码，以利于识别，使整套单据有机地联系起来，也可以用其他有利于识别的号码为汇票号码。

5. 汇票金额

汇票金额即汇票上的两块灰色区域，包括小写额（EXCHANGE FOR）和大写额（THE SUM OF）两部分，大、小写金额应一致，否则，汇票无效。

若合同没有预付款或佣金，且以一种支付方式付款，汇票金额应为发票额。

若合同有预付款或佣金，且以一种支付方式付款，汇票金额应为发票额扣除预付款和佣金后的余额。

若合同以信用证方式付款，汇票金额应以信用证额为限，不能超信用证额。

若合同以信用证和托收方式相结合付款，出口商应作两套汇票，一套汇票金额为托收金额，另一套汇票金额为信用证额，两套汇票的金额之和等于发票金额。

6. 付款期限

汇票的付款期限用“AT SIGHT”表示。即期汇票，在AT SIGHT之间的空白处填“---”，或“***”，或“…”，不能留空不填；远期汇票，将约定的付款期填写在“AT SIGHT”之间的空白处。例如，“AT ... SIGHT”表示汇票为即期付款，“AT 30 DAYS AFTER SIGHT”则表示汇票为见票后30天付款，“AT APRIL 24, 2020 SIGHT”表示2020年4月24日付款。

托收项下的汇票，还应在付款期之前注明交单条件，或者在汇票左上角注明交单条件。例如，“D/P AT * * * SIGHT”表示即期付款交单。

7. 受（收）款人

即汇票上的“PAY TO THE ORDER OF /PAYEE”栏，也称为汇票的抬头。

汇票的抬头，有限制性抬头（PAY TO ×××ONLY或PAY TO ××× NOT TRANSFERABLE）、持票人抬头（PAY TO THE BEARER）和指示性抬头（PAY TO THE ORDER OF ×××或PAY TO×××OF ORDER）三种。限制性抬头的汇票，只能由指定的收（受）款人收取款项；持票人抬头的汇票，持有汇票的人就可以收取款项；指示性抬头的汇票，收（受）款人凭指示收取款项。限制性抬头的汇票不能转让，使用不便；持票人抬头的汇票交付即可转让，风险大；指示性抬头的汇票经背书可以转让，在实际业务中最为常用。

我国出口业务中，货款通过银行走账，汇票的收款人一般都是凭某一家银行的指示为抬头，具体的银行名称由出口商交单时确定。如果汇票由银行提供，通常已事先印好“PAY TO THE ORDER OF×××BANK”字样，无须填写。

8. 付款人

汇票的付款人（DRAWEE/PAYER）又称受票人，即“TO ”栏，通常位于汇票左下角。

信用证项下，银行承担付款责任，汇票的付款人应是信用证指定的银行，如果信用证未指定，付款人应是信用证的开证行。《UCP 600》规定，信用证不得开成凭以申请人为付款人的汇票兑用，否则该汇票就成为附加单据，而不是支付工具。

托收项下，进口商付款，银行不承担付款责任，汇票的付款人应填进口商，并注明其详细地址。

9. 出票人

出票人（DRAWER）即出具汇票的人。汇票填好后，出票人应出票，即在汇票右下角进行盖章并签字，否则汇票无效。

汇票的出票人一般为出口商或信用证的受益人。信用证项下，汇票的出票人必须是受益人。

▪ 任务操作

本项目信用证41A规定为“41A: Available with... by... BIC TGBATRIS×××BY PAYMENT”，48规定为“48: Period for Presentation WITHIN 21 DAYS AFTER SAILING DATE ON FCR BUT WITHIN L/C VALIDITY DATE”，由此可知，信用证的兑付方式为“TGBATRISXXX即期付款”“TGBATRIS×××”是开证行的SWIFT代码；信用证的交单期为货物发运日期之后的21天之内，并且在信用证有效期之前。因此，受益人无须出具汇票。

如果信用证的兑付方式修改为“41A: Available with... by... ANY BANK BY NEGOTIATION”。此种情况下，受益人就要出具如样单1-12-1的商业汇票。

样单1-12-1 商业汇票

凭
Drawn under TURKIYE GARANTI BANKASI A.S.ISTANBUL, TURKEY .
信用证 第 号
L/C No. 5503833100815
日期
Dated. 2020.03.24
按息付款
Payable with interest @ ______ % per Annum
号码 汇票金额 中国，南京 年 月 日
No: JSGYF4567 Exchange for USD10980.00 Nanjing , China
见票 日后（本汇票之副本未付）
At ______ Sight of this **FIRST** of Exchange (Second of exchange being unpaid)
pay to the order of **BANK OF NANJING**，或其指定人
付金额
The sum of US DOLLARS TEN THOUSAND NINE HUNDRED AND EIGHTY ONLY.

To TURKIYE GARANTI BANKASI A.S.
ISTANBUL, TURKEY

江苏汇鸿鸣骏进出口有限公司
HIGH HOPE INT'L GROUP
JIANGSU MINGJUN IMP & EXP CORP. LTD.

■ 任务检测

根据项目1“任务2　制作发票和包装单据”任务检测所提供信用证及相关资料，制作商业汇票一份。

凭
Drawn under ________________________
不可撤销信用证
Irrevocable L/C No. ________________
日期
Dated ____________________
支取Payable with interest @ ________ %　按 ________ 息 ________ 付款
号码　　　　　　汇票金额　　　　　　顺德　　　　年　　月　　日
No: ________ ________ Exchange for ________ shun de ________________
见票　　　　日后　　　　　　　　　　（本　汇　票　之　副　本　未　付）
At ____________ Sight of this **FIRST** of Exchange (Second of exchange being unpaid)
pay to the order of **BANK OF CHINA SHUNDE BRANCH**或其指定人
付金额
The sum of ____

____

此致
To ________________________

习题作业

一、选择题

1. 根据《中华人民共和国票据法》规定，当汇票大小写金额不一致时，（　）。

A. 以大写金额为准　　　　B. 以小写金额为准

C. 票据无效　　　　D. 由付款行决定

2. 汇票的抬头是指（　）。

A. 受票人　　B. 出票人　　C. 付款人　　D. 收款人

3. 信用证项下的汇票，除一般内容外，还应有以下方面的内容（　）。

A. 信用证开证日期、开证行名称及信用证号码等出票依据

B．唛头、号码（Case Number）、货名

C．装运船名、航程、装运港、起运日期等

D．注明合同号码、商品名称、数量

4．信用证上若未注明汇票的付款人，根据《UCP 600》的解释，汇票的付款人应是（　）。

A．The Applicant　　B．The Issuing Bank

C．The Negotiation Bank　　D．The Beneficiary

5．信用证业务项下，汇票付款人应为（　）。（多选）

A．开证行　　B．开证行指定的付款行

C．开证申请人　　D．收益人

6．在其他条件相同的前提下，（　）的远期汇票对收款人最为有利。

A．AT 30 DAYS AFTER SIGHT

B．AT 30 DAYS AFTER THE B/L DATE

C．AT 30 DAYS AFTER THE DATE OF ISSUE

D．AT 30 DAYS AFTER DATE

7．汇票是一种支付工具，一般一式两份，其效力是（　）。

A．付一不付二　　B．付二不付一

C．先到先付，后到无效　　D．一份付一半款

8．为便于日后核对相关内容，汇票的编号一般是（　）。

A．提单号码　　B．单独编制，与其他单据无关

C．发票号码　　D．产地证号码

9．在信用证结算方式下，汇票的收款人一般是（　）。

A．限制性抬头　　B．持票人抬头

C．来人抬头　　D．指示性抬头

10．信用证结算方式下，汇票的出票日期应（　）。

A．不得早于提单签发日后的第21天　B．不得早于出口商的交单期

C．不得晚于提单签发日　　D．不得早于其他所有单据的日期

11．信用证规定汇票的期限为AT 10 DAYS AFTER THE BILL OF LADING DATE，而一张汇票下提交了4套不同的海运提单，提单显示的装运港不同，但船名和目的港均一致，提单日期分别显示为“JANUARY 3, 2020”“JANUARY 4, 2020”“JANUARY 5, 2020”以及“JANUARY 6, 2020”，根据《国际银行标准实务》（ISBP），汇票到期日应该为（　）。

A．2020年1月13日　　B．2020年1月14日

C．2020年1月15日　　D．2020年1月16日

12．如果信用证规定汇票的期限为15 DAYS FROM THE BILL OF LADING DATE，提单日期为JANUARY 3, 2020，则根据《国际银行标准实务》（ISBP），汇票的到期日应为（　）。

A．2020年1月18日　　B．2020年1月17日

C．2020年1月21日　　D．2020年1月24日

13．如果信用证规定汇票的期限为30 DAYS AFTER B/L DATE，提单上显示的提单日期为JANUARY 3, 2020，则根据《国际银行标准实务》（ISBP），以下汇票期限填制正确的为（　）。

①AT 30 DAYS AFTER B/L DATE

②AT 30 DAYS AFTER B/L DATE JANUARY 3, 2020

③AT 30 DAYS AFTER JANUARY 3, 2020

④FEBRUARY 2, 2020

A．①　　B．①或②　　C．①或③　　D．②、③或④

14．信用证条款FROM：DEUTSCHE BANK, FRANKFURT

TO: BANK OF CHINA, JIANGSU BRANCH

L/C NO. 12345 DD. 100705

BENEFICARY: AABB COMPANY, NANJING

WE HEREBY ISSUE THIS IRREVOCABLE DC IN YOUR FAVOUR WHICH IS AVAILABLE BY PAYMENT IN FRANKFURT OF YOUR DRAFT AT SIGHT DRAWN ON US AND PAY TO OUR ORDER FOR FULL INVOICE VALUE.发票显示的金额为USD34500.00，则以下汇票内容中，错误的是（　）。

A．DRAWN UNDER DEUTSCHE BANK, FRANKFURT

B．EXCHANGE FOR USD34500.00 AT SIGHT

C．PAY TO THE ORDER OF BANK OF CHINA, JIANGSU BRANCH

D．TO: DEUTSCHE BANK, FRANKFURT

15．信用证条款FROM：DEUTSCHE BANK, FRANKFURT

TO: BANK OF CHINA, JIANGSU BRANCH

L/C NO. 12345 DD. 100705

DRAFT AT SIGHT DRAWN ON DEUTSCHE BANK, FRANKFURT FOR 90 PERCENT OF INVOICE VALUE.发票显示的金额为USD34500.00，则以下汇票内容中，错误的是（　）。

A．DRAWN UNDER DEUTSCHE BANK, FRANKFURT

B．EXCHANGE FOR USD34500.00 AT SIGHT

C．PAY TO THE ORDER OF BANK OF CHINA, JIANGSU BRANCH

D．TO: DEUTSCHE BANK, FRANKFURT

二、判断正误题

1.（ ）DRAWEE是指汇票的出票人。一般情况下是开证行，但有时也会是偿付行。

2.（ ）一张汇票的收款人写成“PAY TO JOHN STONE OR ORDER”，此汇票可以经过背书转让。

3.（ ）不可撤销保兑即期付款信用证项下的汇票，经保兑行付款后，如开证行因故拒绝，保兑行可以向受益人追索款项。

4.（ ）按照《UCP 600》的规定，在议付信用证下，汇票的付款人应是议付行。

5.（ ）一般情况下，汇票一经付款，出票人对汇票的责任即告终止。

任务13　交单结汇

- **知识点：** 银行审核单据的标准，《UCP 600》及《ISBP 745》对单据的一般规定，银行对不符单据的处理。
- **技能点：** 填制出口信用证交单委托书。

知识准备

在我国传统的进出口贸易中，信用证结算方式属于银行信用，有效地解决了买卖双方互不信任的矛盾，尽管它的银行费用较高，也还是被广泛使用于进出口货款的结算中。

一、信用证的兑付方式

信用证的兑付方式有四种，即期付款、延期付款、承兑和议付。

即期付款信用证的受益人交单时，无须出具汇票，只要将全套单据交指定银行，指定银行审核单据与信用证一致后就将单据递交开证行，开证行审核单、证一致即付款给受益人。

延期付款信用证的受益人交单时，也无须出具汇票，只要将全套单据交指定银行，指定银行审核单据与信用证一致后将单据递交开证行，开证行审核单、证一致，则承诺延期付款，并在承诺到期日付款。

承兑信用证的受益人交单时，需按信用证规定的付款期出具远期汇票，连同单据一起交指定银行，指定银行审核单据与信用证一致后将单据递交开证行，开证行审核单、证一致，则承兑受益人的汇票，并在汇票到期日付款。

议付信用证的受益人交单时，需按信用证规定的付款期出具汇票，连同单据一起交议付行议付，议付行审核单据与信用证一致，即有追索权地买入受益人的汇票连同单据，然后将单据与汇票一起交开证行或付款行，开证行或付款行审核单证一致即按汇票付款期付款。

银行出于其自身管理的需要，在受益人交单时，通常都要求受益人填写“出口信用证交单委托书”，并加盖企业公章，以方便其处理寄单索汇等事宜，受益人应当从符合其自身利益的角度出发，认真填写。

二、银行审核单据的标准

《UCP 600》规定，按指定行事的指定银行、保兑行（如果有的话）及开证行收到单据后，对单据的审核，仅基于单据本身，来确定其在表面上是否与信用证构成相符交单，并不审核单据的真假，而且这种审核，是从受益人交单次日起的最多5个银行工作日起算，以确定单证是否相符，这一期限不因信用证有效期或交单截止日而有任何影响。

指定银行审核单据的标准，主要有以下几个方面。

1．对单据中的数据

指定银行对单据中的数据，在与信用证、单据本身以及国际标准银行实务参照解读时，不要求单据中的数据一定要与该单据本身中的数据、其他要求的单据或信用证中的数据等同一致，只要不相互矛盾即可。

2．对货物描述及出单日期

银行对单据的货物、服务或履约行为的描述，除商业发票之外，其他单据都可以使用概括性用语，但这种概括性用语不得与信用证中的描述相互矛盾。

银行审核单据的出具日期时，允许单据早于信用证的开立日期出具，但不允许单据晚于信用证的交单日期才出具。如果信用证要求了保险单据，保险单据的出具日期还不应晚于运输单据。

3．对单据的内容

除运输单据、保险单据、商业发票之外的其他单据，如果信用证有要求，但又未规定单据的出单人或其数据内容，则银行对受益人提交的单据，只要从内容上看似满足所要求单据的功能，并与信用证不矛盾，即可接受。

4．对信用证未要求的单据

银行对信用证未要求的单据将不予理会，即使受益人提交了，也将被退还。如果信用证含有一项条件，但未规定用以表明该条件得到满足的单据，银行将视为未作规定并不予理会。

5．对有关当事人的名称和地址

当受益人和申请人的地址出现在任何规定的单据中时，无须与信用证或其他规定单据中所载的相同，但必须与信用证中规定的相应地址同在一国。联络细节如传真、电话、电子邮件等作为受益人和申请人的地址的一部分时，银行将不予理会。但是，如果申请人的地址和联络细节为运输单据上的收货人或通知方细节的一部分时，应与信用证规定相同。

任何单据中注明的托运人或发货人，无须为信用证的受益人。

运输单据可以由任何人出具，无须为承运人、船东、船长或租船人，只要符合运输单据本身的要求即可。

三、《UCP 600》及《ISBP 745》对单据的一般规定

《UCP 600》及《ISBP 745》是信用证项下银行审单的主要依据，它们对出口企业的制单工作具有指导意义，因此单证工作人员了解《UCP 600》及《ISBP 745》对单据的相关规定十分必要。《UCP 600》及《ISBP 745》对单据的一般规定如下。

1．单据的正副本及其份数

带有明显为出单人的原始签名（SIGNATURE）、标记（MARK）、印戳（STAMP）或标签（LABEL）的单据，都被视为正本，除非单据本身声明其不是正本。使用出单人的原始信纸出具的单据，或者声明其为正本的单据，都可视为正本。

正本单据必须签署，副本单据无须签署，也无须注明日期。

单据的签署不一定要手写，也可以用摹样签字（FACSIMILE SIGNATURE）、穿孔签字

（PERFORATED SIGNATURE）、印戳（STAMP）、符号（SYMBOL）及任何机械或电子的证实方式。

随着复印、传真、计算机等科学技术的发展，复印、影印、传真等技术纷纷应用到外贸制单工作中来，单据的复印件和传真件是否有效对受益人制单都可能造成影响。为防止纠纷的产生，我国规定，出口企业通过复印、复写或计算机打印等方法制作的出口单据如作为正本使用，必须加注“ORIGINAL”字样，仅有签字是不充分的。

单据出具一份以上正本时，可以标注为“ORIGINAL（正本）”“DUPLICATE（第二联）”、“TRIPLICATE（第三联）”“FIRST ORIGINAL（第一正本）”“SECOND ORIGINAL（第二正本）”等，这些标注不影响单据的正本资格。

若单据注明了正本份数，则所注明的正本份数均需提交。若信用证规定单据为“IN FOUR FOLD”或“IN FOUR COPIES”时，需至少提交一份正本，其余份数可用副本来满足。若信用证要求“INVOICE”或“ONE INVOICE”时，则被理解为要求一份正本发票。若信用证要求“全套（FULL SET）”单据时，则所提交的单据每一份均要求为正本。

2．单据的出具日期

在正常的交易过程中，受益人应当是在收到信用证以后，按信用证规定的条件备货并发运，并取得信用证要求的各种单据。因此，受益人提交的单据日期一般应比信用证的开立日期晚，但不得晚于信用证规定的交单日期。但是，在转售、三角贸易中，发货常常在先而信用证开立在后，因此《UCP 600》允许单据的日期早于信用证的开立日期。

受益人交单时，所提交的运输单据可能是一套，也可能会是数套，如果受益人的交单含有一套运输单据，则这套运输单据的出具日期将被视为发运日期，除非单据中有专门的盖章或批注。例如，多式或联合运输单据上表明发送、接管或装船日期的盖章或批注，提单、不可转让海运单、租船合同提单上注明发运日期的装船批注，公路、铁路或内陆水运单据上盖有带日期的收货印戳，快递收据和邮政收据上加盖的日期等，这些盖章或批注将被视为实际发运日期。

如果受益人的交单含有数套运输单据，银行将分两种情况来确定货物的发运日期：货物不属于部分装运，则运输单据中最晚的一个发运日期将被视为发运日；货物属于部分装运，则运输单据中最早的一个发运日期将被视为发运日。

3．单据的出单人

信用证要求用诸如“第一流的”“著名的”“合格的”“独立的”“正式的”“有资格的”“本地的”等词语描述单据的出单人时，允许由受益人之外的任何人出具该单据。

如信用证要求单据由具名个人或实体出具，则看似由该具名个人或实体使用其函头出具的单据即满足要求，当没有函头时，看似由该具名个人或实体或其代表完成或签署的单据也满足要求。

信用证方式下的汇票和发票必须由受益人出具。

4．《UCP 600》未定义的用语

《UCP 600》未定义的用语有：SHIPPING DOCUMENTS、STALE DOCUMENTS ACCEPTABLE、THIRD PARTY DOCUMENTS ACCEPTABLE、THIRD PARTY DOCUMENTS

NOT ACCEPTABLE、EXPORTING COUNTRY、SHIPPING COMPANY、DOCUMENTS ACCEPTABLE AS PRESENTED等。《ISBP 745》认为这些用语不应在信用证中使用，如果信用证仍然使用了，其含义如下：

SHIPPING DOCUMENTS（装运单据），指信用证要求的所有单据，但不包括汇票、电信传送报告、证实寄送单据的快递收据、邮政收据或邮寄证明。

STALE DOCUMENTS ACCEPTABLE（过期单据可接受），指单据可以晚于装运日后21天提交，只要其不晚于信用证失效日期。

THIRD PARTY DOCUMENTS ACCEPTABLE（第三方单据可接受），指未规定出具人的所有单据，除汇票外，可以由受益人之外的具名个人或实体出具。

THIRD PARTY DOCUMENTS NOT ACCEPTABLE（第三方单据不可接受），没有意义并将不予理会。

EXPORTING COUNTRY（出口国），指受益人居住地国、货物原产国、承运人货物接收地国、货物装运地或发送地国之一。

SHIPPING COMPANY（船公司），用于与运输单据有关的证明书、证明或申明中的出具人时，指以下任何一方：承运人、船长、租船提单的船长、船东或租船人，或表明作为上述任何一方代理人身份的任何实体，不管其是否出具或签署了所提交的运输单据。

DOCUMENTS ACCEPTABLE AS PRESENTED（所交单据可接受），指交单可以包括一种或多种所规定的单据，只要其在信用证的有效期之内提交，且支款金额在信用证的可兑用范围之内。单据将不另行根据信用证或《UCP 600》审核其相符性，包括是否提交所要求的正本或副本份数。

四、银行对交单的认定和处理

1．对相符交单的认定和处理

受益人向银行交单后，银行即根据信用证条款对单据进行审核，如果单据与信用证一致，即构成相符交单。

当开证行确定交单相符时，必须承付；当保兑行确定交单相符时，必须承付或议付，并将单据转递给开证行；当指定银行确定交单相符并承付或议付时，必须将单据转递给保兑行或开证行。

2．对不符交单的认定

受益人向银行交单后，如果银行审核单据与信用证不一致，即可认定单据为不符交单。

如果银行确定单据为不符交单，必须给予交单人一份单独的拒付通知，并有权要求返还已偿付的款项及利息。银行的拒付通知必须在不迟于自交单之翌日起第5个银行工作日结束前，以电信或其他快捷方式发出，并应该表明：银行拒绝承付或议付、银行拒绝承付或议付所依据的每一个不符点，以及银行对不符单据的处理意见。

如果银行未能按要求发出拒付通知，则无权宣称交单不符。

银行对单据所认定的不符点，必须一次性提出，不允许多次提出。

3. 银行对不符交单的处理

如果银行确定单据为不符交单时，即可以拒绝承付或议付。如果是开证行认定的交单不符，开证行还可以自行决定联系申请人放弃不符点。

银行对不符单据的处理意见，可以有以下几种：一是将单据直接退还交单人；二是按之前从交单人处获得的指示处理单据；三是留存单据听候交单人的进一步指示；四是开证行留存单据，直到从申请人处接到放弃不符点的通知并同意接受该放弃。

开证行留存单据时，如果开证行在申请人同意接受对不符点的放弃之前，从交单人处收到了进一步的指示，则按交单人的指示处理不符单据。

银行如果要将不符单据退还交单人，可以在发出拒付通知后的任何时候进行。

我国企业出口，国内银行在收到单据时，如果确定为不符交单，通常会要求交单人修改或更换单据，如果交单人的单据确实无法修改或更换，则以表提或电提的方式，将不符点通知开证行。

表提不符点，即以表格的方式将不符点列出来，连同单据一起寄交开证行，等待开证行对单据的处理意见。

电提不符点，即留存单据，只将不符点以传真方式发送给开证行，征求开证行对单据的处理意见后再决定是否寄单。

当市场条件发生变化，市场风险出现时，进口商可能会利用单证一致的原则，以一些非实质性不符点为借口，要求开证行拒付货款，逃避付款责任，或利用信用证“软条款”预设陷阱，使出口商难以履约，从而做不到单证相符而无法收汇，因此受益人应尽量避免不符交单的出现。

■ 任务操作

本项目为信用证付款，以信用证方式付款时，受益人在获取信用证单据条款所要求的全套单据后，应根据规定的交单期限和交单地点，以信用证指定的兑付方式，持正本信用证向指定银行交单。

本项目中，信用证“48: PERIOD FOR PRESENTATION”规定的交单期，为运输单据日期之后21天之内和信用证有效期之前，信用证的有效期为2020年8月15日，到期地点为土耳其，运输单据的日期为2020年6月2日，信用证的兑付方式为开证行即期付款。考虑到中国银行的专业优势，江苏汇鸿鸣骏公司选择向中国银行交单，单证员在货物发运后，整理了信用证“46A”项下规定的全套单据，包括：商业发票（3正+3副）、原产地证明书（1正）、装箱单（2正+2副）、重量单（2正+2副）、货运代理人收据（1正+1副）、装运通知的传真副本（1副）、受益人声明（1份）、商检证明书（1正），并填写了“出口信用证交单委托书”（参见样单1-13-1）交中国银行江苏省分行，委托其向开证行索取货款。中国银行江苏省分行审单合格后即按照信用证“47A”第2条的规定，通过DHL将单据快递给开证行，江苏汇鸿鸣骏公司很快就收到了发票所列货款USD10980.00，随后准备发送信用证规定的第二批货。

样单1-13-1 出口信用证交单委托书

出口信用证交单委托书

致：中国银行江苏省分行

兹随附下列银行正本信用证及所属出口单据，请贵行根据国际商会跟单信用证统一惯例（UCP600）予以审核并办理寄单索汇：

开证行：TURKIYE GARANTI BANKASI A.S.	信用证号：5503833100815
	通知编号：AD15006C14449
发票号码：JSGYF4567	发票金额：USD10980.00

单据名称	汇票	发票	提单	空运单	保险单	装箱单	重量单	产地证	FORMA	检验证	受益人证明	船证明	装船通知	FCR	
份数		3+3				2+2	2+2	√		√	√		√	1+1	

付款指示： **核销单编号：**________

请将收汇款以原币（ √ ）/人民币（ ）划入我司下列账户：

开户行：南京银行中山东路支行 账号：0886802010914266634

特别指示：

1. 邮寄方式： □ 快邮 □ 普邮 □ 指定快邮 DHL
2. 本次提交的正本信用证含 / 份正本修改书。
3. 单据中有下列不符点：

   a. / b. / c. /

   □ 请向开证行寄单，我公司承担一切责任，不符点请以（√）表提（ ）内确方式处理

   □ 请电询开证行同意后寄单
4. 本次提交单据申请叙做：□即期押汇 □远期押汇 □福费廷 □ ______
5. 其他：________

公司联系人姓名：朱文涛 **公 司 签 章**

电话：13951886239 **传真：**______ **年 月 日**

银行签收人：	签收日期：
改单/退单记录：	

习题作业

一、选择题

1．根据《UCP 600》，若发现单证不符拒受单据时，开证行或保兑行发出拒付通知的时间应为收到单据次日起的（　）。

A．7个工作日　　B．5个工作日

C．7天　　D．5天

2．下列说法中，不正确的是（　）。

A．正本单据必须签署　　B．正本单据必须加注“ORIGINAL”字样

C．副本单据无须签署　　D．标有“DUPLICATE”字样的单据是副本单据

3．下列有关单据的正本份数，不正确的是（　）。

A．若单据注明了正本份数，则所注明的正本份数均需提交

B．若信用证规定单据为“IN FOUR COPIES”时，需至少提交4份正本

C．若信用证要求“ONE INVOICE”时，则被理解为要求一份正本发票

D．若信用证要求“FULL SET”单据时，则所提交的单据每一份均要求为正本

4．以下关于单证日期的描述，正确的是（　）。

A．任何单证的出具日期都不得早于信用证的开立日期

B．提单的日期可以早于信用证的开证日期

C．汇票的出具日期可以晚于信用证的交单期

D．所有单据中，汇票的出具日期应该最早

5．以下说法，错误的是（　）。

A．出口商提交的非信用证要求的单据，银行将不予理会

B．单据中的申请人地址如果有误，并不影响受益人交单

C．信用证项下，只要单据的内容看似满足所要求单据的功能，并与信用证不矛盾，银行即可接受

D．正本单据必须签署，副本单据无须签署，也无须注明日期。

6．银行对不符单据的处理意见，不包括（　）。

A．直接退还交单人　　B．按之前从交单人处获得的指示处理

C．直接销毁处理　　D．留存单据听候交单人的进一步指示

二、判断正误题

1．（　）在信用证方式下，除商业发票中的货物描述需要详细和具体之外，其他任何单据中都可以使用概括性的货物描述。

2.（　）ISBP认为，过期单据可以接受，即单据可以晚于装运日后21天提交，只要其不晚于信用证失效日期。

3.（　）单据上可以不表明进口商的电话和联络方式，如果有，在信用证方式下，银行将不予理会。

4.（　）相对于表提不符点来说，电提不符点速度更快，对受益人更有利。

5.（　）根据《UCP 600》的解释，除非信用证另有规定，银行可以接受出具日期早于信用证开立日期的单据。

6.（　）信用证方式下，汇票必须由受益人出具，其他人出具的汇票无效。

7.（　）ISBP认为，SHIPPING DOCUMENTS（装运单据）指信用证要求的所有单据，包括汇票、电信传送报告、证实寄送单据的快递收据、邮政收据或邮寄证明。

8.（　）银行的拒付通知，必须在不迟于交单之日起的第5个银行工作日结束前发出。

9.（　）银行的拒付通知必须表明：银行拒绝承付或议付、银行拒绝承付或议付所依据的每一个不符点以及银行对不符单据的处理意见。

10.（　）在信用证中规定"第三方单据不可接受"这样的条款没有任何意义，银行将不予理会。

三、案例分析题

2020年3月，我国某进出口公司以FOB术语向英国某公司出口一批红茶，合同要求先电汇支付总价15%的定金，余款用即期议付信用证支付。信用证规定："商业发票一式三份；全套清洁已装船提单，注明'运费到付'，做成开证行指示抬头；汇票的受票人为汇丰银行伦敦分行，付款期限为AT SIGHT。"我国公司按信用证规定如期装运，并在交单期内向议付行交单议付，议付行随即向开证行寄单索偿。开证行收到单据后来电表示拒绝付款，其理由是存在下列不符点：一是商业发票的金额超过信用证金额；二是全套提单由一份正本组成，不符合全套要求。次日，开证行又提出了一个不符点：汇票的金额超过信用证金额。试分析开证行的拒付理由是否成立，并说明理由。

项目2　进口信用证制单和审单

项目描述

江苏书豪服装有限责任公司进口芳纶纤维项目（L/C CFR）

江苏书豪服装有限责任公司（JIANGSU SOHO GARMENTS CO., LTD.，以下简称为“江苏书豪公司”）是一家专业从事纺织面料生产和加工的企业，生产的全涤布、涤棉布等畅销消费市场，其国内外客户群主要为各大服装厂和劳保用品生产企业。公司坚持“质量第一，信誉第一”的宗旨，以科学的管理手段，雄厚的技术力量，不断创新机制，适应市场，提升企业的核心竞争力，在发展中树立起了良好的社会形象。

2020年9月，因生产需要，江苏书豪公司拟进口一批芳纶纤维长丝，请业务人员上网询价，业务人员上网查询后，与韩国KOLON INDUSTRIES INC.公司进行了接洽，双方经过多轮磋商，最终达成一致，签订了如下页样单所示的合同。

项目要求

本项目为进口业务，以信用证方式支付货款，价格条件为CFR南京。单证工作人员要做好以下工作：了解项目所涉产品的进口管制政策，办理相关进口许可证件；做好船货衔接工作；办理货物的进口保险；申请开立信用证，做好付款准备；审核进口来单，指示银行付款；办理进口报检和报关手续，做好提货准备。

任务分解

本项目的典型工作任务可具体分解为：

（1）申办进口许可证件。

（2）做好付款准备。

（3）办理运输与投保手续。

（4）审单付汇。

（5）办理入境货物的通关手续。

样单 进口合同

SALES CONFIRMATION

NO: 928814330
DATE: OCT.21, 2020

THE SELLER: KOLON INDUSTRIES INC.
KOLON TOWER 1-28 BYULYANG-DONG,
KWACHEON-CITY, KYUNGGI-DO, KOREA
TEL NO.:02-8677 8515

THE BUYER: JIANGSU SOHO GARMENTS CO., LTD.
NO.48 NINGNAN DA DAO NANJING, CHINA

THIS SALES CONFIRMATION IS HEREBY MUTUALLY CONFIRMED, TERMS AND CONDITIONS ARE AS FOLLOWS:

DECRIPTION OF GOODS	QUANTITY	UNIT PRICE	AMOUNT
HERACRON(HF400-1000DE)	7200KGS	USD20.40	CFR NANJING, CHINA USD146,880.00
TOTAL	7200KGS		USD146,880.00
SAY US DALLARS ONE HUNDRED AND FORTY-SIX THOUSAND EIGHT HUNDRED AND EIGHTY ONLY			

PACKING: 1PALLET /360KGS

SHIPPING MARKS: TO BE MADE BY THE SELLER.

SHIPMENT: NOT LATER THAN NOV. 25,2020
TO BE MADE (30 DAYS BY SEA AFTER RECEIVED 10% T/T PAYMENT) FROM BUSAN PORT TO ____
(AS PER BUYER'S DEMANDS)
PARTIAL SHIPMENTS TO BE __X__ ALLOWED ____ NOT ALLOWED
TRANSHIPMENT TO BE __X__ ALLOWED ____ NOT ALLOWED.

PAYMENT: BY ____T/T ____D/P ____D/A __X__ L/C
BY 90% L/C AVAILABLE BY DRAFT AT SIGHT TO BE OPENED IN FAVOR OF THE SELLERS 30 DAYS BEFORE THE MONTH OF SHIPMENT // REMAINING VALID FOR NEGOTIATION IN CHINA 15 DAYS AFTER THE DATE OF SHIPMENT.

INSURANCE: ____TO BE EFFECTED BY THE SELLER FOR____ % OF INVOICE VALUE TO COVERING ____ RISKS AND WAR RISKS ____ AS PER KOREA INSURANCE CLAUSE ____ ICC CLAUSE
__X__ TO BE EFFECTED BY THE BUYER.

REMARKS: PLEASE SIGN AND RETURN ONE OF THE ORIGINALS FOR OUR FILES.

SELLER: KOLON INDUSTRIES INC.（签章）

BUYER: JIANGSU SOHO GARMENTS CO., LTD.（签章）

任务1　申办进口许可证件

■ 知识点：货物进口许可管理，关税配额管理，自动进口许可证管理，申请开证的程序，申请开证应注意的问题，审单要点。

■ 技能点：审核进口单据，填写信用证开证申请书。

■ 知识准备

一、我国实施进口许可管理的货物

我国允许货物的自由进出口，但又对部分货物的进出口进行限制，实施进出口许可管理制度，进出口许可管理制度也是我国对外贸易管制制度的重要组成部分，而货物、技术的进出口许可管理又是整个进出口许可管理制度的主体，企业从事进口业务，必须要弄清楚国家的进口管理规定。

国家对货物的进口许可管理范围包括：禁止进口的货物、限制进口的货物、自动进口许可管理的货物。

1．禁止进口的货物

对禁止进口的货物，国家以法律法规的形式明令禁止进口或停止进口，或列入《禁止进口货物目录》中禁止进口。国家明令禁止进口的货物主要有：来自疫区的相关动植物及其产品，动植物病源及其他有害生物、动植物尸体和土壤，带有违反“一个中国”原则内容的货物及其包装，含有氯氟羟物质的家用电器产品及其压缩机，滴滴涕、氯丹等，莱克多巴胺和盐酸莱克多巴胺。列入《禁止进口货物目录》中的货物主要有：破坏臭氧层的物质，如四氯化碳，世界濒危物种管理范畴的货物，如虎骨、麝香，涉及生产安全、人身安全、环境保护的旧机电产品，对环境有污染的固体废物，危险化学品和农药等。停止进口的货物主要有：以CFC-12为制冷工质的汽车及其空调压缩机，旧服装，Ⅷ因子制剂等，氯酸钾、硝酸铵，100瓦及以上普通照明白炽灯。

2．限制进口的货物

（1）国家对限制进口货物的管理方式。目前，我国限制进口货物的管理，按照限制方式，分为许可证管理和关税配额管理，这两种管理方式都是由国家根据经济环境的变化而不断地进行调整的。

进口许可证管理主要包括货物进口许可证管理、两用物项和技术进口许可证管理、濒危物种进口管理、限制类可利用固体废物进口管理、药品进口管理、音像制品进口管理、有毒化学品进口管理、黄金及其制品的进口管理等。

关税配额管理是国家一定时期内，对部分商品的进口，制定关税配额税率并规定具体的进口配额数量，企业在配额内进口，适用较低的关税配额税率，超出配额进口，则适用配额外税率。通常，关税配额税率的优惠幅度很大，而配额外税率则高出很多。例如，税则号为10011100的“小麦”，2021年关税配额内进口的税率为1%，超配额进口的关税税率则为180%。

（2）限制进口的货物类别。凡实施进口许可证管理的货物，由国家商务部、海关总署以《进口许可证管理货物目录》的形式，每年进行调整并对外公布。

按照商务部、海关总署2020年第72号公告《2021年进口许可证管理货物目录》，2021年我国实施进口许可证管理的货物为消耗臭氧层物质和重点旧机电产品，有14类共计118个HS编码的商品，包括：消耗臭氧层物质、化工设备、金属冶炼设备、工程机械、起重运输设备、造纸设备、电力电气设备、食品加工及包装设备、农业机械、印刷机械、纺织机械、船舶、硒鼓、X射线管等。

凡实施关税配额管理的货物，由商务部、国家发展和改革委员会（简称“发改委”）每年以公告的形式，分别发布具体产品的进口关税配额申请和分配细则；具体的关税税率则由海关总署按照国务院关税税则委员会公布的《关税方案》或《关税调整方案》予以实施。

按照国务院关税税则委员会2020年第33号文关于《2021年关税调整方案》的规定，2021年我国继续对小麦等8类共计47个税目的商品实施关税配额管理，具体包括：小麦、玉米、稻谷和大米、糖、羊毛、毛条、棉花、化肥。2021年这8类货物的进口关税配额总量分别为：小麦（包括其粉、粒）963.6万吨，其中90%为国营贸易配额；玉米（包括其粉、粒）720万吨，其中60%为国营贸易配额；大米（包括其粉、粒）532万吨，其中长粒米266万吨、中短粒米266万吨，50%为国营贸易配额；棉花的进口关税配额总量为89.4万吨，其中33%为国营贸易配额；食糖194.5万吨，其中70%为国营贸易配额；羊毛28.7万吨，毛条8万吨；化肥1365万吨，其中尿素330万吨；磷酸二铵690万吨；复合肥345万吨（详见国家发改委2020年第6号公告、商务部2020年第44号和52号公告）。

3．自动进口许可管理的货物

自动进口许可管理是国家在任何情况下对进口申请一律予以批准的进口许可制度。这种进口许可，实际上是国家基于监测的需要，对属于自由进口货物的其中一部分实行的许可管理。

自动进口许可管理的货物，由商务部、海关总署以《自动进口许可管理货物目录》的形式，每年进行调整并对外公布。

按照商务部、海关总署2020年第67号公告《自动进口许可管理货物目录（2021年）》，2021年我国实施自动进口许可的货物共计42类，分别由商务部及其委托的机构实施管理。其中，由商务部负责实施自动进口许可的货物有24类，包括：牛肉、猪肉、羊肉、鲜奶、奶粉、木薯、大麦、高粱、大豆、油菜籽、食糖、玉米酒糟、豆粕、烟草、原油、成品油、化肥、二醋酸纤维丝束、烟草机械、移动通信产品、卫星广播电视设备及关键部件、汽车产品、飞机、船舶。

由商务部委托的省级地方商务主管部门或地方、部门机电办实施自动进口许可的货物有18类，包括：肉鸡、植物油、铁矿石、铜精矿、煤、成品油、化肥、钢材、工程机械、印刷机械、纺织机械、金属冶炼及加工设备、金属加工机床、电气设备、汽车产品、飞机、船舶、医疗设备。

二、进口许可证、自动进口许可证的申领和使用

凡国家宣布实行进口许可、自动进口许可管理的货物，除国家另有规定外，对外贸易经营者应当在进口报关前向指定的发证机构申领进口许可证、自动进口许可证，海关凭之接受申报和验放。

申领进口许可证或自动进口许可证，企业必须填写“进口许可证申请表”或“自动进口许可证申请表”，并持相应证明文件向发证机构申请发证，发证机关审核合格，即按规定签发许可证或自动进口许可证。通常，进口许可证在企业送交申请表后的3个工作日内，自动进口许可证在申请表送交后最多不超过10个工作日即予以签发。企业凭以办理对外订货、进口报关和银行付汇等手续。

商务部或者受商务部委托的省级地方商务主管部门、商务部驻各地特派员办事处为进口许可证的发证机构，按照商务部公布的年度《进出口许可证件发证机构名录》的规定，负责签发进口许可证。

2021年属于许可证管理的进口货物中，重点旧机电产品进口单位申领的进口许可证和在京的属于国务院国资委管理企业申领的进口许可证，由商务部配额许可证事务局签发，消耗臭氧层物质进口单位申领的进口许可证，由省级地方商务主管部门签发。进口许可证件的签发，应严格按照《进口许可证申请签发使用工作规范》（商配规发〔2020〕208号）和《货物进出口许可证电子证书申请签发使用规范（试行）》（商办配函〔2015〕494号）等有关规定执行。许可证局负责对进口许可证件签发工作进行监督检查和指导。

一份合同可以申请并领取多份进口许可证或自动进口许可证。

进口许可证的有效期为1年，但最迟不得超过次年的3月31日，超过有效期可申请延期，延期最长不超过3个月。进口许可证原则上实行“一批一证”管理，对部分货物实行“非一批一证”管理。实行“一批一证”管理的货物，一份进口许可证对应一批货物，在有效期内只能在一个海关报关使用一次，而实行“非一批一证”管理的货物，一份进口许可证可以对应多批货物，在有效期内可以分批次累计使用12次。

自动进口许可证的有效期为6个月，但最迟不得超过当年的12月31日。自动进口许可证也实行“一批一证”和“非一批一证”管理。实行“非一批一证”管理的自动进口许可证，在有效期内累计使用不得超过6次。

为进一步深化“放管服”改革，提高贸易便利化水平，我国商务部会同海关总署发布公告，规定自2016年2月起，许可证的申领和通关作业开始实行无纸化管理。进口单位申请自动进口许可证、进口许可证，可自行选择有纸作业或者无纸作业方式。选择无纸作业方式的进口单位，应按规定向商务部或者商务部委托的机构申领自动进口许可证电子证书或进口许可证电子证书，并以通关作业无纸化方式向海关办理报关验放手续，免于交验纸质许可证，海关将通过许可证联网核查方式验核电子许可证，不再进行纸面签注。因管理需要或者其他情形需验核

许可证纸质证书的，进口单位应当补充提交纸质证书，或者以有纸作业方式向海关办理报关验放手续。

三、进口关税配额的申领及使用

凡国家宣布实施关税配额管理的进口商品，对外贸易经营者应该在上一年度申领当年进口的进口关税配额，凡进口配额内商品，海关凭配额证明验放。

我国进口关税配额的配额总量、配额申请和分配细则，由商务部和国家发改委分别进行管理。根据职能分工，商务部负责管理食糖、羊毛、毛条、化肥的进口关税配额，发改委管理粮食、棉花的进口关税配额，并在每年的9～10月份，发布下一年度有关货物的关税配额总量、配额申请和分配细则的公告。

企业如需进口关税配额内的商品，应在每年的10月15日至10月30日，关注具体商品进口配额的相关公告，填写相应产品的“进口关税配额申请表”（参见样单2-1-1），申请下一年度该产品的进口配额。配额发放部门受理申请后按照规定，对符合条件的申请企业进行配额分配，并于下年1月1日前进行向最终用户发放具体产品的进口关税配额证。

配额证明实行一证多批制，即一次签订合同需要分多批进口的，企业凭关税配额证在一年内可多次办理通关手续，但进口批次最多不得超过12次。若当年12月31日前从始发港出运，需在次年到货的进口关税配额产品，于12月31日前持进口关税配额证及有关证明单证到原发证授权机构申请延期。原发证授权机构审核情况属实后可予以办理延期，但延期最迟不得超过次年2月15日。最终用户在货物办结海关手续后20个工作日内，将海关签章的进口关税配额证第一联（收货人办理海关手续联）复印件及报关单复印件交原发证授权机构。

▪ 任务操作

本项目涉及的进口商品为芳纶纤维长丝，其HS编码为5402112000，规范的商品名称为“聚对苯二甲酰对苯二胺纺制的高强力纱”按照2020年货物进口管理的相关规定，该HS编码的产品属自由进口商品，没有配额限制，也不需要办理进口许可手续。

样单2-1-1　羊毛、毛条进口关税配额申请表

申请企业盖章：　　　　　　　　　　　　　　　　　　企业法人代表签字：

<table>
<tr><td colspan="7">企业名称：</td></tr>
<tr><td colspan="7">企业注册地址：</td></tr>
<tr><td colspan="7">企业性质：　　☐国有　　☐股份制　　☐民营　　☐外商投资</td></tr>
<tr><td colspan="7">企业类型：　　☐生产企业　　☐贸易企业</td></tr>
<tr><td colspan="4">工商注册号：</td><td colspan="3">组织机构代码：</td></tr>
<tr><td colspan="4">统一社会信用代码：</td><td colspan="3">联系电话：</td></tr>
<tr><td colspan="4">申请配额名称：　　☐羊毛　　☐毛条</td><td colspan="3">贸易方式：　　☐一般贸易　　☐加工贸易</td></tr>
<tr><td colspan="7">申请企业种类：　　☐2020年有进口实绩者　　☐2020年无进口实绩者</td></tr>
<tr><td colspan="4">本次申请数量（吨）：</td><td colspan="3">当年已申领累计数量（吨）：</td></tr>
<tr><td rowspan="2">企业羊毛
制品生产能力</td><td colspan="3">产品名称：</td><td colspan="3">2020年羊毛制品销售额（万元）：</td></tr>
<tr><td colspan="3">2020年产量：</td><td colspan="3">2021年进口需求量（吨）：</td></tr>
<tr><td colspan="7">以下由有进口实绩（不包括代理进口）的企业填写：</td></tr>
<tr><td colspan="2" rowspan="2">2020年羊毛（毛条）
关税配额执行情况</td><td colspan="5">一般贸易（加工贸易）配额
已申领到数量（吨）：</td></tr>
<tr><td colspan="5">一般贸易（加工贸易）
实际进口量（吨）：</td></tr>
<tr><td colspan="2" rowspan="2">2021年羊毛（毛条）
关税配额执行情况</td><td colspan="5">一般贸易（加工贸易）配额
已申领到数量（吨）：</td></tr>
<tr><td colspan="5">一般贸易（加工贸易）
实际进口量（吨）：</td></tr>
<tr><td colspan="7">进口合同</td></tr>
<tr><td colspan="5">进口商：</td><td colspan="2">进口商海关编码：</td></tr>
<tr><td colspan="3">合同号：</td><td colspan="3">商品名称：</td><td>商品编码：</td></tr>
<tr><td colspan="3">合同数量（吨）：</td><td colspan="3">签约日期：</td><td>报关口岸：1.　2.</td></tr>
<tr><td colspan="3">装船期：</td><td colspan="3">原产地：</td><td>贸易国（地区）：</td></tr>
<tr><td colspan="3">合同单价：</td><td colspan="3">合同总值：</td><td>总值折美元：</td></tr>
<tr><td colspan="7">是否同意对外提供本企业基本信息和配额申领数量　　☐是　　☐否</td></tr>
</table>

填制说明：①已获统一社会信用代码的企业，无须填写工商注册号和组织机构代码；②一般贸易、加工贸易分别填写申请；③实际进口量：指当年关税配额进口报关单按期交到授权机构累计进口数量（当年12月31日前装船离港，于次年2月底前进口报关计入当年实际进口量）；④已申领数量：指当年从授权机构申领到进口关税配额数量累计。

任务2 做好付款准备

■ 知识准备

一、进入“贸易外汇收支企业名录”

从事进口业务的企业，在对外支付外汇前，首先确认自己是否已列入“贸易外汇收支企业名录”中，否则无法对外付汇。

贸易外汇收支企业名录是国家外汇管理局为监管进出口企业的外汇收支情况而设置的企业名册，用以规范企业在外汇使用中的行为。凡列入“贸易外汇收支企业名录”中的企业，即可向银行申请购买外汇并对外支付。

凡未列入“贸易外汇收支企业名录”中的企业，须填写“贸易外汇收支企业名录登记申请表”，并持企业法人营业执照、组织机构代码证、对外贸易经营者备案登记表，以及外汇局要求的其他材料，向注册地的外汇管理局办理进口付汇备案手续，申请列入“贸易外汇收支企业名录”中。

凡是已办理名录采集，但尚未列入“贸易付汇收支企业名录”；或者有违规行为，被暂停“贸易付汇收支企业名录”或被列入“由外汇局审核真实性的进口单位名单”；或者在付汇后90天以内（不含90天）不能到货报关的企业，须向外汇局申请取得“进口付汇备案表”，然后才能对外付汇。

以信用证方式支付货款的合同，进口商还应提前向银行申请开立信用证。

如果合同规定以信用证方式支付货款，进口商应按合同规定，向银行申请开立信用证，并要求银行在装运期之前最少一个月送达国外出口商，合同另有规定者除外。

二、支付预付款

在国际贸易实务中，很多的合同都规定有预付款，要求进口商在合同签好后、发运货物之前，提前支付一定比例的款项给出口商，防止进口商不按规定支付货款而造成不必要的损失。这种预付款通常以电汇方式支付。

以电汇方式支付款项，进口商须填写“境外汇款申请书”（参见样单2-2-1）交银行。

进口商在填写境外汇款申请书时，须确保其收款人出口商的公司名称、地址、开户银行名称、银行账号、汇款金额等汇款信息不能有错，因此导致出口不能正常收款或收不到款的所有责任均由进口商承担。

三、申请开立信用证

1. 信用证开证的程序

（1）出具信用证开证申请书及承诺书。信用证开证申请书由开证银行规定格式，一般一式

样单2-2-1 境外汇款申请书

境 外 汇 款 申 请 书

APPLICATION FOR FUNDS TRANSFERS (OVERSEAS)

致：TO：THE BANK of TOKYO-MITSUBISHI, LTD.

日期：DATE：2020-06-06

☑电汇 T/T ☐票汇 D/D ☐信汇 M/T		发电等级 Priority	☐普通 Normal ☑加急 Urgent
申报号码 BOP Reporting NO.			
20 银行业务编号 Bank Transac.ref.no.		收电行 / 付款行 Receiver/Drawn on	
32A 汇款币种及金额 Currency & Interbank Settlement Amount	[USD][30000]	金额大写 Amount in Words	USD THIRTY THOUSAND ONLY
其中 现汇金额 Amount in FX	[ ][ ]	账号 Account NO./Credit Card NO.	
其中 购汇金额 Amount of Purchase	[USD][30000]	账号 Account NO./Credit Card NO.	6101000000561
其中 其他金额 Amount og Others		账号 Account NO./Credit Card NO.	
50a 汇款人名称及地址 Remitter's Name & Address	RIQING EXPORT AND IMPORT COMPANY, P.O.BOX 1589, NAGOYA, JAPAN		
☑对公 组织机构代码 Urut Code	100000056	☐对私	个人身份证件号码 Individual ID No. ☐中国居民个人 Resident individual ☐中国非居民个人
54/56a 收款银行之代理行名称及地址 Correspondent of Beneficitry's Bank Name & Address			
57a 收款人开户银行名称及地址 Beneticiary's Bank Name & Address	收款人开户银行在其代理行账号 Bene's Bank A/C NO. BANK OF CHINA, 170 People Avenue, Shanghai, China		
59a 收款人名称及地址 Beneticiary's Name & Address	收款人账号 Bene's A/C NO. 61010000005507 AIGE IMPORT & EXPORT COMPANY, ROOM 2501, JIAFA MANSION, BEIJING WEST ROAD, SHANGHAI		
70 汇款附言 Remittance Information	只限140个字位 Not Exceeding 140 Characters	71A 国内外费用承担 All Bank's Charges if Any Are To Be Borne By	☑汇款人 OUR ☐收款人 BEN ☐共同 SHA
收款人常驻国家(地区)名称及代码 Resident Country/Region Name & Code	CHINA 156		
请选择：☑预付货款 Advance Payment ☐货到付款 Payment Against Delivery ☐退款 Refund ☐其他 Other		最迟装运日期	
交易编码 BOP Transac Code	101010	相应币种及金额 Currency & Amount	[USD][30000]
交易附言 Transac.Remark			
是否为进口核销项下付款	☐是 ☐否	合同号	发票号
外汇局批件/备案表号		报关单经营单位代码	
报关单号	报关单币种及总金额 [ ][ ]	本次核注金额	
报关单号	报关单币种及总金额	本次核注金额	

银行专用栏 For Bank Use Only		申请人签章 Applicant's Signature	银行签章 Bank's Signature
购汇汇率 Rate		请按照贵行背页所列条款代办以上汇款并进行申报 Please Effect The Upwards Remittance,Subject To The Conditions Overleaf:	
等值人民币 RMB Equivalent			
手续费 Commission			
电报费 Cable Charges			
合计 Total Charges		申请人姓名 Name of Applicant: RIQING EXPORT AND IMPORT COMI	核准人签字 Authorized Person
支付费方式 In Payment of the Remittance	☐现金 by Cash ☐支票 by Check ☐帐户 from Account	电话 Phone No.: 81-3-932-3588	日期 Date
核印 Sig. Ver.		经办 Maker	复核 Checker

填写前请仔细阅读各项背面条款及填报说明

Please read the conditions and instructions overleaf before filling in this application

两份，一份由开证申请人留存，一份交开证银行。开证申请书是形成信用证的直接依据，其内容必须与合同条款一致，填写须明确、完整，杜绝词不达意。

开证申请人承诺书是申请人对开证行的承诺，通常是承诺及时支付信用证项下的货款、手续费、利息等费用，承诺在单证相符条件下办理有关付款、承兑手续，承诺对开证行承兑的汇票不进行止付等，这些承诺的内容一般由开证行单方面规定，用以明确开证行与开证申请人的责任。

开证承诺书通常在开证申请书的背面。

（2）缴纳开证保证金。进口商向银行申请开证，须向银行缴纳开证保证金，保证金的比例是开证金额的0～105%不等，具体由银行规定。当保证金大于开证金额时，说明信用证的汇率风险较高，当保证金小于开证金额时，其差额部分实际上是银行给开证申请人提供的短期资金融通。

银行对这种短期资金融通，多采取综合评估的方式给出，即对开证申请人的经营风险、财务状况及其贸易情况进行综合评估后，授予其一定规模的、为期一年的信用额度（也称为授信金额），用于进口开证，免收或减收开证保证金。例如，银行的授信金额是800万美元，则开证申请人在一年内对外开证累计在800万美元之内时，无须缴纳保证金，或仅按一定比例缴纳。

为减少资金占用，尽早开出信用证，开证申请人须在申请开证前与银行进行充分沟通，了解开证银行的要求，提前做好相应准备，争取较大金额的授信额度，并留意银行审批的时间、程序，以免发生开不出信用证，或是不能如期开立信用证的违约情况。

（3）提交有关资料。为了最大限度地规避风险，开证银行需要审核开证申请人的资信状况，并要求开证申请人提供各种相关资料。

开证行要求提供的资料包括：保证金进账单、进口合同、信用证开证申请书、购汇用汇申请书、组织机构代码证、营业执照，必要时还要有进口付汇备案表、进出口批文等。

开证行收到资料后即进入国家外汇局网站，确认开证申请人的征信分类及付汇额度，并进入人民银行网站，核验开证申请人的中征码（即贷款卡编码），审核无误后即同意对外开证。

（4）收取手续费并开证。进口商申请信用证，应按规定向银行支付开证手续费。银行收取的开证费，通常是开证金额的1.5‰左右，如果开证金额过低，还要有最低限额的要求，以保证必要的开支。

信用证开好后，开证行将通过其在受益人所在地的分行或代理行（统称通知行），将正本信用证通知受益人。

2．申请开证应注意的问题

（1）注意开证时间。若合同规定了开证时间，进口商就必须在合同规定的限期内申请开立信用证；若合同未规定开证日期，只规定了最迟装运期，则进口商应在合理时间内开证，此时，开证时间一般掌握在合同规定的交货期前一个月，确保受益人在收到信用证以后能在合同规定的装运期内完成装运。

（2）注意信用证的有效期和付款期。信用证的有效期一般应规定在45天以内，如超过45天，银行将加收费用，因此申请人在开证时应注意明确信用证的有效期；还应注意信用证的付款期与合同规定的一致性，如果合同规定为远期付款，而开证申请书中未明确汇票期限，银行将按即期付款处理，对进口商不利。

（3）注意合同与信用证的关系。信用证依合同开立，但信用证同时又独立于合同，并不依附合同。进口商申请开证时，应注意合同条款与信用证条款的一致性，将合同规定的内容在信用证条款中明确列出，尽量不使用“参阅第××号合同”或“按照第××号合同项下货物”等内容，也不对合同做任何变更。

（4）合理利用单据条款。信用证支付方式下，只要受益人提交了符合信用证要求的单据，开证行就必须付款。如果信用证中含有某些条件而未列明应提交与之相对应的单据，银行将对此不予理会。所以，进口商在申请开证时，应尽量将合同对出口商的要求转化成单据条款，具体体现在信用证中。比如，要求卖方提供商品检验机构出立的装船前检验证明，并明确规定货物的规格品质；同时还应明确规定各类单据的出单人（商业发票、保险单和运输单据除外），明确规定各单据应表述的内容；还应注意单据要求与价格条件、费用负担等相吻合。比如，以CIF术语成交时，提单条款应注明“FREIGHT PREPAID”字样，信用证可要求保险单，并规定具体的险别、险种和投保加成率等。

（5）注意对装运的要求。进口商如果对装运有特别要求，如不准分批装运、不准中途转运、不接受第三者装运单据等，均应在申请开证时予以明确，否则银行将视为允许分批、允许转运、接受第三者装运单据。

（6）注意对信用证保兑和转开的要求。对出口商提出的保兑要求和转开要求，进口商原则上都不能同意。

如果信用证需要保兑，不但会产生额外的保兑费用，还有可能在申请开证时陷于被动；而转开信用证，由于对第二受益人的资信难于把握，尤其是跨地区和跨国家的转开，更难掌握第二受益人的情况，因此不能同意。仅仅在特殊情况下，如大额合同项下要求多家出口商交货，此时可结合实际需要与银行协商开出可转让信用证。

另外，我国银行一般也不开有电报索偿条款（T/T reimbursement clause）的信用证。

3．信用证开证申请书的内容及填制要求

信用证开证申请书的格式因银行而异，但其内容基本一致，主要包括以下各项：

（1）受益人（BENEFICIARY）、申请人（APPLICANT）按合同分别填写其详细名称和地址（包括电话、传真、E-MAIL等）。

（2）运输条款包括装运港、目的港、最迟装运期，以及运输路线等。按合同规定的装运港、目的港及最迟装运期填写，并按合同选择是否允许分批或转运。

（3）信用证的兑用方式《UCP 600》规定，信用证必须规定其是以即期付款、延期付款、议付还是承兑的方式兑用。因此，进口商应在开证申请书中相应位置进行选择。若规定为议付信用证，还应同时规定议付行。

（4）信用证有效期及到期地点（DATE OF EXPIRY）由开证申请人根据其实际情况确定。有效期一般应规定在装运后的15天左右，到期地点一般为卖方所在地。

（5）信用证金额（AMOUNT）和价格条件（PRICE TERM）应按合同规定填写，并同时

给出金额是否允许有上下浮动，如有应给出可浮动的比例。

（6）汇票条款应在申请书中相应栏目规定汇票的付款期、付款人及汇票金额。

（7）货物条款（COMMODITY）和唛头（SHIPPING MARK）货物条款即商品的品名规格型号及数量，可以简单填写，并注明参照××合同即可。唛头按双方约定。

（8）单据条款（DOCUMENTS REQUIRED）根据需要选择随汇票提供的单据，并在选项前划“√”或“×”，在其后空白栏中填写或选择所需单据份数、出具单位及单据内容。

（9）附加条款（ADDITIONAL INSTRUCTIONS）根据需要进行选填，包括交单期限、寄单要求、银行费用等内容。

（10）其他如果有其他要求，可在开证申请书的空白处加注，如要求保兑、要求信用证允许转让等。

任务操作

本项目付款方式为“10%T/T+90%L/C”，即全部货款用信用证支付。江苏书豪公司在注册时已经列入了外汇局的“贸易外汇收支企业名录”中，因此公司单证工作人员在合同签好后，随即向出口商电汇了USD14688.0（合同金额的10%）作为预付款，然后按照进口单证工作的程序，填写了信用证开证申请书、购汇用汇申请书，并缴纳了银行保证金，连同合同等其他资料，交中国银行江苏省分行，申请开立金额为USD132192.00（合同金额的90%）的信用证，以便提前做好付款准备。江苏书豪公司单证工作人员填写的信用证开证申请书如样单2-2-2所示。

中国银行江苏省分行收到江苏书豪公司业务人员递交的保证金进账单、进口合同、信用证开证申请书、购汇用汇申请书、组织机构代码证、营业执照，必要时还需要进口付汇备案表等文件后，确认了申请人的征信分类、付汇额度、中征码等，才可以同意对外开证。开出的信用证如样单2-2-3所示。

样单2-2-2 信用证开证申请书

IRREVOCABLE DOCUMENTARY CREDIT APPLICATION

TO: BANK OF CHINA　　DATE: OCT.28, 2020

<table>
<tr><td colspan="2">Beneficiary (full name and address):
KOLON INDUSTRIES INC.
KOLON TOWER 1-28 BYULYANG-DONG,
KWACHEON-CITY, KYUNGGI-DO, KOREA</td><td>Applicant (full name and address):
JIANGSU SOHO GARMENTS CO., LTD.
NO.48 NINGNAN DA DAO NANJING, CHINA
TEL NO: 025-84675530</td></tr>
<tr><td>Partial shipment:
(X) allowed
( ) not allowed</td><td>Transshipment:
(X) allowed
( ) not allowed</td><td>Latest date of shipment:
NOT LATER THAN NOV.25,2020
Date of expiry:
DEC.10,2020</td></tr>
<tr><td colspan="2">Loading on board/dispatch/taking in charge
From: BUSAN
To: NANJING
Price term: __CFR NANJING, CHINA__</td><td>Amount (Both in figures and words):
USD132,192.00(SAY US DALLARS ONE HUNDRED AND THIRTY-TWO THOUSAND ONE HUNDRED AND NITYTY TWO ONLY)</td></tr>
<tr><td colspan="3">Credit available with ( ).
(X) by negotiation / ( ) by acceptance with beneficiary's draft for 100 % of the invoice value at *** sight on issuing bank
( ) by sight payment / ( ) by deferred payment ____________ days against the documents detailed herein</td></tr>
<tr><td colspan="2">Commodity:
7200KGS HERACRON(HF400-1000DE), USD20.40/KG
TOTAL USD146,880.00
AS PER S/C NO. 928814330 DATED OCT.21, 2020</td><td>Shipping mark:</td></tr>
<tr><td colspan="3">Documents required:
1. (X) Signed commercial invoice in __5__ folds indicating l/c no. and contract no..
2. (X) Full set (3/3) of clean on board ocean bills of lading made out TO THE SHIPPER'S ORDER and blank endorsed marked "freight (X) prepaid/ ( ) collect" notify the applicant.
3. ( ) Insurance policy/certificate in ____folds for 110% of the invoice value, showing claims pay in china in the currency of the draft, blank endorsed covering ( ) ocean marine transportation / ( ) air transportation / ( ) overland transportation all risks, war risks as per____ clause.
4. (X) Packing list/weight list in __3__ folds indicating quantity/gross and net weights of each package.
5. (X) Certificate of origin in __1__ original(s) and __1__ copy(ies) issued by the manufacturer.
6. (X) Certificate of quantity/weight in __1__ original(s) and __1__ copy(ies) issued by beneficiary.
7. (X) Certificate of non-wood packing material in __2__ folds.
8. ( ) Certificate of quality in __3__ folds issued by ( ) manufacturer / ( ) beneficiary.
9. ( ) Beneficiary's certified copy of telex/fax dispatched to the applicant within days/hours after shipment advising goods name, ( ) vessel/( ) flight no., date, quantity, weight and value of shipment.
10. Other documents, if any:
(X) Certificate of analyses in __2__ folds issued by the manufacturer.

Additional instructions:
1. (X) All banking charges outside the issuing bank are for beneficiary's account.
2. (X) Documents must be presented within __15__ days after the date of shipment but within the validity of this credit.
3. ( ) Both quantity and amount % more or less are allowed.
4. (X) All documents must be sent to issuing bank by courier/speed post in one lot.
5. ( ) Other terms, if any:
signature of authorized person with seal</td></tr>
</table>

样单2-2-3 信用证

BANK OF CHINA
MT700

B1:	OUTGOING SWIFT HEADER 1 F01BKCHCNBJA9400000000000
B2:	RECEIVER'S BIC CODE I700HVBKKRSEXXXXN WOORI BANK, SEOUL SEOUL
27:	SEQUENCE OF TOTAL 1/1
40A:	FORM OF DOCUMENTARY CREDIT IRREVOCABLE
20:	DOC.CREDIT NUMBER LC0713912001640
31C:	DATE OF ISSUE 201028
40E:	APPLICABLE RULES UCP LATEST VERSION
31D:	DATE AND PLACE OF EXPIRY 201210
50:	APPLICANT JIANGSU SOHO GARMENTS CO., LTD. NO.48 NINGNAN DA DAO NANJING, CHINA TEL NO: 025-84675530
59:	BENEFICIARY KOLON INDUSTRIES INC. KOLON TOWER 1-28 BYULYANG-DONG, KWACHEON-CITY, KYUNGGI-DO, KOREA
32B:	CURRENCY CODE, AMOUNT USD132.192,00
39A:	PERCENTAGE CREDIT AMOUNT TOLERANCE 00/00
41D:	AVAILABLE WITH... BY... ANY BANK IN KOREA BY NEGOTIATION
42C:	DRAFTS AT AT SIGHT FOR 90 PCT OF INVOICE VALUE.
42A:	DRAWEE BKCHCNBJ300 BANK OF CHINA SHANGHAI BRANCH
43P:	PARTIAL SHIPMENTS ALLOWED
43T:	TRANSSHIPMENT ALLOWED
44E:	PORT OF LOADING/AIRPORT OF DEPARTURE KOREAN MAIN PORT
44F:	PORT OF DISCHARGE/AIRPORT OF DESTINATION NANJING, CHINA
44C:	LATEST DATE OF SHIPMENT 201125

45A: DESCRIPTION OF GOODS AND/OR SERVICES
ARAMID FILAMENT
HERACRON(HF400-1000DE)
QUANTITY: 7200KGS
UNIT PRICE: 20.40/KGS
TOTAL AMOUNT: USD146.880,00
PRICE TERM: CFR NANJING

46A: DOCUMENTS REQUIRED
+SIGNED COMMERCIAL INVOICE IN 5 FOLDS INDICATING L/C NO. AND CONTRACT NO. 928814330
+FULL SET OF CLEAN ON BAORD OCEAN BILLS OF LADING MADE OUT TO THE SHIPPER'S ORDER AND BLANK ENDORSED MARKED "FREIGHT PREPAID" AND NOTIFYING THE APPLICANT.
+PACING LIST/WEIGHT LIST IN 3 FOLDS INDICATING QUANTITY/GROSS AND NET WEIGHT OF EACH PACKAGE.
+CERTIFICATE OF ORIGIN IN 1 ORIGIAL AND 1 COPY ISSED BY MANUFACTURER.
+CERTIFICATE OF ANALYSES IN 2 FOLDS ISSUED BY THE MANUFACTURER.
+CERTIFICATE OF QUANTITY IN 1 ORIGIAL AND 1 COPY ISSED BY BENEFICIARY.
+CERTIFICATE OF NON-WOOD PACKING MATERIAL IN 2 FOLDS.

47A: ADDITIONAL CONDITIONS
1. ALL DOCUMENTS TO BE FORWARDED BY COURIER/SPEED POST IN ONE LOT. MAIL ADDRESS: BANK OF CHINA, JIANGSU BRANCH, ATTN: INT' L DEPT. 148 SOUTH ZHONGSHAN ROAD, NANJING, JIANGSU, CHINA, 210005.
2. PLEASE PROVIDE ONE EXTRA COPY OF COMMERCIAL INVOICE AND TRANSPORT DOCUMENT(S) FOR OUR FILE.
3. A DISCREPANCY FEE EQUAL TO USD60.00 WILL BE DEDUCTED FROM THE PAYMENT FOR EACH SET OF DOCUMENTS CONTAINING DISCREPANCY(IES).
4. AMOUNT OF EACH DRAWING MUST BE ENDORSED BY THE NOMINATED BANK ON THE REVERSE OF THIS ORIGINAL L/C AND COVERING LETTER MUST BE SO CERTIFIED.
5. DRAFT(S), IF ANY, SHOWING CORRECTION(S) OR ALTERATION(S) WILL NOT BE ACCEPTABLE EVEN WITH THE DRAWER'S AUTHENTICATION.
6. BENEFICIAR'S CERTIFICATE CONFIRMING THEIR ACCEPTANCE OR REJECTION OF THE AMENDMENTS ISSUED UNDER THIS L/C QUOTING THE RELEVANT AMENDMENT NUMBER IS REQUIRED FOR PRESENTATION UNDER THIS L/C.SUCH CERTIFICATE IS NOT REQUIRED IF NO AMENDMENT HAS BEEN ISSUED UNDER THIS L/C.
7. ALL DOCUMENTS MUST INDICATING L/C NO.AND DATE.

71B: CHARGES
ALL BANKING CHARGES OUTSIDE THE ISSUING BANK ARE FOR BENEFICIARY'S ACCOUNT. ALL BANKING CHARGES INSIDE ISSUING BANK INCLUDING ACCEPTANCE COMMISSION (IF ANY) ARE FOR APPLICANT'S ACCOUNT.

48 : PERIOD FOR RESENTATION
DOCUMENTS TO BE PRESENTED WITHIN 15 DAYS AFTER THE DATE OF SHIPMENT BUT WITHIN THE VALIDITY OF THIS CREDIT.

49: CONFIRMATION INSTRUCTIONS
WITHOUT

78: INSTRUCTION TO THE PAYING/ACCEPTING/NEGO
UPON OUR RECEIPT OF THE DOCUMENTS IN ORDER, WE SHALL HONOUR THE PRESENTATION AS INSTRUCTED.

57D: "ADVISE THROUGH" BANK
YR KWACHEON JOONGANG BRANCH

任务3 办理运输与投保手续

■ 知识准备

一、办理运输手续

以FOB术语成交时，应由进口商负责货物的运输。

海运方式下，进口商应按照合同对装运期的规定，及时了解相关航线的船期安排和运价情况，根据配载原则，选择一家合适的船公司或货代，安排船只或舱位，到装运港接运货物。

为防止出现船、货脱节现象的发生，进口商必须与出口商紧密配合，随时了解和掌握出口商备货和装运的实际情况，提前办好租船订舱手续，并将船名、船期等事项及时通知出口商，催告其如期装运，出口商也要按合同规定的装运期及时备妥货物，并按进口商指定将货物运送到指定港口和泊位，保证船、货的顺利衔接。

进口商办理运输手续，最好委托货代代为办理，时间一般安排在最迟装运期前30天办理。

二、投保货运险

以FOB术语、CFR术语成交时，进口商还要负责办理货物的运输保险。目前我国进口货物的运输保险有预约保险和逐笔保险两种做法。

1．预约保险

预约保险是进口商事先与保险公司签订进口货物预约保险合同，规定总的保险范围、保险期限、保险种类、总保险限额、航程区域、保险条件、费率、适用条款、赔偿结算支付办法等。对任何一批货物，只要进口商收到出口商发送的装运通知，即视为已办妥保险手续，保险公司自动对该批货物进行承保，负有属于预约保险合同规定的范围内的承保责任。

预约保险可以有效防止进口货物在国外装运后，因信息传递不及时而发生的漏办保险或者来不及办理保险等现象的发生，适用于经常有货物进口业务的企业。

2．逐笔保险

逐笔保险是进口商接到卖方发来的装运通知后，按该批货物的情况，填写国际货物运输保险投保单向保险公司投保，保险公司接受投保并签发保险单后，才完成投保手续。

逐笔保险的情况下，进口商每进口一批货物，须办理一次投保手续，否则保险公司不负赔偿责任，适用于进口业务较少的企业。

▪ 任务操作

本项目贸易术语为CFR NANJING，运输手续由出口商办理，保险手续由进口商办理。江苏书豪公司的业务人员无须办理租船订舱手续，但要在货物装船后，向保险公司投保。由于公司常年有进口业务，已预先跟中国财产保险公司江苏分公司订有预约保险合同，在收到韩国KOLON INDUSTRIES INC.公司的装运通知后，直接将该装运通知转交保险公司，保险公司即自动承保，无须再另外出具保单。

任务4 审单付汇

■ 知识准备

在国际贸易中，单据代表了货物，出口商交单就意味着交货，以信用证方式结算时，银行承担第一付款责任，因此审核信用证项下单据的任务由开证行承担，单证一致银行即对外付汇，但银行审核单据，也仅仅审核其表面与信用证是否相符，对于任何单据的形式、完整性、准确性、真实性或法律效力，以及单据上所表示的货物描述、数量、重量、质量、包装、价值等内容是否真实概不负责。

按照《UCP 600》与《ISBP 745》的有关规定，开证银行必须在收到有关单据次日起至多5个工作日的合理时间内审核这些单据，并做出付款或者拒付的决定。

一、审单要点

开证行审单，主要有以下几个要点。

1. 审核单据的内容是否正确

对单据内容的审核，应以合同、信用证等基础资料为依据，以商业发票为核心，审核各个单据所记载的商品品名、规格、数量、货值、保险金额、保险险别、装运港、目的港、合同号、信用证号等内容是否符合要求，单据的抬头、签署、背书等是否正确和完整，更改是否过多等。

2. 审核单据的种类和份数是否齐全

对照合同或信用证的单据条款，审核所制作的单据种类是否齐全、份数是否齐备，提单、保险单是否需要全套正本，需不需要制作汇票等。

3. 审核单据的出具日期是否合理

对单据出具日期的审核，应以提单的出具日期为基础。首先，提单的出具日期不得超过合同或信用证规定的最迟装运期；其次，在正常的贸易中，发票的出具日期最早，汇票的出具日期最晚，但不得晚于信用证规定的交单期和信用证的有效期；最后，还要看各个单据的出具日期是否协调，一般发票、箱单、产地证、保险单等都应早于提单，装运通知、汇票等则应晚于提单，产地证的日期不应早于发票，装运通知的日期应晚于提单3个工作日之内。

4. 审核单据与单据之间是否互相矛盾

每种单据所记载的内容应该协调一致，一种单据对另一种单据内容的引用应该正确，不得相互矛盾。这也是审核单据时应注意的内容之一。

二、对单据“不符点”的处理

银行审单后，如果发现单据存在不符点，即征求进口商的意见，进口商可考虑“不符”性质，与银行共同协商，根据具体情况做出适当的处理。

如果出口商所提供的单据份数与规定不符，或内容打印错误，并不影响进口商的清关和提货，也不会产生额外的费用等，这种单据的不符点即可视为不符性质不太严重的情况。如果出口商所提供的单据种类与规定不符，或者单据中的货款金额大于信用证金额，或者单据中重要项目的内容与规定不符，或者单据之间相同项目的内容不一致等，影响清关和提货，且会产生额外的费用，这种单据的不符点就属于不符性质比较严重的情况。

1．“不符”性质不太严重

如果出口商提供的单据“不符”性质不太严重，进口商可采取以下方法：

（1）要求出口商更改单据，更改合格后再付款。

（2）先付一部分付款，待货到后再付另一部分货款。

（3）先拒付，等货到后检验合格再接受单据，支付货款。

（4）要求出口商出具书面担保，凭担保付款，并保留追索权。

2．“不符”性质比较严重

如果出口商提供的单据“不符”性质比较严重，进口商有权拒绝接受单据并拒付全部货款。

在信用证方式下，如果按照指定行事的指定银行、保兑行或开证行决定拒绝承付或议付时，必须给予交单人一份单独的拒付通知，列明所有不符点，并留存单据，听候交单人的进一步指示，或进行其他处理。

▪ 任务操作

2020年12月10日，江苏书豪公司收到了本项目信用证要求的全套单据，分别如样单2-4-1～样单2-4-8所示。收到单据后，江苏书豪公司的单证员对照合同和信用证，分析了本项目中信用证的相关数据如下：

（1）信用证号码：LC0713912001640，开证日期：2020.10.28。

（2）信用证金额：USD132192.00，为合同金额的90%。

（3）最迟装运期：2020.11.25，有效期：2020.12.10。

（4）信用证交单期：装运日期之后15天之内，且在信用证有效期之前。

（5）信用证的兑付方式：议付，汇票金额为发票金额的90%。

（6）信用证的付款期：即期付款。

（7）信用证要求了7种单据，分别为：商业发票，要指明合同号和信用证号；清洁已装船提单的抬头为TO THE SHIPPER’S ORDER，注明“FREIGHT PREPAID”，申请人为通知人；装箱单注明数量、每个包装的毛重和净重；制造商出具的产地证；制造商出具的分析证；受益人出具的数量证；非木质包装声明。

（8）信用证要求所有单据都应注明信用证号和信用证的开证日期。根据以上信用证分析资料，江苏书豪公司的单证员审核了进口商的单据后，发现单据中存在以下问题：

①发票和装箱单上都没有信用证号和开证日期，引用的合同号码也有误。

②分析证中没有信用证开证日期，注明的船名和航次号与提单不符，注明的货值与合同不符。

③非木质包装声明中没有信用证开证日期，引用的合同号有误，所声明的货物数量与合同不符。

④提单的抬头与信用证规定不符，提单加注的贸易术语与合同和信用证不符，提单的开立日期超过了信用证规定的装运期，提单上没有信用证的开证日期。

⑤产地证中注明的船名和航次号与提单不符，引用的合同号有误，签证日期与提单为同一天，不合常规。

⑥汇票的金额、付款期均不符合信用证，引用的合同号也有误。基于以上各点，进口商江苏书豪公司认为单据的不符点现象比较严重，但是鉴于对货物的强烈需求，决定先拒付货款，并要求出口商修改单据，等货到后检验合格再接受单据，支付货款。

样单2-4-1 发票

KOLON INDUSTRIES INC.

KOLON TOWER 1-28 BYULYANG-DONG,
KWACHEON-CITY, KYUNGGI-DO, KOREA
TEL NO.:02-8677 8515

COMMERCIAL INVOICE

TO: JIANGSU SOHO GARMENTS CO., LTD.
NO.48 NINGNAN DA DAO NANJING, CHINA
TEL NO: 025-84675530

NO.: HOT2541A
DATE: NOV.10, 2020
CONTRACT NO.: 928814303

FROM BUSAN, KOREA TO NANJING, CHINA BY SEA

DESCRIPTIONS OF GOODS	QUANTITIES	UNIT PRICE	AMOUNT
ARAMID FILAMENT		FOB BUSAN, KOREA	
HERACRON(HF400-1000DE)			
	7200KGS	USD20.40	USD146,880.00
TOTAL:	7200KGS		USD146,880.00

MARKS & NO.S

SOHO
CHINA
FILAMENT
CODE: HF200
PALLET NO.1-20
MADE IN KOREA

KOLON INDUSTRIES,INC.

Dong Moon Park
PRESIDENT

ISSUED BY BENEFICARY
-CONFIDENTIAL-PROPERTIES OF KOLON INDUSTRIES, INC.

样单2-4-2 装箱单

KOLON INDUSTRIES INC.

KOLON TOWER 1-28 BYULYANG-DONG,
KWACHEON-CITY, KYUNGGI-DO, KOREA
TEL NO.: 02-8677 8515

PACKING LIST

TO: JIANGSU SOHO GARMENTS CO., LTD.
NO.48 NINGNAN DA DAO NANJING, CHINA
TEL NO: 025-84675530

NO.: HOT2541A
DATE: NOV.10, 2020
CONTRACT NO.: 928814303

FROM BUSAN, KOREA TO NANJING, CHINA BY SEA

DESCRIPTIONS OF GOODS	QUANTITIES	NET WEIGHT	GROSS WEIGHT
HERACRON(HF400-1000DE)	1PALLET	360KGS	406.3KGS
HERACRON(HF400-1000DE)	1PALLET	360KGS	406.3KGS
HERACRON(HF400-1000DE)	1PALLET	360KGS	406.3KGS
HERACRON(HF400-1000DE)	1PALLET	360KGS	406.3KGS
HERACRON(HF400-1000DE)	1PALLET	360KGS	406.3KGS
HERACRON(HF400-1000DE)	1PALLET	360KGS	406.3KGS
HERACRON(HF400-1000DE)	1PALLET	360KGS	406.3KGS
HERACRON(HF400-1000DE)	1PALLET	360KGS	406.3KGS
HERACRON(HF400-1000DE)	1PALLET	360KGS	406.3KGS
HERACRON(HF400-1000DE)	1PALLET	360KGS	406.3KGS
HERACRON(HF400-1000DE)	1PALLET	360KGS	406.3KGS
HERACRON(HF400-1000DE)	1PALLET	360KGS	406.3KGS
HERACRON(HF400-1000DE)	1PALLET	360KGS	406.3KGS
HERACRON(HF400-1000DE)	1PALLET	360KGS	406.3KGS
HERACRON(HF400-1000DE)	1PALLET	360KGS	406.3KGS
HERACRON(HF400-1000DE)	1PALLET	360KGS	406.3KGS
HERACRON(HF400-1000DE)	1PALLET	360KGS	406.3KGS
HERACRON(HF400-1000DE)	1PALLET	360KGS	406.3KGS
HERACRON(HF400-1000DE)	1PALLET	360KGS	406.3KGS
TOTAL:	20PALLET	7200KGS	8126.0KGS

MARKS & NO.S
SOHO
CHINA
FILAMENT
CODE: HF200
PALLET NO.1-20
MADE IN KOREA

KOLON INDUSTRIES,INC.
Dong Moon Park
Dong Moon Park
PRESIDENT

ISSUED BY BENEFICARY
-CONFIDENTIAL-PROPERTIES OF KOLON INDUSTRIES, INC.

样单2-4-3　分析证

KOLON INDUSTRIES INC.

KOLON TOWER 1-28 BYULYANG-DONG,
KWACHEON-CITY, KYUNGGI-DO, KOREA
TEL NO.: 02-8677 8515

CERTIFICATE OF ANALYSES

CONTRACT NO.: 928814330
L/C NO.: LC0713912001640

1. COMMODITY: ARAMID FILAMENT
2. VESSEL'S NAME: KMTC QINDAO 1231S
3. SHIPPING DATE/ETA: 2020-11-30/2020-12-02
4. PACKAGE: 20PALLETS
5. QUANTITY: 7200KGS
6. VALUE: USD146800.00
7. PORT OF LOADING: BUSAN, KOREA
8. PORT OF DESTINATION: NANJING, CHINA

BENEFICIAR'S CERTIFICATE CONFIRMING THEIR ACCEPTANCE OR REJECTION OF THE AMENDMENTS ISSUED UNDER THIS L/C QUOTING THE RELEVANT AMENDMENT NUMBER IS REQUIRED FOR PRESENTATION UNDER THIS L/C.SUCH CERTIFICATE IS NOT REQUIRED IF NO AMENDMENT HAS BEEN ISSUED UNDER THIS L/C.
-NO AMENDMENT

KOLON INDUSTRIES,INC.

Dong Moon Park
PRESIDENT

ISSUED BY BENEFICARY
-CONFIDENTIAL-PROPERTIES OF KOLON INDUSTRIES, INC.

样单2-4-4 非木质包装证明

KOLON INDUSTRIES INC.

KOLON TOWER 1-28 BYULYANG-DONG,
KWACHEON-CITY, KYUNGGI-DO, KOREA
TEL NO.: 02-8677 8515

CERTIFICATE OF NON-WOODEN PACKING MATERIAL

CONTRACT NO.: 928814303
L/C NO.: LC0713912001640

TO THE SERVICE OF CHINA ENTRY & EXIT INSPECTION AND QUARANTINE :

IT IS DECLARED THAT ALL WOOD PACKING MATERIALS IN THIS SHIPMENT HERACRON(HF400-1000D) 7100KGS ARE MADE OF NON-CONIFEROUS TREES.

ORIGINAL NO WOOD PACKING MATERIALS DECLARATION ISSUED BY SHIPPER IN CASE THAT NO WOOD PACKING USED, OR SHIPPER'S CERTIFICATE CERTIFYING THAT ALL WOOD PACKING USED MARKED WITH IPPC' MARKS IN CASE THAT WOOD PACKING USED.

KOLON INDUSTRIES,INC.
Dong Moon Park
PRESIDENT

ISSUED BY BENEFICARY
-CONFIDENTIAL-PROPERTIES OF KOLON INDUSTRIES, INC.

样单2-4-5　汇票

NO: HOT2541A

FOR USD146880.00

AT L/C 90DAYS AFTER

BILL OF EXCHANGE

DATE 2020 12 03

EXCHANGE (SECOND OF THE SAME TENOR AND DATE BEING UNPAID) PAY TO OR ORDER THE SUM OF

SAY US DOLLARS ONE HUNDRED AND FORTY SIX THOUSAND EIGHT HUNDRED AND EIGHTY ONLY.

VALUE RECEIVED AND CHARGE THE SAME TO ACCOUNT OF JIANGSU SOHO GARMENTS CO., LTD. NO.48 NINGNAN DA DAO NANJING, CHINA

DRAWN UNDER BKCHCNBJ940 BANK OF CHINA JIANGSU BRANCH

L/C NO. LC0713912001640　　DATED OCT.28, 2020

TO: BKCHCNBJ940
BANK OF CHINA
JIANGSU BRANCH

KOLON INDUSTRIES,INC.

Dong Moon Park

Dong Moon Park
PRESIDENT

CONTRACT NO.: 928814303　　ON BOARD DATE:　　**NOV. 30, 2020**

样单2-4-6 产地证

1. Exporter (name, address, country)
KOLON INDUSTRIES INC.
KOLON TOWER 1-28 BYULYANG-DONG,
KWACHEON-CITY, KYUNGGI-DO, KOREA
TEL NO.:02-8677 8515

Reference No. 010-20-0889617

ORIGINAL

Reference code. 30aa-6c3e

CERTIFICATE OF ORIGIN

Issued by
THE ANYANG CHAMBER OF COMMERCE & INDUSTRY
Anyang, Republic of Korea

2. Consignee (name, address, country)

TO ORDER

3. Country of Origin

THE REPUBLIC OF KOREA

4. Transport details

FROM: BUSAN, KOREA
TO: NANJING, CHINA
BY: KMTC QINDAO1231S
ON: 30 NOV, 2020

5. Remarks
Invoice number & date:
HOT2541A & NOV.10, 2020

Notify Party
JIANGSU SOHO GARMENTS CO., LTD.
NO.48 NINGNAN DA DAO NANJING, CHINA
TEL NO: 025-84675530

6. Marks & numbers; Number and kind of packages;description of goods

7. Quantity

Marks & numbers	Description of goods
	DESCRIPTION OF GOODS: ARAMID FILAMENT
SOHO	HERACRON(HF400-1000DE)
CHINA	QUANTITY: 7200KGS
FILAMENT	PRICE TERM: CFR NANJING, CHINA
CODE: HF200	L/C NO.: LC0713912001640
PALLET NO.1-20	L/C DATE: 201028
MADE IN KOREA	CONTRACT NO.: 928814303
	20PALLETS, 7200KGS(NW), 8126KGS(GW)
	20PALLETS, 7200KGS(NW), 8126KGS(GW)
	//

8. Declaration by the exporter
The undersigned, as an authorized signatory, hereby declares that the above mentioned goods were produced or manufactured in the country shown in box 3

KOLON INDUSTRIES,INC.

(signature) Dong Moon Park
PRESIDENT

(name) PRESIDENT PARK DONG MOON

9. Certification
The undersigned authority hereby certifies that the goods described above originate in the country shown in box 3 to the best of its knowledge and belief.

30 Nov 2020

Staff [illegible] Yang

Authorized Signatory

※Identify the authenticity of certificate for verification with the website(http://cert.korcham.net/search)

样单2-4-7 提单

Shipper
KOLON INDUSTRIES INC.
KOLON TOWER 1-28 BYULYANG-DONG,
KWACHEON-CITY,KYUNGGI-DO,KOREA
[TEL NO.] 02-8677-8515

Booking No.
KR00873648

B/L No.
KMTCPUS5191118

KMTC LINE
KOREA MARINE TRANSPORT CO.,LTD.
www.ekmtc.com

Port - to - Port or Combined Transport

BILL OF LADING

RECEIVED by the Carrier from the shipper in apparent external good order and condition unless otherwise indicated herein, the total number or quantity of containers or other packages or units indicated below stated by the shipper to comprise the cargo specified for transportation subject to all the terms and conditions hereof from the place of receipt or the port of loading, whichever is applicable, to the port of discharge or the place of delivery, whichever is applicable.

Consignee
TO ORDER

Notify Party (Carrier not responsible for failure to notify)
JIANGSU SOHO GARMENTS CO., LTD.
NO.48 NINGNAN DA DAO NANJING CHINA
TEL:0086-25-84785530
FAX:0086-25-84785257

Forwarding Agent-References

Pre-carriage by (Combined or Through Transport Only)

Place of Receipt (Combined Transport Only)

Vessel / Voy. No.
KMTC QINGDAO / 1213S

Place of Delivery (Combined Transport Only)

Port of Loading	Port of Discharge	Final Destination (For the Merchant's Reference)
BUSAN,KOREA	SHANGHAI,CHINA	

PARTICULARS FURNISHED BY SHIPPER

Container No./ Seal No. Marks & Numbers	No. of Containers or Pkgs.	Description of Goods	Gross Weight (KGS)	Measurement (CBM)
FSCU7432638/1704066 SOHO CHINA FILAMENT CODE :HF200 PALLET NO.1-20 MADE IN KOREA		"SHIPPER'S LOAD, COUNT & SEAL" "SAID TO CONTAIN" 1X20' 20PALLETS DESCRIPTION OF GOODS:ARAMID FILAMENT HERACRON(HF200-1000DE) QUANTITY: 7200KGS PRICE TERM: CIF SHANGHAI,CHINA * L/C NO. : LC0713912001640 * CONTRACT NO : 9288143033	8,126.000	24.4000

"FREIGHT PREPAID"

Total Number of Containers or Packages (in words) SAY :ONE (1) CONTAINER ONLY.

Above particulars as declared by shipper, but without responsibility of or representation by carrier.

Freight & Charges	Basis	Rate	Per	Curr.	Payable At POL	POD	Elsewhere
** FREIGHT PREPAID AS ARRANGED **							

COPY

This Bill of Lading duly endorsed must be surrendered by the Merchant to the Carrier in exchange for the Goods or delivery order unless otherwise provided herein. IN ACCEPTING this Bill of Lading, the Merchant expressly accepts and agrees to all its terms and conditions on the face and back hereof, [illegible] whether written, typed, stamped or printed, or otherwise incorporated, notwithstanding the non-signing of this Bill of Lading by the Merchant. IN WITNESS whereof, the number of original Bills of Lading stated on this side have been signed and wherever one original Bill of Lading has been surrendered, any others shall be void.

Ex. Rate	Freight Payable At	Type of Movement
	BUSAN,KOREA	CY - CY

Total Prepaid in Local Currency	No. of Original B/L	Place and Date of Issue
	THREE(3)	SEOUL,KOREA NOV.30,2020

Shipped On Board
FIRST ORIGINAL
Date NOV.30,2020

By *Korea Marine Transport Co., Ltd.*
as Carrier

样单2-4-8 数量证书

KOLON INDUSTRIES INC.

KOLON TOWER 1-28 BYULYANG-DONG,
KWACHEON-CITY, KYUNGGI-DO, KOREA
TEL NO.: 02-8677 8515

CERTIFICATE OF QUANTITY

(20') C.T NO.: FSCU7432638 / 1704066
CONTRACT NO.: 9288143033

ATTACHED SHEET

JIANGSU SOHO GARMENTS CO. LTD. / CHINA

PALLET NO.	LOT NO. (PKG NO.)	NET W/T (KG)	GROSS W/T (KG)	CHEESE (EA)	TYPE	C	REMARKS
1	120715F8019	360	406.3	72	HF200	86.3	BH201000NN000151
2	120716F8028	360	406.3	72	HF200	86.3	BH201000NN000151
3	120716F8029	360	406.3	72	HF200	86.5	BH201000NN000151
4	120716F8030	360	406.3	72	HF200	86.5	BH201000NN000151
5	120716F8031	360	406.3	72	HF200	86.5	BH201000NN000151
6	120716F8032	360	406.3	72	HF200	86.5	BH201000NN000151
7	120717F8025	360	406.3	72	HF200	86.7	BH201000NN000151
8	120717F8026	360	406.3	72	HF200	86.7	BH201000NN000151
9	120717F8027	360	406.3	72	HF200	86.7	BH201000NN000151
10	120717F8028	360	406.3	72	HF200	86.7	BH201000NN000151
11	120718F8029	360	406.3	72	HF200	86.7	BH201000NN000151
12	120718F8030	360	406.3	72	HF200	86.7	BH201000NN000151
13	120718F8031	360	406.3	72	HF200	86.7	BH201000NN000151
14	120718F8032	360	406.3	72	HF200	86.7	BH201000NN000151
15	120719F8024	360	406.3	72	HF200	86.9	BH201000NN000151
16	120719F8025	360	406.3	72	HF200	87.1	BH201000NN000151
17	120719F8026	360	406.3	72	HF200	87.1	BH201000NN000151
18	120720F8012	360	406.3	72	HF200	87.2	BH201000NN000151
19	120720F8013	360	406.3	72	HF200	87.3	BH201000NN000151
20	120720F8014	360	406.3	72	HF200	87.3	BH201000NN000151
TOTAL		7,200.0	8,126.0				

KOLON INDUSTRIES,INC.
Dong Moon Park
Dong Moon Park
PRESIDENT

ISSUED BY BENEFICARY
-CONFIDENTIAL-PROPERTIES OF KOLON INDUSTRIES, INC.

任务5　办理入境货物的通关与提货

■ 知识准备

一、入境货物的通关程序

为贯彻落实国务院“放管服”改革要求，进一步优化营商环境，促进贸易便利化，我国海关自2019年8月底开始，对进口货物的通关，逐步采用“两步申报”模式，并在全国推广使用。

“两步申报”通关模式的基本程序如下。

1. 申报前的准备

（1）舱单提前传输。舱单传输义务人按照规定时限和填制规范要求通过国际贸易“单一窗口”或“互联网+海关”一体化办事平台向海关传输舱单数据。

（2）税款担保备案。对于应税货物，企业须提前向注册地直属海关关税职能部门提交税收担保备案申请；担保额度可根据企业税款缴纳情况循环使用。有减免税进口货物要求的，申请人应在概要申报前向主管海关办理减免税审核确认手续。在完整申报后需要通过办理减免税货物税款担保手续继续进行税款担保的，减免税申请人应在完整申报前向主管海关提出申请。

（3）监管证件办理。有监管证件管理要求的，企业应在申报前根据相关规定办理进口所需的监管证件。检疫准入、境外预检、境外装运前检验等需在进口申报前实施的，企业应在申报前根据规定办理相关手续，取得相应的进口批准文件及证明文件。

2. 报关申报

企业向海关申报进口货物，必须通过国际贸易“单一窗口”“互联网+海关”一体化办事平台，填写“中华人民共和国海关进口货物报关单”。在“两步申报”通关模式下，企业报关需要经过两步：第一步，概要申报；第二步，完整申报。

（1）概要申报是企业进口报关的第一步。进行概要申报时，企业必须确认进口货物是否需要监管证件、是否需要检验检疫、是否需要缴纳税款。

概要申报的具体内容包括：填制9个项目（表2-5-1）、确认2个项目（表2-5-2）；对于依法需要监管证件的，增加2个项目（表2-5-3）；对于依法需要检验检疫的，增加4个项目、完善1个项目（表2-5-4）。

凡列入《海关实施检验检疫的进境商品目录》中的货物、可用做原料的废物、旧机电产品、捐赠的医疗器械、其他法律法规规定需要进行检验检疫的入境货物或特殊物品，以及外商投资财产鉴定，进口货物发生短少、残损或其他质量问题需要对外索赔时，对方赔付的进境货物，都属于法检商品的范围，其海关监管条件为“A”，企业进口这些货物，需要经海关实施检验检疫合格后，方准入境。

进行概要申报时，企业必须交验运输单据、商业发票、装箱单、原产地证明、进口许可证及关税配额证等文件，海关审核通过即允许货物提离。企业收到海关发送的允许货物提离的信

表2-5-1　　必须填制的9个项目

序号	申报项目	项目名称	填报方式
1	企业信息	境内收发货人	必填
2	运输信息	运输方式/运输工具名称及航次号	必填
3		提运单号	必填
4	监管方式	监管方式	必填
5	货物属性	商品编号（6位）	必填
6		商品名称	必填
7		数量及单位	必填
8		总价	必填
9	国别信息	原产国（地区）	必填

表2-5-2　　企业提离货物需确认的2个项目

序号	来源	项目名称	填报方式
1	舱单自动获取，企业确认	毛重	必填
2		集装箱号	必填

表2-5-3　　属于禁限管理需增加的2个项目

序号	申报项目	项目名称	填报方式
1	监管证件号	许可证号/证件编号	必填
2	集装箱信息	集装箱商品项号关系	必填

表2-5-4　　属于依法需要检验或检疫需增加的4个项目和完善的1个项目

序号	申报项目	项目名称	填报方式
1	商品信息	产品资质（产品许可/审批/备案）	必填
2		商品编码（13位）	必填
3		货物属性	必填
4		用途	必填
5	集装箱信息	集装箱商品项号关系	必填

息后，即可办理货物的提离手续。

（2）完整申报是企业进口报关的第二步。进行概要申报的货物，企业需要在运输工具申报进境之日起14日内，向接受概要申报的海关补充申报报关单完整信息及随附单证的电子数据，办理缴纳税款等其他通关手续。

进行完整申报时，企业可利用预录入系统中的海关计税（费）服务工具计算应缴纳的相关税费，并对系统显示的税费计算结果进行确认，在收到海关通关系统发送的回执后，自行办理相关税费缴纳手续。

进口税费是在进口环节中，由海关依法代征的关税、增值税和消费税等。

3．报关单放行

对海关申报系统自动审核通过，或经人工审核通过的完整申报报关单，系统自动完成放行。

二、了解到货情况

进口商取得全套单据后，应主动与船公司联系，了解货物的到货情况，以便货物抵达国内港口后即可立刻提货。

实际业务中，进口商凭单取货有三种情况。

1．单到货到

即进口商在取得单据的同时，货物也已到达目的港（地），进口商取得提单后即可立即提货。

2．单到货未到

即进口商已经付款取得了全套单据，但合同规定的货物尚未到达，此时，进口商应主动跟港口码头联系，予以查询，以便货到后能立即提货。

3．货到单未到

即货物已经送达目的港（地），但是由于银行手续周转时间较长，或因制单费时、邮寄耽误等原因，代表货物的单据尚未到达，此种情况常出现在近洋运输中。为避免压港费用，尽快提货投入生产或销售，进口商可申请《无单提货保证书》先行提货，待收到正本提单后再换回此保证书。

▪ 任务操作

本项目商品“芳纶纤维”的规范商品名称为“聚对苯二甲酰对苯二胺纺制的高强力纱”，HS编码为5402112000，按照2020年货物进口管理的相关规定，该HS编码货物的海关监管条件为“无”，检验检疫类别为“无”，海关法定计量单位为“千克/”。

品名为“聚对苯二甲酰对苯二胺纺制的高强力纱”的海关申报要素包括：

0：品牌类型；1：出口享惠情况；2：种类（高强力纱或变形纱线等）；3：纱线形态（单纱、股线或缆线）；4：是否供零售用；5：纤维成分（聚酰胺等）；6：纱线细度；7：GTIN；8：CAS。

从海关监管条件来看，该进口商品为非法检商品，不需要先报检，鉴于报检报关业务的专业性较强，占用的时间也较多，江苏书豪公司遂决定委托货代代为办理报检报关业务，其工作人员只将货物的海关申报要素做了如下整理：

商品名称	申报要素
芳纶纤维	高强力纱/单纱/非供零售用/聚对苯二甲酰对苯二胺/ HF400-1000DE

■ 任务检测

江苏顺达国际贸易有限责任公司（以下简称“江苏顺达公司”）因下属企业技术改造，需要进口宽幅数控喷气织机20台，公司决定由使用部门提出选型要求，使用部门进行调研后，确定所需织机的具体要求为：幅宽W＞150cm，适用于织造纯棉、混纺及化纤面料的数控喷气织机。江苏顺达公司进口部通过网上查询和多次询价，最终与供应商意大利KLORDA公司磋商一致，并签订了合同如下。

根据以下合同内容，结合所掌握的信用证知识，填写信用证开证申请书一份。

JIANGSU SHUNDA INT. TRADE CO., LTD. CHINA

NO.60 ZHONGHUA RD., NANJING, CHINA

CONTRACT

Buyer: JIANGSU SHUNDA INT. TRADE CO., LTD. CHINA
NO. 60 ZHONGHUA RD., NANJING, CHINA
TEL/FAX: 025-52345**9, POST CODE: 210001

No.: SFC0712
Date: DEC. 23, 2020

Seller: KLORDA INDUSTRY CO., LTD. ITALY
NO. **** MILANO STREET, GENOVA, ITALY
TEL/FAX: *****, POST CODE: ****

This CONTRACT is made by the Buyers and the Sellers; whereby the Buyers agree to buy and the sellers agree to sell the goods on the terms and conditions stated below:

(1) Description	(2) Quantity	(3) Unit Price	(4) Total Amount	(5) Time of Shipment
AIR JET LOOM MODE JAC760/W220CM	20 SET	USD28,725.00	USD574,500.00 CIF NANJING	FEB.-MAR. 2021

(6) Packing & Shipping Marks: Every set of the loom must be Packed in the wooden box, then be put in the containers suitable for long distance ocean transportation. The wooden boxes and another Packing materials must be phyto-sanified according IPPC Standard and be marked the IPPC MARK.

Shipping Marks (Each wooden box):

Right & Left side: UP
HANDING WITH CARE
KEEP AWAY FROM MOISTURE
GROSS WEIGHT:
NET WEIGHT:

Front & Back side: SFC0712

NANJING CHINA
BOX NO. :
IPPC MARK

(7) Port of Loading: Genova Port , Italy

(8) Port of Destination: Nanjing Port, China

(9) Terms of Payment: 10% deposit by T/T ,90% by L/C.Upon receipt from the Sellers of the advice as to the time and quantify expected ready for shipment. the Buyers shall open, 20days before shipment. with the Bank of China, an irrevocable Letter of Credit in favor of the Sellers payable by the opening bank against sight draft accompanied by the documents as stipulated in Clause(10)of this Contract.

(10) Documents: To facilitate the Buyers to cheek up, all documents should be made in a version identical to that used in this contract.

A. Full set of Clean on Board Bill of Lading made out to order, blank endorsed, notifying the buyer. (marked “freight prepaid”.)

B. Invoice: indicating contract number, shipping marks, number of the Letter of Credit.

C. Packing List or Weight Memo: indicating contract number, shipping marks, gross and net weights of each package.

D. Certificates of Quality and Quantity of the contracted goods issued by the manufactures. Certificate of IPPC for wooden packing signed By the government authority.

Quality Certificate to show actual results of tests to be made, on mechanical properties and all other tests called for by the Standard stipulated hereon.

E. Copy of telegram advising shipment according to Clause(12)of this Contract.

F. Vessel's Itinerary certificate as per Clause. (11)of this Contract.

G. Insurance Policy or certificate covering all risks and war risks as per picc.

(11) Terms of Shipment: The Sellers undertake to ship the contracted goods from the port of loading to the port of destination on a direct liner, with no transshipment allowed. The contracted goods shall not be carried by a vessel flying the flag of the countries which the Buyers can not accept.

(12) Advice of Shipment: The Sellers shall upon competition of loading, advise immediately the Buyers by cable of the contract number, name of commodity, number of packages, gross and net weights, invoice Value, name of vessel and loading date.

(13) Inspection and Claim: The Buyers shall have the right to apply to the Nanjing Customs P.R.China for inspection after discharge of the goods at the port of destination. Should the quality and/or quantity/weight be found not in conformity with the contract or invoice, the Buyers shall be entitled to lodge claims with the Sellers on the basis of Nanjing Customs Survey Report, within 90 days after discharge of the goods at the port of destination, with the exception, however, of those claims for which the shipping company and/or the insurance company are to be held responsible. All expenses incurred on the claim including the Inspection fee as per Nanjing Customs Inspection certificate are to be borne by the Sellers.

The Buyers (SIGN)　　　　The Sellers: (SIGN)

（略）　　　　（略）

IRREVOCABLE DOCUMENTARY CREDIT APPLICATION

TO: BANK OF CHINA JIANGSU BRANCH

<table>
<tr><td colspan="2">Beneficiary(full name and address):</td><td>Applicant(full name and address):</td></tr>
<tr><td>Partial shipment:
( ) allowed
( ) not allowed</td><td>Transshipment:
( ) allowed
( ) not allowed</td><td>Latest date of shipment:

Date of expiry:</td></tr>
<tr><td colspan="2">Loading on board/dispatch/taking in charge
From:
To:
Price term:</td><td>Amount (Both in figures and words):</td></tr>
<tr><td colspan="3">Credit available with ( ) .
( ) by negotiation / ( ) by acceptance with beneficiary's draft for ____ % of the invoice value at sight on issuing bank
( ) by sight payment / ( ) by deferred payment ______ days against the documents detailed herein</td></tr>
<tr><td colspan="2">Commodity:</td><td>Shipping mark:</td></tr>
<tr><td colspan="3">Documents required:
1. ( ) Signed commercial invoice in ____ folds indicating l/c no. and contract no..
2. ( ) Full set (3/3) of clean on board ocean bills of lading made out to order and blank endorsed marked "( )freight prepaid / ( ) to collect" notify the applicant. ( ) Air waybill consigned to the applicant notify the applicant marked "freight ( ) to collect / ( ) prepaid" .</td></tr>
</table>

3. ( ) Insurance policy/certificate in ____ folds for 110% of the invoice value, showing claims pay in china in the currency of the draft, blank endorsed covering ( ) ocean marine transportation / ( ) air transportation / ( ) overland transportation all risks, war risks as per ____ clause. 4. ( ) Packing list/weight list in ____ folds indicating quantity/gross and net weights. 5. ( ) Certificate of origin in ____ folds. 6. ( ) Certificate of quantity/weight in ____ folds. 7. ( ) Certificate of quality in ____ folds issued by ( ) manufacturer / ( ) beneficiary. 8. ( ) Beneficiary's certified copy of telex/fax dispatched to the applicant within ____ days/hours after shipment advising goods name,( ) name of vessel / ( ) flight no., date, quantity, weight and value of shipment. 9. ( ) Beneficiary's certificate certifying that ( ) one set of non-negotiable documents /( )one set of non-negotiable documents (including 1/3 original b/l) has been dispatched to the applicant directly by courier/speed post. 10. Other documents, if any?
Additional instructions: 1. All banking charges outside the issuing bank are for beneficiary's account. 2. Documents must be presented within ____ days after the date of shipment but within the validity of this credit. 3. Both quantity and amount ____% more or less are allowed. 4. All documents must be sent to issuing bank by courier/speed post in one lot. 5. Other terms, if any:

联系人：　　　　　　电话号码：　　　　　　传真号：

习题作业

一、选择题

1. 近年来，进口贸易的结算方式日益呈现多样化，但最常用的还是（　）。

A. 信用证方式和进口代收　　B. 货到付款和进口代收

C. 信用证方式和预付货款　　D. 信用证方式和货到付款

2. 申请开证前，要落实的事情是（　）。

A. 进口批准手续及外汇来源　　B. 货物入境通关手续

C. 货物检验手续　　D. 货物的保险手续

3. 信用证开立后，应由一家通知行进行通知，确定通知行的做法是（　）。

A. 由进口商和出口商商定　　B. 由受益人选择

C. 由开证行指定　　D. 由开证申请人指定

4. 开立信用证时要注意信用证和合同一致，必须做到或标明（　）。

A. “参阅第***号合同”或“参阅第***号合同项下货物”等条款

B. 合同中规定要在信用证上明确的条款都必须列明

C. 将有关合同作为信用证附件附存信用证后

D. 标明信用证是合同的附属文件

5. 由于信用证方式下银行是凭单付款，不管货物质量如何，也不受买卖合同的约束。为使货物质量符合合同规定，进口商可采取的措施是（　）。

A．要求出口商在交单时附带样本

B．填写一份质量声明

C．要求卖方提供商品检验机构出立的装船前检验证明，并明确规定货物的规格品质

D．委托议付行进行实地考察

6．在CIF价格条件下，开证申请书应表明要求卖方提交的提单有（　）字样。

A．运费预付　B．运费到付　C．清洁提单　D．运费未收

7．填写开证申请书，应写明对信用证的各项要求，内容要明确、完整，无词意不清的记载，与合同条款的具体规定（　）。

A．必须一致　B．可以略加修改　C．可以抛开　D．可以超越

8．在“两步申报”通关模式下，企业报关需要经过（　）两步。

A．预先申报、详细申报　B．报检申报、报关申报

C．报检申报、税收申报　D．概要申报、完整申报

9．进口企业审单时，在单据中处于中心地位的单据是（　）。

A．提单　B．汇票　C．商业发票　D．保险单

10．货物来自世界各重点虫害国家或区域的货物外包装如是原木的需在我国入境地口岸（　）。

A．更换包装　B．熏蒸灭虫

C．提供原出境地政府有关机构证明　D．喷洒农药

11．在进口业务中，如果要审核出口商是否按合同和信用证规定的时间履行有关手续，应该以（　）的出单时间为核心审核全套进口单据。

A．发票　B．提单　C．保险单　D．汇票

12．在信用证支付方式下，只要单据表面与信用证条款相符合，开证行就必须按规定付款，所以进口商申请开证时应尽量做到（　）。

A．将合同有关规定转化成相关单据，具体规定在信用证中

B．要求的单据种类越多越好

C．与出口人建立深厚的友谊

D．委托一个机构全权监督出口方的行为

以下为多项选择

13．按照我国现行的做法，开证行收到国外寄来的全套单证以后，应根据信用证条款全面地逐项地审核的事项是（　）。

A．单据与信用证之间是否相符　B．单据是否符合货物的实际情况

C．单据是否符合审证人的经验　D．单据与单据之间是否相符

14. 以信用证方式进口货物，如果国外出口商提交的单据与信用证不符，进口商应该（ ）。

A. 拒绝付款，拒收货物　　B. 可以付款但要求降价

C. 货到后验货付款　　D. 视不符情节适当付款

15. 进口货物到达目的港后，进口企业如委托货代代为报关，应提供一份报关委托书，并将有关单据交给货代，这些报关的单据有（ ）。

A. 发票、提单、装箱单

B. 如属法定检验的进口商品，还需附商品检验证书

C. 有时还需要提供原产地证书、进口许可证等

D. 进口货物征免税证明、机电产品证明等

16. 进口货物单据的审核，是进口合同履行过程中的一个重要环节。如采用信用证支付方式，一般审核单据的单位是（ ）。

A. 开证行　　B. 进口企业　　C. 议付行　　D. 偿付行

二、判断正误题

1.（ ）在FOB术语、L/C支付方式的进口业务中，开证申请工作一般是在租船订舱工作之后进行的。

2.（ ）信用证申请书反面的内容是申请人对开证行的声明，用以明确双方责任。

3.（ ）我国进口贸易是以信用证为主要支付方式，由于它是以符合信用证规定的货运单据为条件支付货款，所以有较大风险。

4.（ ）如合同规定为远期付款时，信用证申请书要明确汇票期限，价格条款必须与相应的单据要求以及费用负担、表示方法等相吻合。

5.（ ）开证行在接受开证申请书时，应查验申请人同时提供的有效文件，如进口许可证、进口付汇备案表、有关部门的登记文件等。

6.（ ）信用证内容一般都依据《UCP 600》开出，所以没有必要注明各项条款符合该惯例的规定和解释。

7.（ ）开证申请书中的信用证金额，因为关系到信用证的额度，所以必须用数字和文字两种形式表示，而且还应表明所用的币种，否则银行不予接受。

8.（ ）按照国际贸易的习惯做法，即使开证行对开证申请人有授信额度，进口人向银行申请开立信用证时，也应向银行缴付一定比例的保证金。

9.（ ）因为对第二受益人资信难以了解，特别是对于跨地区和国家的转让更难掌握，所以我国银行一般不开可转让信用证。

10.（ ）自动进口许可管理的货物，海关会自动进行验核，无须申领进口许可证。

参考文献

[1] 中国国际商会，国际商会中国国家委员会组织翻译．关于审核UCP 600下单据的国际标准银行实务（ISBP）[M]．北京：中国民主法制出版社，2013.

[2] 国际商会中国国家委员会编译．ICC跟单信用证统一惯例：UCP 600[M]．北京：中国民主法制出版社，2006.

[3] 杜学森，刘树密，金鑫．国际货运代理[M]．南京：东南大学出版社，2013.

[4] 郭晓晶，广银芳．外贸单证实务[M]．北京：高等教育出版社，2014.

[5] 报关水平测试教材编写委员会．报关业务技能[M]．北京：中国海关出版社，2016.

[6] 陈岩．国际贸易单证教程[M]．北京：高等教育出版社，2014.

[7] 章安平．外贸单证操作[M]．北京：高等教育出版社，2008.

[8] 中华人民共和国海关总署网站http://www.customs.gov.cn/.

[9] 中华人民共和国商务部网站http://www.mofcom.gov.cn/.

[10] 中国国际贸易促进委员会网站http://www.ccpit.org/.

[11] 江苏省出入境检验检疫局网站http://www.jsciq.gov.cn/.